Z-KAI

ハイスコア！
共通テスト攻略
倫理

新装版

栂 明宏 著

はじめに

　「大学入学共通テスト（共通テスト）」は，大学入学を志願する多くの受験生にとって最初の関門といえる存在である。共通テストの地歴・公民科目における特徴は，資料や図表を多用し，考察を重視した問題が見られる点にある。これらは，教科書を中心とする基礎的な知識を土台とした上で，思考力・判断力を用いてより総合的な力を試そうというねらいがある。だが，必要以上に心配することはない。共通テストには科目ごとに「出題のツボ」がある。

　「ハイスコア！共通テスト攻略シリーズ」では，この「出題のツボ」や受験生の陥りやすい弱点を踏まえて，科目ごとの"最強の攻略法"として，正解を導くために必要な知識や考え方をわかりやすく示している。

　「倫理」という科目は，さまざまな考え方に触れられることから興味深いという印象をもつ人も少なくないが，一方で難しそうな用語や抽象的な議論が多いとしてとっつきにくい印象を受ける人も多いようである。

　難しい用語を意味も分からず覚えても，抽象的な議論を理解することなく字面だけ追っても，共通テストでの高得点確保は難しいだろう。思想家の思想内容を理解してこそ，興味もわいて学習も進み実力もアップする。何より，知識・理解をもとに思考力や判断力を試すのが共通テストのねらいである。

　そこで本書では，「倫理」の難解な用語を解きほぐし，抽象的な議論をなるべく分かりやすく説明することで，内容理解を深められることを心がけた。各テーマの解説では，重要なキーワードを文字通り「鍵」にして内容の「扉を開けて」理解が進むようにした。そして，一冊で参考書と問題集を兼ねられるよう，知識定着させ実戦力を養成するための精選問題も掲載した。

　本書を活用して，共通テストでの高得点を確保する力を養い，それぞれの希望をかなえる一助となれば幸いである。健闘を祈る！

栂　明宏

※本書は，2020 年7月発刊の『ハイスコア！共通テスト攻略　倫理』と同じ内容です。

■本書の利用法

　本書では，倫理の学習範囲を「源流思想」「西洋思想」「日本思想」「現代社会」の4つの章に分けて整理しました。各章では倫理の重要人物・重要事項をテーマに，概念・考え方をキーワードとして解説しています。またテーマ解説がしっかりと理解できているか，知識の使い方が学習でき，確認できるよう，文章の正誤判定と，択一問題の「2段階演習」ができるようになっています。

　まずはテーマ解説で「人物・事項」と「考え方」をセットにして覚え，理解できたかどうか正誤判定で確認します。そして，各章の最後に択一問題に取り組みます。できなかった問題は，解答・解説でポイントを確認し，再度テーマ解説に戻り，繰り返し演習するようにしましょう。

　加えて，第5章では，共通テストで必要とされる読解力や判断力を身につけるために，様々な出題形式の演習問題を掲載しています。

　本書を通して知識量を増やし，さらに知識を活用するコツをつかんでいきましょう。

■本書の構成と特徴（テーマ解説）

❶ このテーマのKey Words，テーマ解説

　共通テストでテーマとなる「人物」がどのような内容で問われるのか，キーワードで示し，解説でそれぞれの考え方・概念を説明しています。

❷ 理解しづらい考え方，概念も簡単な図で理解

　文章だけでは理解しづらい項目も，豊富な図により理解を助けます。同時代の人物による思想の違いも，図で対比し，理解しやすくしています。

❸ 演習問題　正誤判定

　❶で解説した内容が，しっかりと理解できているか，一問一答で確認しましょう。実際の共通テストでも，各選択肢の正誤を「○」「×」でチェックしながら解くことにより，解答ミスを防ぐこともできます。

❹ ぷらすα

　解説の内容をさらに深める，また同時代に活躍した思想家や，さらに覚えて欲しい項目をまとめて説明しています。

■本書の構成と特徴（実戦演習，コラム）

・演習問題　択一問題
　解説で学んだ知識がしっかりと定着しているかどうか確認できるよう，平成30年度に実施された試行調査や，センター試験の過去問題を厳選して掲載しています。

・コラム
　倫理の学習において，また共通テストで役立つ情報を掲載しています。解説とともに理解しておきましょう。

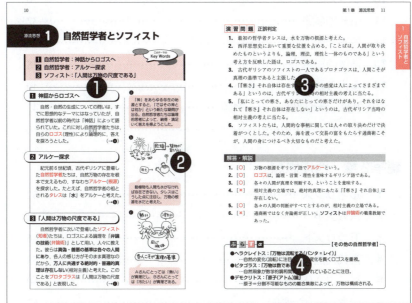

■ハイスコア！共通テスト攻略　倫理　目次

はじめに ……………………………………………………………… 3

本書の利用法 ………………………………………………………… 4

目次 …………………………………………………………………… 6

■第1章　源流思想

1	自然哲学者とソフィスト ………………………………………	10
2	ソクラテス ……………………………………………………	12
3	プラトン ………………………………………………………	14
4	アリストテレス ………………………………………………	17
5	ヘレニズム期の思想 …………………………………………	20
6	ユダヤ教とイエス ……………………………………………	22
7	キリスト教の展開 ……………………………………………	24
8	イスラームの教え ……………………………………………	26
9	バラモン教 ……………………………………………………	28
10	シャカの教え …………………………………………………	30
11	仏教の展開 ……………………………………………………	32
12	儒家の思想 ……………………………………………………	34
13	道家の思想 ……………………………………………………	38
14	後代の儒家 ……………………………………………………	40
	源流思想　演習問題　択一問題 ……………………………	42
	コラム・1 ……………………………………………………	50

■第2章　西洋思想

1	ルネサンス ……………………………………………………	52
2	宗教改革 ………………………………………………………	54
3	モラリスト ……………………………………………………	56
4	近代自然科学の成立 …………………………………………	58
5	ベーコン（経験論） …………………………………………	60
6	デカルト（合理論） …………………………………………	62

7	社会契約説	64
8	啓蒙思想	68
9	功利主義	70
10	カント	72
11	ヘーゲル	76
12	実存主義	78
13	マルクスの社会主義	82
14	プラグマティズム	84
15	現代のヒューマニスト	86
16	現代思想の諸潮流	88
	西洋思想　演習問題　択一問題	90
	コラム・2	100

■第3章　日本思想

1	日本思想の原型	102
2	聖徳太子と奈良仏教	104
3	平安仏教	106
4	末法思想と浄土信仰	108
5	禅宗と法華宗	111
6	朱子学と陽明学	114
7	古学派	116
8	国学の思想	118
9	民衆の思想	120
10	洋学と幕末期の思想	122
11	啓蒙思想と自由民権思想	124
12	キリスト教と社会主義	126
13	伝統思想と大正デモクラシー	128
14	近代文芸の思想	130
15	日本の独創的思想	132
16	日本の美意識と風土	134

日本思想　演習問題　択一問題 ……………………………… 136

コラム・3 …………………………………………………………… 144

■第4章　現代社会

1	人間論と青年期	……………………………………	146
2	欲求とパーソナリティ	……………………………	148
3	現代社会の特質	………………………………………	150
4	少子高齢化の進展と地域社会	…………………	152
5	男女共同参画社会の実現	………………………	154
6	高度情報社会の進展	………………………………	156
7	環境倫理	……………………………………………………	158
8	生命倫理(バイオエシックス)	……………………	160
9	民主社会の倫理	……………………………………	163
10	国際化と異文化理解	……………………………	166
11	文化をめぐる思索	…………………………………	168

現代社会　演習問題　択一問題 ……………………………… 170

コラム・4 …………………………………………………………… 178

■第5章　出題形式別対策

1	前後関係を読む	……………………………………	180
2	内容を理解する	……………………………………	182
3	論理立てて考える	…………………………………	184
4	資料を読み込む	……………………………………	186
5	データを読み解く	…………………………………	188
6	連動する小設問	……………………………………	191

出題形式別対策　演習問題　択一問題 ……………………… 195

■演習問題　択一問題　解答・解説

解答・解説 ……………………………………………………………… 200

■さくいん

第1章

源流思想

源流思想では，大きくギリシア思想，キリスト教，イスラーム教，仏教，そして中国の思想を学習する。源流思想は後に続く西洋思想・日本思想への基となっているので，その成り立ちと考え方をしっかりと押さえておきたい。また，それぞれの思想の共通点・相違点についても整理しておこう。

源流思想 1 自然哲学者とソフィスト

1. 自然哲学者：神話からロゴスへ
2. 自然哲学者：アルケー探求
3. ソフィスト：「人間は万物の尺度である」

1 神話からロゴスへ

　自然・自然の生成についての問いは、すでに思想的なテーマにはなっていたが、自然哲学者以前の時代は「神話」によって語られていた。これに対し自然哲学者たちは、自らの**ロゴス**(理性)により論理的に、答えを探ろうとした。　　　　　　　（→ⓐ）

ⓐ
「神」をあらゆる存在の始源とすると、「ではその神とは何か」という新たな疑問が出る。自然哲学者たちは論理的思考によって、納得・満足いく答えを得ようとした。

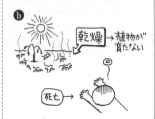

2 アルケー探求

　紀元前6世紀頃、古代ギリシアに登場した**自然哲学者**たちは、自然万物の存在を根本で支えるもの、すなわち**アルケー**(根源)を探求した。たとえば、自然哲学者の祖とされる**タレス**は「**水**」をアルケーと考えた。　　　　　　　　　　　　　（→ⓑ）

ⓑ
動植物も人間も水がなければ存在できない。タレスはこうした点に注目し、万物の根源を水だと考えた。

3 「人間は万物の尺度である」

　自然哲学者に次いで登場した**ソフィスト**(知者)たちは、ロゴスによる論理を「**弁論の技術**(**弁論術**)」として用い、人々に教えた。彼らは**真偽・善悪の基準は各々の人間にあり**、各人の感じ方がそのまま真理なのだから、**万人に共通する絶対的・普遍的真理は存在しない**(相対主義)と考えた。このことを**プロタゴラス**は「人間は万物の尺度である」と表現した。　　　（→ⓒ）

ⓒ
Aさんにとっては「熱い」が真理だし、Bさんにとっては「冷たい」が真理である。

第1章　源流思想　11

| 演習問題 | 正誤判定

1. 最初の哲学者タレスは，水を万物の根源と考えた。

2. 西洋思想史において重要な位置を占める，「ことばは，人間が取り決めたものというよりも，論理，理法，理性と一体のものである」という考え方を反映した語は，ロゴスである。

3. 古代ギリシアのソフィストの一人であるプロタゴラスは，人間こそが真理の基準であると主張した。

4. 「『寒さ』それ自体は存在するが，寒さの感覚は人によってさまざまである」というのは，古代ギリシア当時の相対主義の考えに当たる。

5. 「私にとっての寒さ，あなたにとっての寒さだけがあり，それをはなれて『寒さ』それ自体は存在しない」というのは，古代ギリシア当時の相対主義の考えに当たる。

6. ソフィストたちは，人間的な事柄に関しては人々の取り決めだけで決着がつくとした。そのため，海を渡って交易の富をもたらす通商術こそが，人間の身につけるべき大切なものだと考えた。

解答・解説

1. ［○］ 万物の根源をギリシア語で**アルケー**という。

2. ［○］ **ロゴス**は，論理・言葉・理性を意味するギリシア語である。

3. ［○］ 各々の人間が真理を判断する，ということを意味する。

4. ［✕］ 相対主義の立場では，絶対的真理にあたる「『寒さ』それ自体」は存在しない。

5. ［○］ 各々の人間の判断がすべてとするのが，相対主義の立場である。

6. ［✕］ 通商術ではなく弁論術が正しい。**ソフィスト**は**弁論術**の職業教師であった。

ぷらすα　　　　　　　　　　　　　　　【その他の自然哲学者】

●**ヘラクレイトス：「万物は流転する（パンタ＝レイ）」**
　…自然の変化（流転）に注目し，その変化を貫くロゴスを重視。

●**ピタゴラス：「万物は数である」**
　…自然現象が数学的調和関係に貫かれていることに注目。

●**デモクリトス：「原子（アトム）論」**
　…原子＝分割不可能なものの離合集散によって，万物は構成される。

源流思想 2 ソクラテス

このテーマの Key Words

1 善く生きる〜知行合一
2 問答法〜無知の知
3 魂への配慮

1 善く生きる〜知行合一

紀元前5世紀，混乱期のアテネに登場したソクラテスは，混乱の時代にこそ「**善く生きる**」ことが大切であるとし，「善く生きる」ためには，「**善とは何か**」を知ることが不可欠であると考えた。その根底には，人間の知と行為とは直結している(**知行合一**)という立場がある。　(→ⓐ)

2 問答法〜無知の知

真の知とは，教え込まれ，鵜呑みにするものではない。ソクラテスは問答により，**お互いが議論しあい矛盾を指摘することで，誤りは正され，普遍的真理に至ることができる**(**問答法**)と考えた。その際，自分は真の知を知らないという自覚(**無知の知**)が出発点となる。　(→ⓑ)

満腹の人は何かを食べたいとは思わない。自分が「何でも知っている」と思い込んでいるなら，「真の知を得よう」とは思わないだろう。

3 魂への配慮

「**魂**」とは，いわば人間の精神活動の源である。この働きにより，人間は人間たりえる。ソクラテスは，魂に人間としての善さ＝**徳**(**アレテー**)が備われば，「善く生きる」ことになり，それが人間としての幸福である，と説いた。　(→ⓒ)

人間は肉体ではなく，魂によって人間たりえているのである。したがって，「善く生きる」ためには，魂を優れたものにする配慮が最優先される。

第1章　源流思想　　13

2 ソクラテス

演習問題 正誤判定

1. ソクラテスは「万物は流転する」というデルフォイの箴言（しんげん）を解釈して，「善く生きる」ことの意味を問うた。

2. ソクラテスのいう「無知の知」とは，だれにでも通用するような善悪美醜の絶対的基準は何もないので，人それぞれがもつ尺度をその基準と認める，ということである。

3. 自分は見解を提出せず，相手から徳の定義を引き出してそれを吟味するというのは，ソクラテスが実践した知の協同的探求の特色をなす。

4. ソクラテスによれば，速く走ることが馬のアレテーであり，よく切れることがナイフのアレテーであるように，人間の魂にアレテーが備われば，よく生きることになる。

5. ソクラテスによれば，奴隷も市民も宇宙という一つのポリスの住人として対等なので，その善きあり方としてのアレテーは同一であり，両者を区別して扱ってはならない。

解答・解説

1. [✗]　「万物は流転する」はヘラクレイトスの言葉。デルフォイの箴言は「**汝自身を知れ**」である。

2. [✗]　設問文は，ソフィスト(→p.10)の相対主義の真理観である。ソクラテスの説く「**無知の知**」とは，人間として大切な善美のことがらについて無知であると自覚することである。

3. [○]　**問答法**(産婆術)のことである。

4. [○]　そのもの固有のよさが**アレテー**であり，転じて**徳**となる。

5. [✗]　当時の社会では，奴隷制度が前提であり，奴隷は「道具」として扱われた。

ぷ ら す α　　　　　　　　　　　　　　　　　　**【ソクラテスの刑死】**

　ソクラテスは，「若者たちを堕落させ，国家の神々を信じていない」という罪状をでっち上げられ，死刑判決を受けた。彼がアテネの有力者と問答を行うと，有力者のほうが善美について無知だということが明らかになることがしばしばであり，アテネの一部有力者からうとまれたためである。彼の弟子たちは師を救おうと脱獄の準備を整えたが，ソクラテスは脱獄を拒否して死刑に服した。その真意には諸説あるが，国法を犯し脱獄することは「善く生きる」ことに反するからだ，というのが理由の一つとして挙げられている。

源流思想 3 プラトン

> このテーマの
> Key Words

1 イデアとエロース
2 四元徳〜知恵・勇気・節制・正義
3 哲人政治

1 イデアとエロース

ソクラテスが探求した「善美のことがら」を理念化したのが，プラトンである。不完全さをもつものは善美ではなく，**完全で理想的なものこそが真の存在**であるとし，それを*イデア*と呼んだ。イデアは，視覚や触覚といった感覚的知覚の対象ではなく，**理論的認識の対象であり，理性によってのみ捉えられる**性質のものである。

しかし，イデアは現実をもとに理論的に想定されたものではない。プラトンは，**イデアこそが真の実在**であり，現象界はイデアの不完全な模像（似姿）であるとし，イデア界と現象界とを区分した（*二元論*）。

人間の魂は，「完全なもの＝イデア」に憧れるが，この**イデアを想起し思慕する原動力を**エロース**と呼ぶ**。人間はエロースに導かれ，自らに欠けているものを求めようとする。また，最高のイデアは「**善のイデア**（*イデアのイデア*）」であり，これが人間の求める究極のものであるとした。

（→ⓐ）

ⓐ

不完全な「三角形もどき」を見ても「三角形だ」と判断するのは，それが「完全な三角形」に似ているからである。ならば，「三角形もどき」よりも前に「完全な三角形」が存在しているはずである。

★イデア界と現象界の違い

イデア界	永遠不滅	完全	本質	普遍	真実在	魂の故郷
	⇕	⇕	⇕	⇕	⇕	⇕
現象界	変化・生滅	不完全	現象	個別	模像	肉体の牢獄

2 四元徳～知恵・勇気・節制・正義

ソクラテスが重視した徳(アレテー)について、プラトンは理論的に説いている。「魂」は人間の精神活動の源であり、彼は、**魂を「働き」という観点から「理性・気概(意志)・欲望」という三つに区分した**(魂の三分説)。そして、魂がその能力を十分に発揮した状態が「徳」であるとして、魂の三部分に対応する徳を、「知恵」・「勇気」・「節制」だとした。

魂のなかでも理性は本来的にイデア界にあり、気概と欲望は身体に係る。そのため、**理性は気概・欲望をそれぞれ統御**(コントロール)**する位置にある**。さらに、理性の徳である知恵が、勇気や節制を正しく導くことで一個の人間としてのバランスがとれ、正義が実現する。こうして、**知恵・勇気・節制・正義が、徳の具体的な内容となるのである**(四元徳)。

3 哲人政治

プラトンによれば、国家と個人とは同じ原理に基づいている。そのため、2で解説した魂と徳の議論は、政治論にも応用される。

国家には、理性を担う人々・気概を担う人々・欲望を担う人々がいなければならず、プラトンはそれぞれ哲人(哲学者)・武人(防衛者)・庶民(生産者)とした。彼は2のように、理性が気概と欲望を統御するのだから、国家においても、**哲人が武人と庶民を統御＝支配するべきである**とし、哲学者が統治者となる(もしくは哲学を学んだ者が王となる)ことで、正義の**理想国家が実現される**(哲人政治)と考えた。　　　　　　　　　(→ⓑ)

ⓑ
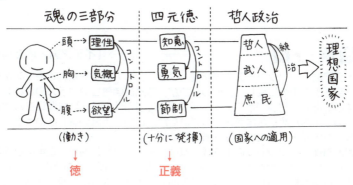

演習問題 正誤判定

1. プラトンの考えに従えば，例えば，われわれがバラを見て，それが美しいと認識できるのは，じつは理性が感覚的な現象を超えた美そのものを把握しているからだ，とされる。

2. プラトンによれば，人間の魂の三部分は，理性，気概，欲望が互いに相殺しあうことによって，全体の均衡を保つ，という関係にある。

3. プラトンの説くエロースとは，真・善・美といった価値的なものをどこまでも追求し，自己自身をそこまで高めるよう促す愛のことである。

4. プラトンは，ひたすら善や美のイデアを見つめることで，人間の魂は肉体による束縛を離れて本来の姿をとることができるとして，イデアの知を求めることで人間の魂は初めて善いものになると主張した。

5. プラトンは，個物から離れて存在するのではなく，個物に内在する形相こそが，探求に値する実在であると考えた。

解答・解説

1. [○]　「美そのもの」とは，美のイデアのことをさす。

2. [×]　**理性**が気概・欲望をコントロールする。

3. [○]　イデアといった価値的なものを思慕する，向上的愛である。

4. [○]　肉体は「魂の牢獄」とみなされている。

5. [×]　設問文は，アリストテレス(→p.17)の考えである。プラトンは**真実在＝イデアは個物を超越する**とした。

ぷらすα ──────────── 【イデア論／魂と肉体】

イデア論：　ソクラテスの刑死後，プラトンはアテネを離れて各地を遍歴し，さまざまな思想に接した。その一つが，自然哲学者ピタゴラスの流れをくむ学派である。ピタゴラス派は，魂の不滅と生まれ変わり（輪廻転生）を説き，魂の浄化のために数学を研究していたが，この「不滅の魂」という思想はプラトンのイデア論に大きな影響を与えた。

魂と肉体：　プラトンによれば，魂は本来イデア界にあり，現実の世界に生まれる肉体は，魂を現実界に閉じ込めておく「牢獄」であるとしている（肉体は視覚で捉えられ，人によって欠陥もあるが，魂は不可視であることを考えてみよう）。そしてプラトンは，不完全な世界に「囚われの身」になっている魂は，故郷であるイデア界に思慕し，憧れを抱くものである，とも述べている。

第1章 源流思想 17

源流思想 4 アリストテレス

このテーマの Key Words

1. 質料と形相
2. 最高善＝幸福
3. 中庸による習性的徳
4. 配分的正義と調整的正義

1 質料と形相

　アリストテレスの師・プラトンは，価値や事柄の理想や原型をイデアとし，イデアは現実の世界を超えた理想の世界（イデア界）に存在すると考えた（理想主義）。しかしアリストテレスは，物事の本質は，具体的な個物（現象）に内在すると考えた（現実主義）。この観点の違いから，アリストテレスはプラトンの理想主義を批判した。

　アリストテレスは，個物の本質を**形相（エイドス）**と呼び，素材を**質料（ヒュレー）**と呼んだ。そしてこの両者により万物を説明した。　　　　　　　　（→ⓐ）

2 最高善＝幸福

　「善」についても，アリストテレスは師とは異なる独自の視点から考察をなした。アリストテレスは，**最高善とは他の手段にならない「目的そのもの」**であり，「**幸福**」のことであるとした。具体的には快楽を求める享楽的生活，名誉を求める政治的生活，知恵を求める観想（テオリア）的生活があり，「人間の最も究極的な徳に即した活動」＝「理性の働きが完全である」**観想的生活**が最善であると捉えられている。

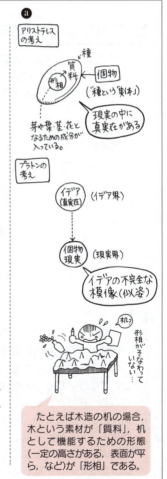

たとえば木造の机の場合，木という素材が「質料」，机として機能するための形態（一定の高さがある，表面が平ら，など）が「形相」である。

3 中庸による習性的徳

真理を認識する知恵を知性的徳といい，これは理性の純粋な活動を楽しむ観想(テオリア)的生活に即した徳である。一方，日常生活における幸福実現のための徳は習性的徳(倫理的徳)という。これは習慣によって獲得され，理性が悪意や情欲をコントロールすることにより過不足を避けた中庸の原理に基づいて形成される。　(→ⓑ)

4 配分的正義と調整的正義

アリストテレスは「人間はポリス的動物」と述べたように，人間は社会を離れては生きられないと考え，ポリス結合の原理についての議論も展開した。その原理は次のようにまとめられる。

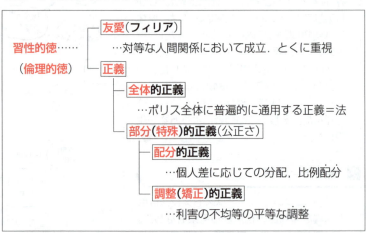

人間生活の前提となる社会には，これらの原理が成立していなければならない，というのである。このうち，配分的正義は，地位や財貨が具体例として挙げられる。大きな働きをなした者には高い地位や多い財貨が与えられるべきだし，そうでなければそれなりの地位や財貨でなければならない，という意味での「正義」である。調整的正義は，商取引や損害賠償が具体例として挙げられる。たとえば，百円の価値の商品には百円の対価が，千円の損害を与えたならば千円の賠償が，支払われなければならない，という意味での「正義」である。

第1章　源流思想　19

4　アリストテレス

演習問題　正誤判定

1. アリストテレスは，師の教説とは異なり，真理は，すべての人間にとっての客観的真理であるよりも先に，自分にとっての主体的真理でなければならないと説いた。

2. アリストテレスによれば，習性的(倫理的)徳は，思慮を働かせて，行為の際に，感情や欲望の過多と過少という両極端をさける訓練を通して修得される。

3. アリストテレスのいう配分的正義とは，理想的な国家を実現するために，国家を構成する三つの階層がそれぞれ自分に与えられた仕事や本分を果たすことを意味している。

4. アリストテレスのいう調整的正義とは，個人の間のさまざまな差異を一切考慮に入れないで，各人の地位や財貨の均等な状態を実現することを意味している。

解答・解説

1. [✖]　設問文は，キルケゴール(→p.78)の主体的真理の説明である。

2. [〇]　アリストテレスの習性的徳は，理性による思慮と，訓練による習慣づけによって形成される。

3. [✖]　説明文は，プラトン(→p.15)の国家論にもとづく正義である。

4. [✖]　地位や財貨の均等は，配分的正義が適用される事例である。

ぷ ら す α ━━━━【アリストテレス／周辺事項】━━━

　アリストテレスは，プラトンの主宰した学園**アカデメイア**の出身であり，プラトンから最も優秀な学生と評され，後には講義も担当した。しかし，プラトンとアリストテレスは，学説上の対立はもちろん，性格的にも合わなかったと伝えられている。アリストテレスはアカデメイアを離れ，後にリュケイオンという学園を主宰する。

　アリストテレス学派は，散歩(逍遙)しながら議論したということから，しばしば「**逍遙(ペリパトス)学派**」とも呼ばれる。

　また，アリストテレスは「万学の祖」とも称されている。「学問」として一括されていたものを，政治学・経済学・自然学・論理学・心理学・生物学…と分野ごとに整理するとともに，各々においても研究上の大きな足跡を残したからである。

源流思想 5

ヘレニズム期の思想

1 ストア派：禁欲主義・自然に従って生きよ
2 エピクロス派：快楽主義・隠れて生きよ

> このテーマの
> Key Words

1 ストア派：禁欲主義・自然に従って生きよ

　ポリス崩壊後のギリシアでは，政治が動揺し，社会不安や価値観の喪失に惑わされない個人の安心立命が思想的課題となった。**ストア派**の祖である**ゼノン**は，自然を貫き支配している理性（世界理性）に従って生きれば，何も問題は生じないとして，理性＝**自然に従った生き方を理想**とした。そのためには，理性が情念によって惑わされないことが求められるとして，欲望を自制することにより，情念のない状態＝**アパテイア**の境地に至るべきことを主張した。（**禁欲主義**）　　　　　　　　　　（→ⓐ）

2 エピクロス派：快楽主義・隠れて生きよ

　ゼノンの考えに対し，**エピクロス**は**永続的快楽である精神的快楽を追求すべきこと**（**快楽主義**）を説き，心身に苦痛やわずらわしさのない心の平静さ＝**アタラクシア**を理想の境地とした。しかし，こうした心は公共的生活においては乱されることもしばしばであるため，動揺のもととなる世俗から「**隠れて生きよ**」と説くことにもなった。実際に彼は，「エピクロスの園」という，価値観を同じくする者同士による自足的な生活を営んだといわれている。　（→ⓑ）

美味美食のような快楽は，かえって精神的な快楽を害するとして，むしろ自制・排除すべきことを説いている。

第1章　源流思想　21

5 ヘレニズム期の思想

演習問題　正誤判定

1. エピクロスは，感覚的な快楽の追求や，世間との必要以上の接触は，心の平静を維持するためになすべき中庸の実践を妨げるという考えから，世間から離れた質素な生活の中に自足することを最高の善とし，「隠れて生きよ」と主張した。

2. エピクロスの理想とした快楽とは，アパテイアすなわち永続的に心の平静が保たれている境地に至ることであった。

3. ギリシア人の理性重視の傾向は，理性が自然のすみずみに行きわたっているという考えを生み，そこからストア派の「作為を捨てて自然に任せる」という主張も形成されていった。

4. ヘレニズム時代に入ると，人々は世界市民として生きることを余儀なくされ，新たな生き方を求める哲学が誕生した。情念の無い状態や自足の徳を重視し，理性的な生活を送るべきという主張は，この哲学の例である。

解答・解説

1. ［✕］　「**中庸の実践**」を重視したのはアリストテレス（→p.18）である。エピクロスは，感覚的な快楽の追求や世間との必要以上の接触が，心の平静な状態を乱し，人間にとって苦痛の原因となるとして，「隠れて生きよ」と主張した。

2. ［✕］　エピクロスが理想の境地としたのは，アタラクシアである。

3. ［✕］　「作為を捨てて自然に任せる」は，老子（→p.38）の「無為自然」である。ストア派の主張は「自然に従って生きよ」であり，理性といういわば作為を重視した。

4. ［○］　ストア派（ゼノン）の説く世界市民主義と理性的禁欲主義である。

ぷらすα　————————————————————————————【ストア派のその後】

　ストア派の思想は，世界のどこに居住していても理性に従えばよいということから，**世界市民（コスモポリテース）**としての生き方を説くものであった。この立場は国家や民族を超えたものであり，大帝国の支配とも調和する思想として，その後のヨーロッパにおいてかなりの影響を与え続けた。たとえば，2世紀のローマ皇帝マルクス=アウレリウス=アントニヌスも，後期ストア派の哲学者であった。

源流思想 6 ユダヤ教とイエス

このテーマの Key Words
1 徹底した一神教
2 裁きの神から愛(アガペー)の神へ
3 形式的律法主義から信仰と隣人愛へ

1 徹底した一神教

イスラエルで成立した**ユダヤ教**では，世界は**唯一絶対の神ヤーウェ**により創造・支配されており，神から選ばれた民であるイスラエル民族は，**神の命令である律法を遵守することで神に守護される**，と説かれていた。(→ⓐ)この律法の中心が，古代イスラエルの預言者(神の言葉を伝える者)モーセが神から授かった**十戒**である。　(→ⓑ)

ⓐ 律法を遵守すれば神は守護を与えるという，契約関係であることに注意。

2 裁きの神から愛(アガペー)の神へ

「神」の本質を，律法を守らない者を裁くもの(**裁きの神**)であるという見方に対し，イエスは「神は律法を守れない**弱い人々を赦(ゆる)し救う愛に満ちたものである**」と考えた。神の愛(**アガペー**)は，律法を守ったから与えられるものではなく，見返りを求めず万人に平等に注がれる**無償・無差別の愛**という意味で捉えられている。

ⓑ モーセの十戒には「父母を敬え」とある。イエスの立場では，たとえ父母を表面的に形だけ敬っていても，心の中で反発していれば，律法を守っていないのと同じことだとされる(律法の内面化)。

3 形式的律法主義から信仰と隣人愛へ

イエスによれば，神の愛を受けた人間は，神を愛する(**信仰**)とともに，神の愛に倣(なら)って自らも万人に対する無償・無差別の愛を実践すべき(**隣人愛**)であり，この2つをあらゆる律法の本質だとした。　(→ⓒ)

ⓒ 万人を愛するのが隣人愛なのだから，相手がたとえ敵であっても愛するべきである。

第1章 源流思想　23

6 ユダヤ教とイエス

演習問題　正誤判定

1. 西洋文化の伝統の大きな特徴は，非人格的な神を信じる点にあるが，その伝統は，ユダヤ教によって確立された。

2. ユダヤ教の指針である律法は，モーセにおける啓示の体験という，歴史の中で起こった出来事を通じて世にもたらされた。

3. イエスの説く神の愛とは，道徳的にすぐれた者を，その善さのゆえに認め賞賛する愛である。

4. 「人間は，困難にあい，助けを求める人には，それがだれであれ，人間はその必要とするものを無償で与えるべきだ」というのは，イエスが説く隣人愛にあたる。

5. キリスト教における人間観によれば，人間は神による被造物であるにもかかわらず，神の意に背く自己中心的な性向である贖罪を生まれつき持っているとされる。

解答・解説

1. [✕] ユダヤ教の神は**人格神**であり，**唯一絶対**であるため誤り。

2. [◯] 律法の中心となるのが，いわゆる「**モーセの十戒**」である。

3. [✕] イエスの説く神の愛は，すぐれた者もそうでない者も，万人に平等に与えられる愛＝**アガペー**である。

4. [◯] あらゆる人を愛することが**隣人愛**である。

5. [✕] **贖罪**とはキリストが万人の罪を償ったことであり（→p.24），設問文は**原罪**についての説明であるため誤り。

ぷらすα 【イエスの刑死】

　イエスは，ユダヤ教の律法主義を批判したが，ユダヤ教に対抗する新宗教を創設しようとしたのではない。律法を完全に守れると思い込んで人間が傲慢になることを恐れ，人間が神について誤解していることを説いたのであった。

　だが，イエスはユダヤ教の指導者（律法学者）たちの怒りをかい，**十字架にかけられ刑死**した。そして『新約聖書』の福音書によれば，イエスは3日後に復活したとされる。

　その後，**イエスこそが救世主＝キリストである**と信じる弟子たちにより，ユダヤ教とは別の宗派としてのキリスト教が形成された。

源流思想 7 キリスト教の展開

このテーマのKey Words
1 パウロ：贖罪と信仰・希望・愛
2 アウグスティヌス：教父哲学
3 トマス=アクィナス：スコラ哲学

1 パウロ：贖罪と信仰・希望・愛

パウロによれば，イエスの十字架の死は全人類の罪（原罪）をつぐなうため（贖罪）であり，イエスの死によって愛にもとづく神と人間との関係が回復したとされる。このため，神から正しい人（義）と認められるのは，いまや律法ではなく信仰によるとして（信仰義認論），信仰・愛・希望がキリスト教徒の持つべき徳目（三元徳）だとした。
（→ⓐ）

ⓐ 人間はそもそもあやまちを犯す存在なので，パウロは「律法によっては罪の自覚が生じるのみである」として，イエスによる贖いと信仰による神の義を説いた。

2 アウグスティヌス：教父哲学

プラトン哲学を用いてキリスト教を理論化したのが，教父アウグスティヌスである。彼は，原罪は神の恩寵（めぐみ）によってのみ救われる（恩寵予定説）と説くとともに，恩寵を媒介するのが教会であるとしてその権威を高めた。また，パウロの三元徳をプラトン的四元徳の上位に位置付けた。
（→ⓑ）

ⓑ 教会の聖職者は高い地位にあることになる。

3 トマス=アクィナス：スコラ哲学

アリストテレス哲学を用いてキリスト教を理論化したのが，トマス=アクィナスである。彼は，人間の理性も「恩寵」によるものだとして，信仰の優位のもと，信仰と理性とを区別しながら両者の調和を図り，理性的認識も信仰にもとづくべきであるとした。

第1章　源流思想　25

7 キリスト教の展開

演習問題 正誤判定

1. イエスに従った人々が師を慕い，師を想起すべく，その事跡を語り継いでゆくうちに，「福音書」が成立した。

2. キリスト教においては，旧約聖書の神は真の神ではなく，新約聖書に示される愛の神こそが真の神である，とされる。

3. アウグスティヌスは，もとはキリスト教の迫害者であったが，回心して，熱心な伝道活動によりキリスト教を当時の地中海世界に広めた。

4. アウグスティヌスは，プラトン主義を学んだ後，キリスト教に回心し，原罪のもとにある人間が救われるのは，神の恩寵のみによる，と説いた。

5. トマス＝アクィナスは，キリスト教にアリストテレス哲学を取り入れ，恩寵と自然，信仰と理性とを区別しながら，両者を調和させ，教義を体系化した。

6. トマス＝アクィナスは，意志の理性に対する優位を説き，理性による信仰の基礎づけを拒否して，哲学と神学とを分離する端緒を開いた。

解答・解説

1. ［○］　「福音書」とは，『新約聖書』所収のイエスの言行録のこと。

2. ［✕］　キリスト教も『旧約聖書』を否定せず，同じ唯一の神としているため，誤り。

3. ［✕］　パウロについての記述であるため誤り。

4. ［○］　救済は恩寵のみによるというのが，アウグスティヌスの立場。

5. ［○］　トマス＝アクィナスが大成したスコラ哲学の記述である。

6. ［✕］　スコラ哲学は，理性による信仰の基礎づけをなすものである。

ぷ ら す α 　　　　　　　　　　　　　　　　　【各思想家の関連情報】

●パウロ：異邦人への伝道
　…多神教などまったく異なる宗教的伝統にあったギリシア・ローマなど，各地に教えを広めた。

●アウグスティヌス：最大の教父(理論的指導者)
　…キリスト教がローマ帝国の国教となり，信仰を理論づけ異端説を排除することが求められた。これが教父哲学成立の背景にある。

●トマス＝アクィナス：教会の学校で展開された哲学＝「スコラ哲学」
　…ただ，哲学はあくまでも神学のための「手段」でしかない。

源流思想 8

イスラームの教え

このテーマの Key Words
1 アッラーの他に神なし
2 六信五行
3 政教一致・聖俗一致

1 アッラーの他に神なし

イスラームとは，唯一神**アッラー**の教えに帰依することを意味する。アッラーが世界の創造主であり，支配者であると考えられ，アッラーの前では**万人が平等**で，民族的区別や聖職者階級か否かなどといった**身分的差異も存在しない**。創始者**ムハンマド**も「預言者（＝人間）」とされており，救世主なども存在しない。また，アッラーはそれに代わる何ものによっても表現できないとし，一切の**偶像崇拝が禁止**されている。

2 六信五行

イスラームでは，信仰はもちろんのこと，信徒には相応の行い＝実践義務が課されている。その内容は次の通り。

六 信	五 行	
神	信仰告白	入信にあたり信仰を宣言
天 使	礼 拝	決められた作法による1日5回の礼拝
聖典※	断 食	イスラーム暦9月の日中に一切の飲食を断つ
預言者	喜 捨	救貧のための税の拠出
来 世	巡 礼	できれば生涯に一度は聖地メッカへ参拝
天 命			

※聖典『**クルアーン（コーラン）**』は，ムハンマドに啓示された**神の言葉**そのものとされる。

ⓐ クルアーンの教え

世のすべては，支配者である神の言葉にしたがって動く。

3 政教一致・聖俗一致

イスラームの教えは，信仰の問題はもちろん，信徒（**ムスリム**）の全生活を律する。そして，イスラーム法に典型的なように，**政治や社会制度もイスラームに基づかせる**。
（→ⓐ）

第1章　源流思想　27

演習問題 正誤判定

1. イスラーム（イスラム教）では，預言者ムハンマドは神の子であり，彼の語った言葉を集めた『クルアーン（コーラン）』は，「読誦するもの」という意味を持つので，それを読むことによって神の子との合一が実現し，来世での救済が可能になるとされる。

2. イスラームでは，神は，さまざまな民族に神のことばを伝える預言者を遣わしてきたが，アブラハム，モーセ，イエスなどの一連の預言者の最後にムハンマドを送ったとされる。

3. イスラーム世界において，預言者ムハンマドの後継者・代理人を意味するハリーファ（カリフ）は，信仰や政治の最高権威者として，神の新たな啓示を受け取りながら，共同体を統治する役割をもっている。

4. イスラームでは，悪徳や偽善の横行する現実の社会から身を引き，孤独のなかで魂の浄化をはかることの他には，来世での幸福を実現する道はないとされる。

5. イスラームでは，『クルアーン』は，神の言葉そのものであるとされ，その教えを信じることは六信の一つに数えられている。

解答・解説

1. ［✕］　イスラームでは「神の子」の存在を認めていない。

2. ［○］　イスラームでは，モーセやイエスなども，預言者と見なされる。

3. ［✕］　ムハンマドが最後の預言者なので，「ハリーファは…神の新たな啓示を受け取りながら」という記述は，不適当である。

4. ［✕］　イスラームは，信仰に基づく社会制度をも形成しようとした。

5. ［○］　『クルアーン』はムハンマドに啓示された神の言葉とされる。

ぷらすα ──────────**【イスラームとユダヤ・キリスト教】**

　イスラーム教徒からすると，ユダヤ教やキリスト教は「姉妹宗教」とされる。それは，いずれも唯一絶対の神への信仰を説いているためである。神が唯一である以上，ユダヤ・キリスト教にいう神もアッラーのことなのである。そのため，モーセやイエスは，イスラーム教徒にとっても預言者となっている（もちろん救世主とは見なさない）。そうした一連の預言者たちのうち，**「最後にして最大の預言者」**がムハンマドというわけである。

源流思想 **9** バラモン教

1 業による輪廻転生
2 梵我一如の体得による解脱
3 苦行主義

このテーマの Key Words

1 業による輪廻転生

　古代インドでは，自然崇拝の多神教である**バラモン教**が根づいていた。バラモンとは祭司のことで，「地上の神」と称された。聖典『**ヴェーダ**』によれば，生き物の**魂は不滅**で，**輪廻転生**(生まれ変わり)**を繰り返す**ものであり，来世の姿は現世の行い(**業＝カルマ**)により決定されるとされた(因果応報観)。(→ⓐ)

2 梵我一如の体得による解脱

　繰り返される死の恐怖や，悲惨な境遇に生まれ変わることへの不安から，輪廻転生は苦しみの源だと考えられていた。この苦から逃れることを**解脱**という。**ウパニシャッド哲学**によれば，解脱するには，**宇宙万物の根本原理**(梵＝ブラフマン)**と，個々人の本質**(我＝アートマン)**とが，実は一体のもの**であるという「**梵我一如**」を体得することが必要だとされた。(→ⓑ)

3 苦行主義

　梵我一如の体得には修行が必要であるとされた。当初は瞑想が主であったが，**後に極端な苦行主義**が流行していった。苦行が流行するなか，バラモン教批判を行う**自由思想家**(六師外道)が多く出現した。(→ⓒ)

ⓐ

　業による輪廻転生という思想は，前世の行いが悪かったから現在は低い身分にあるというように，インドに伝統的な身分制度(カースト制度)を正当化する役割を担った。カースト制度の最上位にあるのが，バラモンである。

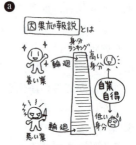

ⓑ

ⓒ バラモン教はその後，インド各地のさまざまな信仰と融合して，ヒンドゥー教へと発展していった。

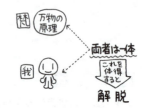

第1章　源流思想　29

9　バラモン教

演習問題　正誤判定

1. 古代インドのウパニシャッド哲学において問題になったのは，死んでは生まれかわる無限の解脱の苦悩を脱し，涅槃の世界に入るために，この世の生をいかに生きるかということであった。

2. ジャイナ教の開祖となったヴァルダマーナは，厳しい不殺生の教えを説いた。

3. ウパニシャッド哲学によれば，宇宙の原理と個々の自我の本体とは究極的には同一である。

4. ウパニシャッド哲学によれば，気によって形成される万物を究極的な理が貫いている。

5. ウパニシャッド哲学によれば，生きとし生けるものはすべて，唯一神によって創造されている。

6. ヒンドゥー教では，神々に対する祭祀の厳密な規定が作られ，呪文を唱えることによって神々さえをも駆使し，願望が成就するとされ，また，前世の善悪の業報によるとされる生まれによって階級が作られ，制度となった。

解答・解説

1. ［✕］　解脱ではなく**輪廻**である。解脱は苦悩を脱することを意味する。

2. ［○］　徹底した不殺生を旨とするのが，**ジャイナ教**の特色である。

3. ［○］　**梵我一如**の記述。宇宙の原理が**梵**，個々の自我の本体が**我**。

4. ［✕］　設問文は，朱子学（→p.40）の**理気二元論**の記述である。

5. ［✕］　**バラモン教は多神教**。唯一神による創造は説かれない。

6. ［○］　**ヒンドゥー教**は，バラモン教の伝統を引き継ぐインドの宗教である。祭祀を重視し，**業報輪廻**に注目する。

ぷらすα　【ジナの教え】

バラモン教批判を行い，新たな教えを説いた人物は多いが，**ヴァルダマーナ（マハーヴィーラ）**によって説かれた**ジャイナ教**は，その後も大きな影響力を持った。これは，一切の欲望に打ち勝った「勝者（ジナ）の教え」で，**徹底した不殺生，慈悲の実践と断食などの苦行による解脱**をめざす点に特徴がある。

源流思想 10 シャカの教え

1 四法印と縁起の法
2 四諦と中道

1 四法印と縁起の法

仏教の開祖は**釈迦**(**ゴータマ＝シッダッタ**)で，**仏陀**とも呼ばれる。仏陀とは元々「真理(**法＝ダルマ**)を悟った者(覚者)」という意味である。釈迦が悟った真理は**四法印**という形でまとめられる。

一切皆苦	人生は苦に満ちている(四苦八苦)
諸行無常	世は常なきもので，生成消滅や変化を免れえない
諸法無我	永遠不滅の「我」などという実体は存在しない
涅槃寂静	苦しみを克服した境地が永続している，悟りの境地

このうち無常・無我は**縁起の法**とも表現される。一切の存在というものは，数限りない原因や条件(縁)により生起しており，永遠不滅の実体ではない，ということである。だが，この真理に無知である(**無明**)と，永遠なる我に固執する心(**煩悩・我執**)が生じて人は苦しむ，と釈迦は説いている。つまり，**真理を認識することで苦から脱却できる**というのである。　　　　　　(→ⓐ)

2 四諦と中道

悟りに至る実践過程としてまとめられたのが，**四諦**である。このうち**八正道**とは，文字通り「八つの正しい修行の道」ということだが，この「正しい」とは，**苦行主義と快楽主義の両極端を否定した中道**という意味である。

苦諦	人生は苦だという現状の認識
集諦	苦の原因は煩悩の集まりによる
滅諦	ゆえに煩悩を滅することが肝要
道諦	そのための修行法が八正道

第1章　源流思想　31

演習問題　正誤判定

1. シャカ（ゴータマ・ブッダ）は，苦しむべきでないことに苦しむのは欲望の力に支配されているからであり，苦行と不殺生を徹底することによって欲望を克服すべきである，と説いた。

2. シャカは，自己や自己の所有物に対する執着を消し去って，心が何事にもとらわれなくなった澄みきった平安な境地を，最高の悟りの境地とした。

3. シャカによれば，人生のすべては苦しみにほかならず，すべてのものは常に変化しとどまることがなく，存在するものはすべて永遠不変の実体ではない。

4. シャカは弟子たちに人生の苦悩から救われるための方途を指し示したが，シャカが説いたその具体的実践が五常である。

5. シャカによれば，世界の実相を認識して滅諦を捨てることにより，真の安らぎである涅槃に至ることができる。

6. シャカは，永遠不変の実体を認めず，すべてのものは相互に依存しあっているという理法を説いたが，この理法のことを縁起という。

解答・解説

1. [✖] 「苦行」「不殺生の徹底」はジャイナ教についての記述である。

2. [〇] 煩悩を滅却した悟りの境地（＝涅槃）についての記述である。

3. [〇] 一切皆苦・諸行無常・諸法無我についての記述である。

4. [✖] 五常ではなく八正道である。また五常は儒教で重んじられる仁・義・礼・智・信の5つの徳目のことである。（→p.41）

5. [✖] 滅諦ではなく煩悩である。滅諦とは煩悩をなくすることである。

6. [〇] 因縁によって生起する＝縁起の法の説明である。

ぷらすα　───【四苦八苦】─

「四苦八苦」ということばがあるが，仏教において人生に満ちている苦の具体例として挙げられるのが，この四苦と八苦である。四苦とは，生きること・老いること・病・死である。八苦とは，これら四苦に，愛するものと離れ別れること（愛別離苦）・怨み憎むものと出会うこと（怨憎会苦）・求めるものが得られないこと（求不得苦）・五蘊というこの世の存在原理そのものから出る苦しみ（五蘊盛苦），を加えたものである。

10　シャカの教え

源流思想 11 仏教の展開

> このテーマの Key Words
> 1 上座部仏教：自利行→阿羅漢
> 2 大乗仏教：自利・利他行→菩薩
> 3 「空」の思想（竜樹）と「唯識」の思想（無着・世親）

1 上座部仏教：自利行→阿羅漢

仏教はいくつかの教団に分化したが，その一つが**上座部（小乗）仏教**である。上座部仏教では，**何よりも自己自身の解脱が重要**とされ，そのための修行と戒律を重視する（自利行）。そして，厳しい修行により「修行の完成者＝**阿羅漢**」を目指した。（→ⓐ）

2 大乗仏教：自利・利他行→菩薩

縁起説では，自己の存在は他の存在にも依っている。そのため，仏教では他者に安楽を与え苦を除くこと（**慈悲**）の実践も説かれる。大乗仏教はこの点を「**自己の悟りとともに他者の救済も行おう**（自利・利他行）として重視する。よって悟りを求めつつ慈悲も実践する**菩薩**が理想とされる。（→ⓑ）

3 「空」の思想と「唯識」の思想

大乗仏教では，縁起説の徹底化も図られた。**竜樹（ナーガールジュナ）**はすべての物は固有の性質を持たないという「**空**」の思想として（→ⓒ），**無着（アサンガ）**，**世親（ヴァスバンドゥ）**はすべてを心の働きの所産だとする「**唯識**」の思想と唱えた。
（→ⓓ）

ⓒ 存在するといっても実は空っぽなのだ，ということで「空」の思想。

ⓓ あるのは唯だ意識のみ，ということで「唯識」の思想。

第1章　源流思想　33

11 仏教の展開

演習問題 正誤判定

1. 大乗仏教には，すべての衆生は仏となる本性を備えているという，「一切衆生悉有仏性」の教義がある。

2. 大乗仏教は，最高の悟りを得た者としての「阿羅漢」を理想とし，自己一身の解脱に努力することを重視する。

3. 大乗仏教は，自己の解脱とともに利他の慈悲の行いを重んじ，広く一切の衆生の救済を目指して貢献する「菩薩」を理想とする。

4. 世親(ヴァスバンドゥ)は，縁起説を深化・発展させ，すべての事物は因縁によって生じたもので，固定的な実体を持たないとする空の思想を理論化した。

5. 竜樹(ナーガールジュナ)は，すべての事物は，認識する心の働きの所産にすぎず，実在しないとする唯識の思想の発展に大きな貢献を果たした。

解答・解説

1. [○] 「一切衆生悉有仏性」とは，生きとし生けるものはすべて仏性を有するということ(一切衆生は悉く仏性を有する)である。(→p.106) 大乗仏教では，この仏性を確信して利他行(慈悲)が追求されるのである。 ※自利は上座部系の仏教で重視される。

2. [✕] 設問文は，上座部(小乗)仏教についての記述であるため誤り。

3. [○] 大乗仏教では，利他(慈悲)の行いをすることにより，自己の悟り(自利)に達するとする。

4. [✕] 空の思想を理論化したのは，竜樹(ナーガールジュナ)。

5. [✕] 唯識の思想に貢献したのは，世親(ヴァスバンドゥ)。

ぷらすα ──────────────【二つの仏教】─

　大乗仏教はそれ以前の仏教(上座部仏教)を「小乗仏教」と呼んだ。「大乗」という言葉は，慈悲によって誰もが悟りに至れる＝器の大きな乗り物，という意味をもつ。一方「小乗」という語には，限られた修行者しか悟れない＝器の小さな乗り物，という否定的な意味がある。**小乗仏教は東南アジア方面に伝播した**ため，南伝仏教とも呼ばれ，**大乗仏教は中国や朝鮮などに伝播した**ため，北伝仏教とも呼ばれる。**日本に伝播したのは**大乗仏教である。

源流思想 12 儒家の思想

このテーマの Key Words

1 孔子：仁と礼の重視・徳治主義
2 孟子：性善説・易姓革命
3 荀子：性悪説・礼治主義

1 孔子：仁と礼の重視・徳治主義

　古代中国では「諸子百家」と呼ばれる思想家群が活躍した。なかでも大きな影響力を残したのが，孔子を祖とする儒家である。
　孔子は，人間としての正しい生き方（道）を探求し，その根本として仁と礼を重視した。仁とは内面のあり方であり，自己を欺かない誠実さ（忠）や他者への思いやり（恕）などがその内容としてあげられる。また礼とは，仁が形として表現されたものであり，具体的には社会的規範（礼儀や慣習など）に従うことである。そして，仁や礼の実践は，親子兄弟間の自然な愛情（孝悌）から出発し，周囲にそれを拡げていくことである。また孔子は，仁や礼を実践する者（君子）が，**自己の徳によって民衆を感化しながら道徳に基づいた政治を行うことが理想**であるとし（徳治主義），政治と道徳とを一体のものとしている。　　　　　　　　　　（→ⓐ，ⓑ）

ⓐ

このように，仁と礼はいわば相互補完的な関係にあることに注意しよう。

ⓑ
　孔子は，法や刑罰による政治では人民の心をむしろねじ曲げるとして，これを否定した。

2 孟子：性善説・易姓革命

　孟子は，孔子の説く仁の内面性を重視して教説を発展させ，人間は生まれながらに良知良能を有しているとする性善説を展開した。これを説明するものが四端説で，その内容は，次頁のようになる。　　（→ⓒ）

ⓒ
きっかけは…　　　　　　　育成すると…
惻隠の心（相手を思いやる心）　→ 仁
羞悪の心（不善をにくむ心）　→ 義
辞譲の心（へりくだる心）　→ 礼
是非の心（善悪を分別する心）　→ 智

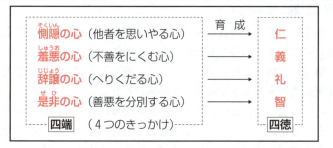

これによると，人間は生まれながらにして4つの善なる心（四端）を持っており，これを育成することにより4つの徳（四徳）を身につけることができる，としている。この四端を育成しようとする道徳的勇気を浩然の気という。

また孟子は，仁義に基づく民衆本位の政治（＝王道政治）を理想とする立場から，武力や策略による政治（＝覇道政治）を否定した。そして，覇道政治は天命によって改められる（易姓革命）と説いた。　　　（→ⓓ）

3 荀子：性悪説・礼治主義

荀子は礼の側面を重視した。彼は，人間は生まれながらには利己的であるとする**性悪説**の立場をとったが，**礼を学び訓育されることでこの利己心を克服できる**とした。すなわち，人々は礼による教化（＝後天的な努力）によって，善性を獲得できるのである。　　　（→ⓔ）

この観点から荀子は，秩序ある社会を作るためには，礼による統治が重要であるとして礼治主義を主張した。

孟子の思想のうち，革命を肯定するこの部分は，為政者にとっては「危険思想」であったといえよう。

「性悪」といっても，それは礼によって矯正可能なのであり，善性は獲得できる。

演習問題 正誤判定

1. 儒家の一般的な特質の一つとして，呪術・祈禱(きとう)によって民衆の現実生活にさまざまな利益をもたらそうとすることがあげられる。

2. 儒家の一般的な特質の一つとして，修身・斉家・治国・平天下をめざす実践的な生き方を求めることがあげられる。

3. 孔子の説いた仁とは，誰でもがその肉親に対して自然にいだく親しみの念と愛情を，あまねく人類全体にまで押し広めた愛のことである。

4. 孔子の基本的な道徳観に従えば，本当の意味で人生を楽しむには，まず利に動かされず真の誠実さによって人に接し，礼に従って行為しなければならない。

5. 天の道は人間の相対的な区別をこえており，親子の別さえそこでは意味をもたないから，人は区別をこえた善を希求すべきである，というのが孔子の基本的な道徳観である。

6. 孔子によれば，愛情としての仁の徳が成就するためには，自己の欲望を克服して礼に従って生きるという自己修養が必要である。

7. 孔子の教説を近親重視の偏愛であると批判する墨子は，兼愛の思想を説き，そこに社会の平安の基礎を求めた。

8. 孟子は，墨家の説く平等な愛の主張は，人間関係の根本である君臣父子の関係を無視するものであり，世の乱れを生むものであると主張した。

9. 孟子は，他人の不幸を見過ごしえない心情を羞悪の心と呼び，人間の本性は善であるとした。

10. 孟子は，人間の本性にそなわる四端を拡充して，そのそれぞれを四諦として完結させるべきことを説いた。

11. 孟子によれば，性は善であるといっても，それは聖人についてのことであり，普通の人間の性は必ずしも善とは限らない。

12. 孟子によれば，性は天の定めるままに善なのであり，あれこれ作為せずに思うままに生きれば善なる生き方が成就される。

13. 孟子は，民心を失った君主については天命があらたまるという易姓革命の思想を説いた。

14. 荀子によれば，礼には人間の利己的欲望を規制する効用がある。

第1章　源流思想　37

12 儒家の思想

解答・解説

1. [✗] 孔子の言葉に「怪力乱神を語らず」というのがあるように，儒家は呪術や祈禱を重視するわけではない。

2. [〇] 孔子が道徳と政治を論じているように，身を修めること（道徳）と，国を修め天下太平を実現すること（政治）を一致させているのが，儒家の特徴の一つである。

3. [〇] 孝悌という肉親間の親愛の情を拡張したものが，仁である。

4. [〇] 孔子によれば，仁と礼が，正しい生き方の基本とされる。

5. [✗] 孝悌や礼を考えれば分かるように，親子の別さえ意味をもたないというのは不適当。8で扱った孟子の五倫についても思い起こそう。

6. [〇] 「克己復礼」が説かれるのは，こうした考えに基づいている。

7. [〇] 墨子は，孔子の立場を近親重視の別愛として批判した。

8. [〇] 孟子は，人間関係の規範である五倫を説いており（→p.41），そのなかに君臣の義や父子の親が挙げられている。

9. [✗] 四端の例だが，これは羞悪の心ではなく惻隠の心である。

10. [✗] 四諦ではなく四徳である。四諦はシャカの教説（→p.30）。

11. [✗] 生得的な善性は，人間であれば皆が持っているとされる。

12. [✗] 孟子においては，生得的な善性を育成する努力が不可欠である。

13. [〇] 孟子は，力による支配ではなく，徳による政治を唱えている。

14. [〇] 荀子は性悪説の立場から，礼による利己的本性の矯正を説いた。

ぷ ら す α　　　　　　　　　　　　　　　　【その他の諸子百家】

● **墨家**（**墨子**など）

…儒家の出身。孔子の教説は，孝悌に見られるように，近親者ばかりを重視する差別的なもの（別愛）であるとして批判。親疎の別なく他者を愛すること（兼愛）とそれによる相互利益（交利），戦争を否定する非攻などを説いた。

● **法家**（**韓非子**など）

…礼治主義の流れをくむ。「礼」による統治では客観性がなく強制力に欠けるとして，具体的かつ強制力をもつ法による統治（法治主義）を理想とした。

この他，軍事的な作戦・用兵などを論じた**兵家**（**孫子**ら）など，数々の学派・思想家たちが活躍していた。

源流思想 13 道家の思想

このテーマの Key Words

1 老子：無為自然と柔弱謙下・小国寡民
2 荘子：万物斉同・真人

1 老子：無為自然と柔弱謙下・小国寡民

　道家のいう「道」とは，あらゆるものに先立って存在する自然万物の根源であり，万物を育み，成長させる**万物の母**のことである。**老子**は，人間もこの「道」に合一して生きることが本来のあり方であり，そのためには**作為を排して自然に従う生き方（＝無為自然）が大切**であると説いた。これは，強く我を張るような生き方ではなく，柔和でへりくだった生き方（＝**柔弱謙下**）を理想とするものである。　　（→ⓐ）

　老子はまた，大国であると統治の諸制度を人為的に作り上げる必要が生じると考え，民の数も少なく自給自足であるような小国家（＝**小国寡民**：「寡」＝「少ない」）を理想の社会とした。

柔弱謙下の具体例は水。

2 荘子：万物斉同・真人

　道家を継承した**荘子**は，「大小・善悪・美醜といった**相対的区分は人為的なもの**にしかすぎない，あるがままの世界では，相対的区分や一切の対立差別に囚われず，万物は皆同一である」とした（**万物斉同**）。また，こうした自由な境地に立ってものごとをありのままに捉える人間を，**真人**（**至人**）と呼んで理想とした。　（→ⓑ）

第1章　源流思想　39

13 道家の思想

演習問題 正誤判定

1. 老子は，永遠不変の真理として，宇宙の根本原理である「法」を洞察し，無為自然の理想を説いた。

2. 老子が説いた無為自然の理想とは，己の欲望を克服し，行為の規範としての礼に従う生き方のことである。

3. 老子が説いた無為自然の理想とは，人の不完全な力に頼らず，物事のありのままを受け容れる生き方のことである。

4. 曲がりくねったこぶだらけの樗の木は，何の役にも立たないが，だからこそ人に切られることもなく，木としての生を全うする。荘子は，樗の木のように世間から無用のものとなり，道と一体化した「哲人」を目指す生き方を唱えた。

5. 荘子によれば，道は人の理解を超えており，人知を去り，欲望を断ち，我執を無くし，あるがままの自然に身を委ねるという境地に至ったときにのみ，おのずから我が身に顕現するという性格のものである。

解答・解説

1. ［✕］ 法ではなく道が正しい。法は仏教でいう真理のこと。

2. ［✕］ 「礼」は，孔子が説く理想的あり方のことである。

3. ［〇］ 人為を無にして自然のあるがままに従うのが，無為自然である。

4. ［✕］ 荘子が説く理想的人物は，哲人ではなく真人(至人)である。

5. ［〇］ 道家は，人間の不完全な力ではなく，自然の大道を重視する。

ぷ・ら・す・α　　　　　　　　　　　　　　　【儒家と道家のいう「道」】

　儒家も道家も，ともに「道」という概念を用いている。しかし，その意味はまったく異なっている点に注意しよう。老子によれば，「道」とは天地自然の道であり，人によりつくられたものではない。儒家が「人間としての正しい生き方」としての「道」を追求するのは，本来あるべき道が見失われたからである。本来の道に従うことが廃れたがゆえに世は乱れ，そうした状況だから儒家は仁や義を叫ぶようになった，というのである。老子が言う「大道廃れて仁義あり」は，この主張なのである。

源流思想 14 後代の儒家

このテーマの Key Words

1 朱子学：理気二元論と居敬窮理
2 陽明学：心即理と知行合一

1 朱子学：理気二元論と居敬窮理

孔子から千年以上の時を経ても、儒家思想は脈々と受け継がれていた。**朱熹（朱子）** は独自の観点からそれまでの儒家思想を集大成して体系化した。それが **朱子学** である。朱子によれば万物は、あらゆる事物を存在たらしめる根拠である **理** と、事物を構成する物質・質料である **気** から成り立っている（**理気二元論**）。理は善の源でもあるが、気は人間においては欲望の源として理を攪乱してしまうことがある。そこで、善を維持するためには理によって気を抑制しつつ（**居敬**）、**知** を尽くし理を知ること（**窮理**）が重要であると説いた。　　　　　　（→ⓐ）

ⓐ
万物 ┬ 理＝善の源。
　　 │ ↓抑制が大事
　　 └ 気＝欲望の源。

つまり、理とは何かを知り、気を抑制するつつしみが求められる。

2 陽明学：心即理と知行合一

朱子学の登場後、**王陽明** は独自に儒家思想を体系化し **陽明学** を確立した。朱子学では人の心を、理に相当する部分（＝性）と、善を乱す気に相当する部分（＝情）とに区分し、理を原理として客観的・外的なものと捉えたが、陽明学では、理と気とを区分せず、情を含む人間の心そのものを理とし（**心即理**）、理は心に内在するものとした。そして、**心に内在する良知を発揮** し行動すること（**知行合一**）を重視した。（→ⓑ）

ⓑ
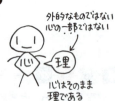

第1章　源流思想　41

14 後代の儒家

演習問題 正誤判定

1. 朱子によれば，人間の肉体を構成する気は社会の混乱につながる欲望の源泉であるから，その気そのものである人の本性は悪である。

2. 朱子によれば，人の本性は万物と共通の理であって善なるものだが，肉体を構成する気によって乱されており，悪の存在はその乱れに由来する。

3. 朱子は，万物の根拠と同じ理が人間の本性として内在しているとして，理への畏敬（いけい）によって身を慎み，理を窮（きわ）めて知をつくすことこそ修養の根本であると考え，その理を窮める方法として，事物の本来のあり方を一つ一つ探究することを提唱した。

4. 王陽明は，理を万物に内在する秩序原理として客観視することは，本来相即している心と理とをことさらに分離し，対立させるものであるとして，朱子学を批判することによって独自の思想を打ち立てた。

5. 理気二元論の立場を採る陽明学は，江戸時代の林羅山などによって広められ日本にも根付いていった。

解答・解説

1. ［**✕**］人間本性には**理**が内在するとして，本性を悪とはしない。

2. ［**〇**］このため，理によって気を抑制しつつしむことが重要となる。

3. ［**〇**］身を慎む＝**居敬**と**窮理**についての記述である。なお，事物の本来のあり方を探求することを，**格物致知**（かくぶつちち）という。

4. ［**〇**］**心即理**についての記述であり，**陽明学**の大きな特色である。

5. ［**✕**］**理気二元論**を採り林羅山によって広められたのは，陽明学ではなく**朱子学**である。（→p.114）

ぷ ら す α ━━━━━━━━━━━━━━━ 【五倫五常・四書五経】━

　孟子は人間関係の規範として**五倫**（ごりん）を挙げている。それは，父子の親・君臣の義・夫婦の別・長幼の序・朋友の信である。また，**董仲舒**（とうちゅうじょ）という儒学者は，孟子の四徳（仁義礼智）に信を加え，個人生活の徳目としての**五常**（ごじょう）を説いた。この五倫五常は，その後の儒教道徳の根幹となった。

　儒学の基本文献の整備も次第に進められた。孔子の『論語』に加え，『孟子』，『大学』，『中庸』（ちゅうよう）は「**四書**」（ししょ）として，中国の古典文献でもある『詩経』，『書経』，『易経』，『礼記』，『春秋』は「**五経**」（ごきょう）として，それぞれ儒学で尊重されていった。

演習問題 択一問題 ▶解答は200ページ

1. ソフィストの一人であるプロタゴラスに関する記述として最も適当な
ものを，次の①〜④のうちから一つ選べ。

① ロゴスを重視し，世界理性に従って，怒りや肉体的欲望などの情念
を抑制する禁欲主義の立場にたって生きることを理想とした。

② 民主政治が堕落しつつあるアテネにおいて，自らの無知を自覚する
こと，すなわち，いわゆる「無知の知」を哲学の出発点とした。

③ あらゆる物事の判断基準は，判断する人間それぞれにあるとし，各
人の判断以外に客観的真理が存在することを否定した。

④ 万物の根本原理を「調和」の象徴としての「数」に求め，宗教と学
術が一体となった教団を組織したが，当時の為政者に弾圧された。

2. ソクラテスの思想内容として最も適当なものを，次の①〜④のうちか
ら一つ選べ。

① 人間はポリス的動物という本性に従って社会生活を営む存在であり，
正義と友愛の徳もポリスを離れては実現しないと考えた。

② 対話的方法を通して自己の魂のあり方を吟味していくことが，「よ
く生きること」の根本であると主張した。

③ 自然と調和して生きることを理想とし，自然を貫く法則性と一致す
るように意志を働かせることによって魂の調和が得られると説いた。

④ 富や権力や名誉などの外面的なものや社会規範といったものを軽蔑
し，自然に与えられたものだけで満足して生きる生活を理想とした。

3. プラトンの主張の記述として最も適当なものを，次の①〜④のうちか
ら一つ選べ。

① 真理は，普遍的なものとして客観的に存在するのではなく，判断を
下す個々の人間と事物との相対的な関係に依存する。

② 善悪を決定するのは個人の快・不快であり，至高の価値は，公共生
活から退くことによって魂が永続的に安定するところにある。

③ 人間の最高の幸福は，理性の純粋な活動によって，個々の事物に内
在する形相のあり方を観想することである。

④ 個々の事物は真の実在の影にすぎないが，人間の魂はかつて真の実
在の世界に住んでいたので，それを想起することで真理を把握できる。

演習問題（源流思想） 43

4. プラトンは，魂の三部分の関係に基づいて国家のあり方を説明した。彼の国家についての思想として最も適当なものを，次の①～④のうちから一つ選べ。

①　一人の王の統治は，知恵を愛する王による統治であっても，つねに独裁制に陥る危険を孕んでいる。それゆえ防衛者階級も生産者階級も知恵・勇気・節制を身につけ，民主的に政治を行う共和政において正義が実現する。

②　統治者階級は，知恵を身につけ，防衛者階級を支配し，防衛者階級は，勇気を身につけ，生産者階級を支配する。さらに生産者階級が防衛者階級に従い節制を身につけたとき，国家の三部分に調和が生まれ，正義が実現する。

③　知恵を愛する者が王になることも，王が知恵を愛するようになることも，いずれも現実的には難しい。知恵を愛する者が，勇気を身につけた防衛者階級と節制を身につけた生産者階級とを統治するとき，正義が実現する。

④　知恵を身につけた統治者階級が，防衛者階級に対しては臆病と無謀を避け勇気を身につけるよう習慣づけ，生産者階級に対しては放縦と鈍感を避け節制を身につけるよう習慣づける。このようなときに正義が実現する。

5. アリストテレスの道徳説についての説明として最も適当なものを，次の①～④のうちから一つ選べ。

①　正義・節制・友愛などの倫理的徳は，人間に生まれつき備わっているものである。

②　正義・節制・友愛などの倫理的徳が，最高善としての幸福をもたらすものである。

③　人は善き習慣のうちに倫理的徳を身につけ，感情や欲望を統制することができるようになる。

④　人は何が中庸かを倫理的徳によって知り，過度な欲望に囚われることを避けることができる。

6. ストア派の生活信条として最も適当なものを，次の**①**～**④**のうちから一つ選べ。

① 各人は情念に動かされることなく，すなわち，自然に従って理性的に生きるべきである。

② 各人は富や権力や健康など，外面的なものを頼りにせずに，できるだけ何も持たないで生きるべきである。

③ 各人は精神的な快楽を保つために，政治や公共生活への参加を避け，隠れて生きるべきである。

④ 各人はポリス的動物であり，ともに善い人間になることを目指す友愛を重んじて生きるべきである。

7. 平等観にもとづいたイエスの言行についての記述として**適当でない**ものを，次の**①**～**④**のうちから一つ選べ。

① 当時の社会で嫌悪されていた徴税人や罪人と食事を共にするなど，当時のユダヤ教の社会規範に反してまでも，被差別者と共に生きようとした。

② 「何事でも人々からしてほしいと望むことは，人々にもそのとおりにしなさい」と命じ，相手の立場に身を置いて人に接するように教えた。

③ 自らメシア（キリスト）と称して，すべての人が生まれながらに負っている罪から救われるには，十字架の贖いを信じるしかないと主張した。

④ 神は律法を守った人だけを祝福するのではなく，おちぶれて帰還した放蕩息子を喜び迎える父のように，無償の愛を万人に及ぼしていると教えた。

8. トマス＝アクィナスに関する記述として最も適当なものを，次の**①**～**④**のうちから一つ選べ。

① 信仰と理性は相互に分離された異質な領域に属しており，神にかかわる信仰的実践を哲学によって基礎づけることはできないとした。

② 信仰と理性の区別を体系的に論じて，信仰の優位のもとで両者の統合を試み，倫理思想に関しても自然的徳は神の恩恵によって完成されるとした。

演習問題（源流思想） 45

③ 一切は神から必然的に生じるものであり，倫理的問題に関しても，永遠の相のもとで事物を考察することによって判断されなければならないとした。

④ 人間の救済と滅びは神によってあらかじめ決定されており，人間は合理的で正しい行為によってもその決定を変更することはできないとした。

9. イスラームにおいて実践が義務づけられている五行に関する記述として**適当でないもの**を，次の①～⑤のうちから一つ選べ。

① メッカへの巡礼とは，すべてのムスリムが可能なかぎり生涯に一度は行うべきものであるが，これは社会的地位や民族の差異を超えたムスリムとしての連帯感を養うのに役立っている。

② ラマダーン月の断食とは，未明から日没までいっさいの飲食を絶つものであるが，これは欲望を抑える強い意志や貧者への思いやりの心を養うのに役立っている。

③ 礼拝とは，一日に五回，定められた時刻に定められた手順で行うべきものであるが，これは神に対する絶対的帰依を体現し，人間が本来あるべき姿を確認するのに役立っている。

④ 信仰告白とは，神は唯一であり，ムハンマドは預言者であると告白するものであるが，これはユダヤ教やキリスト教の神を否定し，イスラームの絶対性を主張するものである。

⑤ 喜捨とは，富んでいる者が貧しい者に対して資産に応じた施しをするものであるが，これは神への感謝の心を養い，社会における富の公平な分配を目指すものである。

10. 次のノートは，生徒が「倫理」の教科書を参考にしながら，ユダヤ教，キリスト教，イスラームを特徴づける事項について整理したものの一部である。ノートの三つの宗教を共通に特徴づける事項の　X　に入る語句として適当なものを**ア～オ**の中から**すべて**選ぶとき，その組合せとして最も適当なものを，下の①～⑧のうちから一つ選べ。

ユダヤ教を特徴づ ける事項	キリスト教を特徴 づける事項	イスラームを特徴 づける事項
・選民思想	・世界宗教	・世界宗教
・律法（トーラー）	・神の子	・六信五行
・嘆きの壁	・『新約聖書』	・『クルアーン(コーラン)』

三つの宗教を共通に特徴づける事項
・全知全能の神
・ X

ア 四書五経   イ 預言者   ウ 多神教
エ 徳治主義   オ 一神教

① ア・イ・ウ   ② ア・イ・オ   ③ ア・ウ・エ
④ ア・エ・オ   ⑤ イ・ウ   ⑥ イ・オ
⑦ ウ・エ   ⑧ エ・オ

11. ゴータマ＝ブッダが説いた人間観についての記述として最も適当なものを，次の①〜④のうちから一つ選べ。

① 人間の身体や心的要素は絶えず変化しているので，自己を永遠不滅であると錯覚したり，これに固執したりしてはならない。

② 人間の身体や心的要素は，すべて宇宙の真理に当たる法身仏から派生したものであるから，成仏の可能性は自己に備わっている。

③ 人間の身体や心的要素も含めて，この世にあるものはすべて空であり，無自性であるから，自己というものも存在しない。

④ 人間の身体や心的要素も含めて，この世にあるものは根源的実在である心の現れであり，自己というものも実は仮象である。

演習問題（源流思想）　47

12. 苦についての仏教の考え方の記述として最も適当なものを，次の①〜
④のうちから一つ選べ。

① 苦の原因は，自分が何であるか知らないという点にあるが，自分と
いわれるものの本質は，この世界のものを存在させる原因や条件の相
対的あり方を超越したものであると認識されなければならない。

② 苦の原因は，自分が何であるか知らないという点にあるが，すべて
存在するものは原因や条件に依存する相対的なものであり，自分とい
われるものも変化する相対的なものであると認識されなければならな
い。

③ 苦の原因は，自分でないものを自分と思うところにあるが，自分と
いわれるものは，自他の区別を可能にする原因や条件の背後にある根
源的なものであると認識されなければならない。

④ 苦の原因は，自分でないものを自分と思うところにあるが，我々の
本質をなす自分といわれるものは，存在するともしないとも言えない
不可知的なものであると認識されなければならない。

13. インドの仏教教団は上座部と大衆部に分裂した。その中で，上座部に
おいて**目標とされる存在**をa・bから，上座部に関する適当な**記述**を
ア・イからそれぞれ選ぶとき，組合せとして最も適当なものを，下の①
〜④のうちから一つ選べ。

> **目標とされる存在**
> a　菩薩
> b　阿羅漢

> **記述**
> ア　ブッダを理想化した大乗経典を用いての俗人への布教を重視し，
> 　　中央アジアを経て，中国，朝鮮，さらに日本に伝播した。
> イ　ブッダが制定したとされる戒律を忠実に守り，スリランカでは
> 　　国家の保護を受け，さらに東南アジアへと広がった。

① a－ア　　② a－イ　　③ b－ア　　④ b－イ

14. 古代中国の諸子百家についての記述として最も適当なものを，次の①
〜④のうちから一つ選べ。

① 儒家は，上古の聖人の道よりも仁義礼智信といった社会生活に有益
な徳を重視し，人々にこれを修得するよう説いた。

② 墨家は，平和主義者の立場から人民を不幸にする侵略戦争を否定す
るとともに，自他を区別せず広く平等に愛するよう説いた。

③ 道家は，現実の政治や社会の分野には関心を示さず，人々に作為を
捨てて宇宙の根源である道に任せて生きるよう説いた。

④ 法家は，君主の徳による政治を否定し，法による信賞必罰を統治の
根底に据えることで人民本位の政治を実現するよう説いた。

15. 古代中国の諸子百家の「道」についての記述として**適当でない**ものを，
次の①〜④のうちから一つ選べ。

① 荀子は，人間の本性は悪であるという性悪説の立場に立って，争乱
の原因となる人々の欲望や利己心を矯正するために，社会規範として
の礼の遵守を人道の中心に据えるべきであると主張した。

② 荘子は，老子の道概念をさらに発展させ，人間の主観に基づく相対
的な判断を超えて，事物が絶対的同一性を共有する万物斉同を道の本
質とした上で，これと一体となった生を人間の理想とした。

③ 孟子は，戦国時代という動乱のさなかにあって，武力によって民を
威圧支配する覇道主義に対して，社会の統合原理として法を重視し，
これによって民をよい方向へ導くという王道論を展開した。

④ 孔子は，人間が従うべき正しい道理として人倫の道の重要性を説く
とともに，為政者が最高の徳である仁を目指して修養し，道徳的権威
によって民を統治すべきであるという徳治主義を提唱した。

16. 孟子が言う「惻隠の心」を説明する例として最も適当なものを，次
の①〜④のうちから一つ選べ。

① 目上の人が歩いているのを見かけると，道を譲って先に通してあげ
ようと思う。

② 弱者にやさしい立派な人に接すると，自分の日ごろの行いが気恥ず
かしくなる。

③ 子供が自分の身に危険を招くようなことをしていたら，救い出して
やろうとする。

④ 友人が不正行為をしているのに気づいたら，注意をして反省を促そ
うと思う。

17. 老子，荀子に関する記述として最も適当なものを，次の①〜⑤のうち
からそれぞれ一つずつ選べ。

① 他者への親愛の情にもとづいて行為することが，人間社会の理想で
あるとし，法や刑罰のみによって人民を統治することに反対した。

② 生があり死があるのは運命であり，両者を一体と見てありのままに
受け入れるところに束縛からの解放があると考えた。

③ 水のように柔弱なあり方に従い，人からさげすまれる地位に甘んじ
てこそ，真の勝利者となることができると説いた。

④ 強盗殺人が不義である以上，他国を侵略して多くの人を殺すのはよ
り大きな不義であるとして，侵略戦争を否定した。

⑤ 人に善があるのは，曲がった木が矯め木や蒸気でまっすぐになるの
と同様に，後天的な矯正によるものであると主張した。

18. 朱子(朱熹)の学説についての記述として最も適当なものを，次の①〜
④のうちから一つ選べ。

① 人間を含む天地万物を気による運動体と見なした上で，死物の条理
である天理よりも，身近な日常の人倫を重視するよう説いた。

② 心が弛むのを警戒し常に覚醒させようとする敬の実践と，事物に内
在する理を体験的に窮めてゆく実践とをともに重視するよう説いた。

③ 知ることと行うこととを一つのことと見なし，あらゆる場で心の理
である良知を十分に発揮させることを重視するよう説いた。

④ 孝は万物を生成し秩序づける宇宙の根源であり，あらゆる人々に等
しく内在する心情であるとし，その実践を何よりも重視するよう説い
た。

コラム・1　数字がでてくる用語

　「倫理」を勉強していると，数字のでてくる用語が意外と目立つことに気づくだろう。ここでは本編とちょっと「目先」をかえて，数字がでてくる用語をまとめてみた。

頁	用　語	人　物	
126	2つのJ	内村鑑三	Jesus，Japan
24	三元徳	パウロ	信仰，希望，愛
	三権分立	ロック	立法，行政，連合（同盟）
68	三権分立	モンテスキュー	立法，行政，司法
76	人倫の三段階	ヘーゲル	家族，市民社会，国家
78	実存の三段階	キルケゴール	美的実存，倫理的実存，宗教的実存
149	人格の三層構造	フロイト	超自我，自我，イド（エス）
15	魂の三分説	プラトン	理性，気概（意志），欲望
15	四元徳	プラトン	知恵，勇気，節制，正義
30	四諦	シャカ	苦諦，集諦，滅諦，道諦
31	四苦	シャカ	生，老，病，死
30	四法印	シャカ	一切皆苦，諸行無常，諸法無我，涅槃寂静
34	四端説	孟子	惻隠の心，羞悪の心，辞譲の心，是非の心
35	四徳	孟子	仁，義，礼，智
60	4つのイドラ	ベーコン	種族のイドラ，洞窟のイドラ，市場のイドラ，劇場のイドラ
70	4種の制裁	ベンサム	物理的（自然的）制裁，法律的（政治的）制裁，道徳的制裁，宗教的制裁
31	五蘊	シャカ	色，受，想，行，識
41	五倫	孟子	親（父子の～），義（君臣の～），別（夫婦の～），序（兄弟の～），信（朋友の～）
26	五行	イスラーム	信仰告白，礼拝，断食，喜捨，巡礼
26	六信	イスラーム	アッラー，天使，聖典，預言者，来世，天命
30	八正道	シャカ	正見，正思，正語，正業，正命，正精進，正念，正定
31	八苦	シャカ	（四苦），愛別離苦，怨憎会苦，求不得苦，五蘊盛苦

第2章

西洋思想

西洋思想では，人間の尊厳，科学的なものの見方，国家の成り立ちなど，今日の現代社会の基盤が作り出されてきた。後に紹介する日本の近代思想へも大きく影響を与えた内容も含まれているため，それぞれを関連付けて覚えていきたい。

西洋思想 1 **ルネサンス**

このテーマの Key Words

1 ヒューマニズム（人文主義）
2 万能人（普遍人）が理想
3 自由意志の重視

1 ヒューマニズム（人文主義）

　ルネサンスは「文芸復興」と訳される。これは，ギリシア・ローマの古典芸術の中に**神に縛られない自由な人間像**を見いだした当時の人々が，その古典文化を復興させようとした文化運動であったためである。中世の神中心の世界観に対し，現世における**人間中心主義**（**ヒューマニズム**）を打ち出した点に，この運動の特徴がある。

2 万能人（普遍人）が理想

　「人間中心主義」から，人間は多様な能力を持ち，それを十分に発揮できる無限の可能性があるとされた。そのため，**レオナルド＝ダ＝ヴィンチ**や**ミケランジェロ**など，多方面に高い能力を発揮する「**万能人**」を理想の人物とした。　　　　　（→ⓐ）

3 自由意志の重視

　同時に，**ピコ＝デラ＝ミランドラ**や**エラスムス**に代表されるように，人間は自己のあり方を自らの意志で決められる能力＝**自由意志**を持っていることが，多くの論者によって強調された。この自由意志は**神から賜ったもの**とされたことに注意しよう。
（→ⓑ）

ⓐ

人間中心の世界観は，さまざまな分野での人間の活動を肯定することとなり，利潤の追求など**世俗的欲望を肯定す**ることにもなった。

ⓑ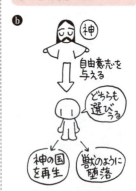

ルネサンスは決して神を否定するものではない。むしろ，ピコ＝デラ＝ミランドラのように，人間は神の被造物であるという，大前提があった。

第2章　西洋思想　53

演習問題 正誤判定

1. ルネサンスにおいて完成したあり方への無限の可能性を持つ人間への礼賛は，「職業人」という人間像として表現された。

2. ルネサンスの人文主義の特徴には，人間性を抑圧するものから人間を解放しようとする思想であったことが挙げられる。

3. ルネサンスの人文主義の特徴には，いわゆる「未開の」社会の意義の見直しをはかるフィールド・ワークの重視が挙げられる。

4. ルネサンスの人文主義のうち，人間が自己を自由に創造しうるというのが，ピコ=デラ=ミランドラの言う「人間の尊厳」であった。

5. マキャヴェリは，政治は倫理に基づいているので，為政者であっても，人間としての倫理は守った上で，政治固有の原理を考えるべきである，と主張した。

6. マキャヴェリによれば，為政者の卓越性(力)は，私人にあてはまる善悪の基準でははかり得ないものである。

解答・解説

1. [**✕**] 職業人ではなく**万能人**(普遍人)。**カルヴァン**など宗教改革者(→p.54)たちは召命としての職業に励む人を理想とした。

2. [**○**] 中世的な束縛からの解放(**ヒューマニズム**)がめざされた。

3. [**✕**] **レヴィ=ストロース**(→p.168)の文化人類学研究の内容である。

4. [**○**] 自由意志を強調した彼の演説草稿が，『**人間の尊厳について**』という著作である。

5. [**✕**] 倫理ではなく，政治的実行力や決断力を重視した。

6. [**○**] 為政者には，恐怖や暴力による国家維持も許容されるとした。

ぷらすα 【ルネサンス期の思想家】

●**ピコ=デラ=ミランドラ**
　…人間は神から賜った自由意志によって，堕落することも神に近い存在にもなれるとして，自由意志を人間の尊厳の根拠であるとした。

●**エラスムス**
　…教会の堕落を諷刺するとともに，信仰に関しての自由意志を強調した。

●**マキャヴェリ**
　…政治の本質は力(権力)にあるとして，政治を宗教的・道徳的正しさと区別。

西洋思想 2 宗教改革

このテーマの Key Words

1. 信仰義認説と万人司祭主義（ルター）
2. 予定説（カルヴァン）
3. 職業召命観

1 信仰義認説と万人司祭主義（ルター）

ローマ・カトリック教会による**免罪符（贖宥状）販売に対する疑問**から教会と対立した**ルター**は，パウロの研究（→p.24）から，神により義とされるのは，教会の儀式などによるのではなく，個人の**信仰のみ**によるとした。そして，人間と神との結びつきは聖書によって直接得られる（**聖書中心主義**）として，「司祭／信徒」という信仰における身分的差別を否定した（**万人司祭主義**）。　　　　　　　　（→ⓐ）

ルターは，教会の特権性を批判したのであって，教会そのものを否定したわけではないことに注意。

2 予定説（カルヴァン）

カルヴァンは神の絶対性を強調する立場から，神は世界の創造時にあらゆる事柄を予定しているとした。したがって，**神に救済されるか否かも予め定められており，人間が善行を積んだ，悪行を重ねたといった結果が救済されるか否かを決定するのではない**とした。　　　　　　　（→ⓑ）

3 職業召命観

このため，**職業も神の召命**（おぼしめし）であり，とくにカルヴァンは自らに割り当てられた任務である職業に励むことこそが，神の栄光を実現することになるとした。

第2章　西洋思想　55

演習問題 正誤判定

1. 宗教改革者ルターと人文主義者エラスムスとの間で，人間の自由意志と神の恩寵との関係についての論争があった。エラスムスは，人間の救いに有効な善行の根拠として，神の恩寵に応答する自由意志を認めたが，ルターは，神の恩寵によらなければ原罪を負った人間は善を欲することもできないとした。

2. ルターの宗教的立場は「ただ信仰のみ」という言葉に現れている。

3. カルヴァンの「予定説」に見て取れる人間観では，人間のこの世での営みは，自己の完成をめざしてというよりも，救いを得るために，神に対する功績として求められるものであるとされている。

4. カルヴァンは，神はあらかじめすべての人間に救いをもたらすことを約束しており，救いとこの世での倫理的生活とは無関係である，という「予定説」を唱えた。

2
宗教改革

解答・解説

1. ［○］　**エラスムス**は，ルネサンスの人文主義＝**ヒューマニズム**を取り入れ，**自由意志**を尊重した（→p.53）が，**ルター**らは，**神の絶対性・万能性**を強調した。

2. ［○］　この立場を**信仰義認説**という。

3. ［✕］　「救いを得るために」という記述は不適切。カルヴァンによれば，救われるか否かは神によって定められており，人間の意志や行為それ自体が神の予定のなかにある。

4. ［✕］　カルヴァンによれば，「すべての人間」が救われるとは限らない。

ぷ ら す α ──────────────**【カルヴィニズムと資本主義】**─

　職業に励んだ結果として利潤が得られるが，カルヴァンによれば，これは**神からの贈りもの**だとされる。つまり，救済が予定されている者は，利潤を得ることができるとされる。この考えによれば，それまでは卑しいとされてきた営利活動が正当化され，「**職業人**」が理想とされる。

　また，こうした中にあって人々は「自分は救われる人間だ」という確信を得たいがために，利潤獲得をめざすことになる（カルヴァンはこの生き方を否定する）。ドイツの社会学者ウェーバーは，この点に着目し，**カルヴィニズム（カルヴァン主義）が資本主義発展の精神的支柱**になったと唱えた。

西洋思想 **3** # モラリスト

> このテーマの
> Key Words

1 私は何を知っているか？（モンテーニュ）
2 人間は考える葦である（パスカル）

1 私は何を知っているか？（モンテーニュ）

　宗教改革（→ p.54）は教派の分裂をもたらし，カトリック・プロテスタント両派による争いが生じた。モンテーニュは，こうした争いの原因を人間の陥る独断にあると考え，「私は何を知っているか（**ク＝セ＝ジュ**）」をモットーとし，自己省察を通じて独断を捨て，**寛容の精神を持って謙虚に生きるべきこと**を説いた。（→ⓐ）このように，「人間の生き方（＝モラル，→ⓑ）」について思索し，随筆風に著した人々を，**モラリスト**と呼ぶ。

ⓐ

「ク＝セ＝ジュ」とは，自分のもつ知や信念を批判的に再点検する姿勢。「われ何をか知る」という訳もある。

ⓑ
モラルとは，習俗や規範を意味する。

2 人間は考える葦である（パスカル）

　パスカルは人間を，「**考える葦**」と考えた。これは，自然の中で最も弱い葦のような存在であると同時に，思考することができる点で偉大でもあるという意味をもつ。すなわち，**悲惨と偉大の中間者が人間**であるから，悲惨だとして絶望に陥るだけの生き方も，偉大だとして傲慢に生きることも，ともに戒められなければならないという意味である。そして，こうした生き方を可能にするものが**キリスト教**であり，これにより**愛と希望に満ちた謙虚な生き方**が可能になるとした。（→ⓒ）

ⓒ

併せもつ「中間者」としての人間

自らの悲惨から目をそらすだけの逃避＝「**気晴らし**」に走る姿勢も，彼は戒めた。

第2章　西洋思想　57

演 習 問 題　正誤判定

1. 　自己省察の大切さを説いたモンテーニュの立場は，「ク=セ=ジュ」という言葉に表されている。

2. 　パスカルは，人間を「考える葦」と呼んだが，それは，人間の思考は葦のように弱いものであることを自覚しなければならない，ということを意図している。

3. 　パスカルは，繊細の精神と幾何学的精神を対置し，推論や論証の能力である後者に基づいてこそ正しい道徳的判断が可能になる，と説いた。

4. 　パスカルは，人間のありのままの姿を直視せず，気晴らしに走る人間に対して警鐘を鳴らし，まず自分が何であるかを反省すべきだ，と説いた。

5. 　パスカルは，生活に有用だという点で宗教的経験も科学的知識も真理である，と理解した。

解答・解説

1. [○] 　「私は何を知っているか（われ何をか知る）」という意味。

2. [✖] 　「思考は…弱い」わけではない。人間は葦のように弱い存在だが，思考する点で偉大である，という意味。

3. [✖] 　繊細の精神と，それによって捉えられる神を重視した。

4. [○] 　人間の生き方を探求し，それを随筆風の手記によって著したのが，モラリストの特徴である。

5. [✖] 　「生活に有用だという点」は，**プラグマティズム**（→p.84）の特徴である。

ぷ ら す α　────　**【幾何学的精神と繊細の精神】**

　パスカルは，圧力単位「Ｐａ（パスカル）」や「パスカルの定理」などでも知られるように，今日でいうところの物理学者・数学者という一面も持っていた。彼は，論理的思考能力を「幾何学的精神」と呼び，人間の能力の一面として重視した。しかし，彼にとって何より重要なことは信仰に生きることであり，自然研究は遊びにすぎなかった。そして，神は人間の論理によって捉えられるものではなく，直感的・感覚的な心情である「繊細の精神」によるとして，この概念を尊重した。

3 モラリスト

西洋思想 4

近代自然科学の成立

1. 科学革命
2. 機械論と数学的定式化
3. 天動説から地動説へ

このテーマの Key Words

1 科学革命

16～17世紀にかけて、それまでとは異なる新しい自然観に基いた自然研究が次々と成立した（**科学革命**）。今日の自然科学は、この成果を基盤としている。

2 機械論と数学的定式化

科学革命の特徴の一つは、機械論的自然観である。これまで運動には何か目的があるといった思考（**目的論**）が前提であったが、代わって「手を離したから物体は落下した」のように、自然現象を「原因→結果」で捉えようとする思考（**機械論**）が広まった。また、その連鎖の関係を数量的に捉え表現すること、数学を用いて定式化することがめざされるようになった。　（→ⓐ・ⓑ）

3 天動説から地動説へ

科学革命はまた、天文学の領域における**天動説**（地球中心説）から**地動説**（太陽を中心に地球が周転する）への展開を一つの軸として進行していった。**コペルニクス**から**ケプラー**、**ガリレイ**、**ニュートン**など、多くの科学者が近代的宇宙像の形成に貢献した。

ⓐ

あらゆる自然現象は一定の目的をめざして成り立っているとする考えである。

ⓑ

「動く方向が変化したのは力が加わったから」で、その関係は「mv+FΔt=mv'」と記述できる。

第2章　西洋思想　59

演習問題　正誤判定

1. 感覚的な経験に数学的理性を結びつけて，一般的法則を導きだしたという点は，ガリレイによる自然研究の方法の新しさを示している。

2. コペルニクスは，自然の単純性と運動の相対性の仮説にたって，従来の天文学の体系を地動説に改めた。

3. 近代科学は，その中心的な方法を，実験や観察の積み重ねと仮説の設定，帰納法や演繹法などの推論に置いて，真理を追究する。「A君はプロ野球のファンで，四月になるとその年の順位の予想を立てる。Xチームが昨年と一昨年と続けて優勝したし，Xは自分が応援しているチームでもあるので，A君は今年も優勝はXチームだと予想した」というのは，このような近代科学の思考方法に対応している具体例だといえる。

4 近代自然科学の成立

解答・解説

1. ［○］ **ガリレイ**は，「自然は数学の言葉で書かれている」として，自然現象を**数学**と結びつけて研究した。

2. ［○］ 従来の天動説(地球中心説)に対して，**地動説**を唱えた。

3. ［✕］ 「昨年と一昨年と続けて優勝した」からといって，今年も優勝するとは限らないし，「自分が応援しているチームでもあるので……今年も優勝」というのは，単なる主観的願望にすぎない。

ぷらすα ────【科学革命をすすめた人物】─

●**コペルニクス**
　…従来の天動説を否定し，**地動説**を主張。
●**ケプラー**
　…地動説の立場から，惑星運動のデータを三法則にまとめる。
●**ガリレイ**
　…実験を重視し物体運動の法則を発見する。地動説を支持して**宗教裁判**にかけられ，説を撤回したというエピソードもある。
●**ニュートン**
　…万有引力の法則を発見し，**古典力学**を大成。
※いずれの人物も，**キリスト教における神を否定している**わけではなく，むしろ強い宗教的信念にもとづいて研究していた。

西洋思想 5 ベーコン（経験論）

1 知は力なり（人間の知識と力とは合一する）
2 帰納法
3 「4つのイドラ」批判

1 知は力なり（人間の知識と力とは合一する）

ベーコンにとってあるべき「知識」とは，実用上の役に立たない空理空論ではなく，**技術的応用**によって**人間の実生活を向上**させるための「力」となるべき「自然についての知」，言い換えれば**自然を支配**するための「知」であった。　　　　　　　　（→ⓐ）

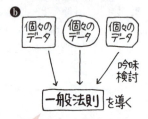

電磁気学の理論が電子機器へと応用されることなどをイメージしてみよう。

2 帰納法

自然を支配するための知を生み出す方法としてベーコンがとったのが，**帰納法**である。これは，実験や観察などで**経験的に得られたデータを考察し，共通する一般法則を導き出す**，というものである。
　　　　　　　　（→ⓑ）

電源と抵抗とを使った実験装置でデータを集め，オームの法則に至ることなどをイメージしてみよう。

3 「4つのイドラ」批判

データの考察に際しては「思い込み」などの**先入観を排除**しなくてはならない。先入観に引きずられ，誤った結論に至ってしまう可能性が大きいからである。この先入観のことを，彼は**イドラ**（偶像・偏見）と呼び，4類型を挙げている。

種族のイドラ＝人間という種に共通するもの（**錯覚**など）
洞窟のイドラ＝**個人**的な性格・環境や受けた教育によるもの
市場のイドラ＝**言葉**の不適切な使用に由来するもの
劇場のイドラ＝**権威や伝統**に無批判に追随することによるもの

第2章　西洋思想　61

演習問題　正誤判定

1. ベーコンは「経験からの帰納」を，ハチがミツを作るように，収集した材料を変形し加工すること，と説明している。

2. 「古代の自然学は『天球』を想定したが，こうした概念がいつしか実在のものとして通用してしまう」という誤謬は，ベーコンによれば，市場のイドラによるものである。

3. 経験主義は，人間の心をタブラ=ラサ，すなわち「洞窟にとらわれた囚人」にたとえ，知識のただ一つの源泉を感覚的な経験に求めた。

4. 「すべての芋には澱粉が含まれているとするならば，澱粉が含まれていないものは芋ではないと考えた」というのは，帰納法による推論の例である。

5. 「自然に服従する知が，自然を征服する力となる」というのは，ベーコンの自然に対する考えをよく表現している。

解答・解説

1. [○]　経験によって得られたデータ=材料を，そのまま並べるのではなく，吟味検討して=変形し加工して，一般法則を導くとした。

2. [○]　「天球」という言葉が与えられたことによる誤謬。

3. [✕]　「囚人」のたとえはプラトンの**イデア論**での比喩。タブラ=ラサは「何も書かれていない書板(白紙)」のことで，経験論の思想家**ロック**の説である。

4. [✕]　経験的な判断ではない。**演繹法**(→p.62)による判断である。

5. [○]　「知は力なり」「自然は従うことによってのみ支配されうる」についての説明である。

ぷらすα　【経験論その後】

　知識探求に経験を重視する立場(経験論)は，イギリスで深められた。

●**ロック**「心は白紙(**タブラ=ラサ**)」

　…知識が経験によるならば，経験のない生まれたばかりの人間には，何の観念もないはず。したがって，人間の心は元々は何も書かれていない白紙のようなものだと捉えた(**生得観念の否定**)。

●**ヒューム**「**哲学的懐疑論**」

　…「手を離せば物は落ちる」のような**原因と結果の連鎖**も，客観的必然ではなく，経験から生じた**主観的確信**(思い込み)でしかないと捉えた。

西洋思想 6 デカルト（合理論）

> このテーマの Key Words
> 1 演繹法
> 2 われ思うゆえにわれあり（コギト＝エルゴ＝スム）
> 3 物心二元論

1 演繹法

「**良識（理性）はこの世で最も公平に分配されている**」ことを前提にデカルトは，数学を模範とした**演繹法**（えんえき）をあるべき学問方法だとした。これは，**確実な真理をもとにして，論理的に個々の結論（新たな知）を導く**というものである。　　　　（→ⓐ）

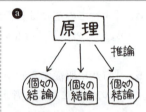

「二等辺三角形の二辺は等しい」という真理から，「底角は等しい」などの定理を導くことを想起してみよう。

2 われ思うゆえにわれあり（コギト＝エルゴ＝スム）

演繹法によれば，「確実な真理」を最低一つは獲得しておかなければならない。このためデカルトは，**少しでも疑わしいものを「偽」として一旦否定した**（**方法的懐疑**）。しかし「疑っている私」の存在は否定できず，「**考える私（思考する主体）」の存在は絶対確実**であるとして，これを知の基盤とした。　　　　（→ⓑ）

3 物心二元論

方法的懐疑により，「私」の存在根拠は**考えること**に求められたが，身体は考える存在ではないので，考えている「私」と異なり，空間的広がり（延長）に存在根拠があるとした。こうして彼は**精神（心）と物体とを区別**した。　　　　（→ⓒ）

第2章　西洋思想　63

演習問題　正誤判定

1. デカルトの哲学は，伝統的なキリスト教の神に対して否定的であった
　ことから，合理主義の典型とみられている。

2. デカルトが前提にした物心二元論とは，精神と物体とは，分離するこ
　とができないとする考え方のことである。

3. デカルトは，真理を見つけだすためには，一切を疑ってかかる必要が
　あるが，そこで最後まで疑いえないのは，疑っている自分自身の存在で
　ある，と考えた。

4. 全世界でいままでに観察されたカラスが一つ残らず黒かったので，す
　べてのカラスは黒いと考えた，というのは，演繹法による推論の例であ
　る。

5. デカルトは機械論的自然観に立っていたが，彼の時代の機械論とは，
　自然は，形と大きさをもつ物体および物体間の因果作用からなる，と見
　なすものである。

6. スピノザは，演繹的方法に基づいて哲学体系を展開した。

6
デカルト
（合理論）

解答・解説

1. [×]　デカルトは神を否定しておらず，むしろ前提にしている。

2. [×]　精神と物体とを独立した実体とする考え方が，**物心二元論**。

3. [○]　**方法的懐疑**と「**われ思うゆえにわれあり**」を説明したもの。

4. [×]　論理的推論ではない。**帰納法**（→p.60）による判断である。

5. [○]　「機械仕掛け」という言葉を想い起こしてみよう。

6. [○]　合理論の系譜にあるのが，**スピノザ**と**ライプニッツ**である。

ぷ ら す α ──────────────【合理論その後】─

　経験論がイギリスで発展したのに対し，生得的理性を重んじる立場（合理
論）は，フランスやオランダなど大陸側の諸国で深められた。
●**スピノザ「汎神論・神すなわち自然」**
　…すべてのものは神から生じ，神の必然に支配されている。したがって，
　神＝自然である。この必然を把握することが重要である。
●**ライプニッツ「モナド」**
　…世界はモナド（単子）という，大きさを持たない分割不可能なものが多
　数集まって構成されている。

西洋思想 7 **社会契約説**

1. 自然権・自然状態
2. ホッブズ：万人の万人に対する闘争
3. ロック：所有権・信託・抵抗権
4. ルソー：自然にかえれ・一般意志

このテーマの Key Words

1 自然権・自然状態

社会契約説とは，「国家・社会は個々人の契約により形成された人為的機構である」とする学説である。この説では，国家がまだ成立していない状態を**自然状態**というが，人間は自然状態においても，国家や法律の有無にかかわらず，人間としての本来的な権利を持っているとされる。この権利のことを**自然権**という。　（→ⓐ）

ⓐ 国家を自然発生的，または神が創造したものとしない点に社会契約説の特徴がある。

2 ホッブズ：万人の万人に対する闘争

ホッブズによれば，人間の最も根本的な欲求は**自己保存**（生存）であり，この維持のためには何をしても許されるという自然権を持っているとした。自然状態においては各人がこの権利を無制限に行使するため，「**万人の万人に対する闘争**」が起こる。だが，こうした闘争の渦中にあっては，かえって自己の生存が危うくなる。そこで各人は，**この闘争を収めるべく契約を結び**，国家を設立するというのである。これは，秩序と平和を得るための契約であるから，国家に逆らい闘争を生じさせることは許されない。**設立された国家に対して各人は絶対的に服従し**，各人の持つ**自然権は放棄**さ

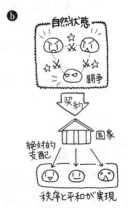

ⓑ 自然状態については，たとえば，餓死寸前の人が生存維持のために強盗に入ることを想定してみよう。

れることになる。この議論は結果的に，絶対王政を擁護する役割を果たした。(→ⓑ)

3 ロック：所有権・信託・抵抗権

ロックは自然権を，生命・自由・財産など**自己の所有物を守る権利**(所有権)だと捉えた。そして，各人は互いの自然権を尊重しあっており，**自然状態を基本的に平和な状態**と想定した。しかし，たとえば外敵が侵入して財産を侵害した場合や，互いの誤解などから争いが生じた場合に，解決する手段がないため，自然権を確実に守ることができないという問題がある。そのため，**自然権の確実な保全をめざし契約を締結し**，設立した政府に自然権を信託するとした。さらにロックは，人民は政府が自然権を侵害した場合には，契約違反としてこれに抵抗する権利(抵抗権)を行使できるとした。そして契約違反の政府にならないためには，**議会(立法府)を中心にした政治制度**を打ち立てるべきだと説いている。　　(→ⓒ)

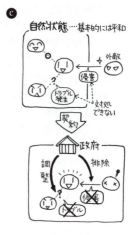

契約後の社会については，たとえば，警察や裁判所の機能を想定してみよう。

4 ルソー：自然にかえれ・一般意志

ホッブズ・ロックが国家・政府の存在根拠を問題にしたのに対し，ルソーは世の中の**不平等をいかに克服するか**という観点から社会契約説を構想した。彼によれば，自然状態においては，各人は孤立しているので支配も服従もなく，したがって**自由かつ平等**である。しかし，**土地の私有にはじまる文明の発達によって**，たとえば「土地を持つ／持たない」といった**不平等が発生し，争いが絶えなくなった**という。こうした不平等や争いを克服するための方途として，彼は社会契約説を構想した。すなわち，各人が私利私欲に貫かれた意志を捨て，**公益**

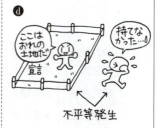

「自然にかえれ」というルソーの言葉は，文明社会の悪徳や抑圧への批判である。

のみに従う人民全員の意志（一般意志）に服従する、という契約である。（→ⓓ）一般意志は「公益のみ」であるから不平等は生ぜず、「人民全員の意志」ということは自分の意志でもあるから（注：「全員」には自分も含まれる）、自由も確保される。そして、一般意志を指導原理とする政府は、議会政治（間接民主制）であってはならない。なぜなら、間接民主制では「議員」という一部の人の意志で動く社会でしかないからである。一般意志が「全員の意志」である以上、その形成・運営も、全員によらねばならないから、直接民主制でなければならないとルソーは考えたのである。（→ⓔ）

一般意志は、各人の私欲である特殊（個別）意志や、私欲の寄せ集めでしかない全体意志とは区別される。

●三者の比較対照表

	ホッブズ	ロック	ルソー
自然権	自己保存権	所有権	自由・平等
自然状態	闘争状態	基本的に平和	自由かつ平等 ↓ 文明発達により不平等や争いが発生
契約締結の主眼	闘争を終わらせ秩序と平和を実現	自然権の確実な保全	自由・平等の回復
契約内容	自然権を放棄	自然権を信託	一般意志に服従
国家・社会の特徴	国家は絶対的な権力をもつ	議会中心、人民は抵抗権をもつ	権力分立を否定 直接民主制

第2章　西洋思想　67

演習問題　正誤判定

1. ホッブズは，自己保存を度外視して快楽を追求する自由を，人間が本来平等にもつ基本的な権利（自然権）であるとした。

2. ホッブズは，理性の指示に従って自然状態における戦争状態に対処すべきことを説いたが，その内容は，自然権の行使を既存の国家の維持・保存という観点から制限するというものであった。

3. ロックによれば，自然状態において，人間は自己の生命を維持し発展させる権利をもっており，この権利の延長として私有財産への権利をもつ。

4. ロックは，政治社会が人民の「信託」を裏切ることがあっても人民は自然権を全面的に政治社会に委譲すべきであると説いた。

5. ルソーは，人間は自由なものとして生まれたが，至るところで鎖につながれている，と説いた。

6. ルソーによれば，自然状態において，人間は原始的ながらも集団を作って農耕生活を営んでおり，農産物を集団全員の共有物とみなしている。

解答・解説

1. ［×］　自己保存を前提として自由に快楽を追求する権利を**自然権**とした。

2. ［×］　「既存の国家」ではなく，「**契約による国家**」が適当である。

3. ［○］　**生命・自由を含めた所有権**が，ロックの自然権の内容。

4. ［×］　ロックは信託に反した政府に対する**抵抗権**（革命権）を主張した。

5. ［○］　自然状態の自由が失われていったことを想い起こそう。

6. ［×］　「集団を作って」は不適。**自然状態では各人は独立している**。

ぷらすα ──────【王権神授説と市民革命】──

　16〜18世紀のヨーロッパでみられた**絶対王政**は，イギリス名誉革命やフランス革命などの**市民革命によって打倒**されたが，この革命の理論的支柱は「社会契約説」（ロックの理論がその典型）であった。一方，絶対王政を支えた学説の典型は**王権神授説**であり，国王の権力は神が授けたとする説である。この説にしたがえば，国王に逆らうことは神に逆らうことになってしまう。しかし，社会契約説のように，国家と神が切り離されているのであれば，革命は神に逆らうものとはならないのである。

西洋思想 **8 啓蒙思想**

このテーマの
Key Words

1 理性による専制批判
2 三権分立(モンテスキュー)・寛容の精神(ヴォルテール)
3 『百科全書』

1 理性による専制批判

フランス革命前のフランスでは，**理性**により旧来の因習や迷信などを打ち破ろうとする思想潮流が現れた。それが**啓蒙思想**(無知蒙昧な状態を啓発する)である。論者の立場は多様であるが，政治的・思想的に**フランスの専制政治(旧体制＝アンシャン＝レジーム)を批判**するという点において，共通していた。

2 三権分立・寛容の精神

モンテスキューは，ロックの思想(→p.65)に影響を受け，立法権・行政(執行)権・司法権を分立させ，相互の抑制と均衡により専制支配を防止するという，**三権分立**を構想した。(→ⓐ)

ヴォルテールは，イギリスの思想を紹介するとともに，キリスト教における**迷信や教会の横暴に対する批判**を展開し，**寛容の精神**を説いた。(→ⓑ)

ⓐ 立法 ↔ 行政／司法　相互のチェック&バランス ⇒ 専制防止

ⓑ なお，**ヴォルテール**は神や信仰そのものを批判したのではないことに注意したい。

3 『百科全書』

こうした思潮の集大成といえるものが，**『百科全書』**の刊行である。これは，ディドロやダランベールが中心となって編纂された，旧来の権威や伝統に対する**闘いの武器**としての**知の結集**をめざした百科事典である。(→ⓒ)

ⓒ 理性によって「蒙昧を啓く」のだから，知識こそが旧体制への武器となる。

第2章　西洋思想　69

演習問題　正誤判定

1. フランスを中心に展開された18世紀の啓蒙主義は，科学的な合理主義的精神に基づいて，人間性を束縛する伝統的権威の打破をめざした。

2. 認識と実践の原理を人間の理性に求める合理主義は，ディドロを中心とする史的唯物論者などの啓蒙思想によって継承された。

3. 啓蒙思想家の一人であるディドロは，思考法の根本的変革をめざして，開かれた知の空間を創り出そうとした。その具体化が『判断力批判』の編纂にほかならない。

4. モンテスキューはイギリスの政治制度を模範にしながら自由主義的な政治思想を展開して，立憲君主制と三権分立を主張した。

5. 『百科全書』は，人類史の記述を目指し，ルイ14世の時代を歴史的進歩の頂点とした。

6. 『百科全書』は，様々な知識の組織的な解明を目指し，学芸の成果を批判的に吟味した。

解答・解説

1. [○]　ヴォルテールやモンテスキューらの**啓蒙主義**では，理性による旧体制の打破がめざされた。

2. [×]　史的唯物論は**マルクス**(→p.82)の学説。

3. [×]　『判断力批判』はカントの著書。**『百科全書』**が正解。

4. [○]　専制主義を批判し，**三権分立**を説いた。

5. [×]　『百科全書』は専制主義批判の"武器"なのだから，絶対王政全盛期の王である「ルイ14世の時代を…頂点」というのは誤り。

6. [○]　知を結集したいわば百科事典が，『百科全書』である。

ぷらすα　　　　　　　　　　　　　　　　　　　　　【実証主義・進化論】

● **実証主義(コントなど)**
　…フランス革命後のフランスでは，経験的に確認(実証)できるもののみを学問の源泉とすべきと主張する者が現れた。コントはこの立場から，学問は**神学的段階・形而上学的段階**を経て**実証的段階**という最高の段階に至ることを説き，実証的な**社会学**を創始しようとした。

● **社会進化論(スペンサー)**
　…イギリスのスペンサーは，ダーウィンの生物進化論を万物の法則だとみなし，**社会も適者生存により進化する**と主張した。

8

啓蒙思想

西洋思想 9 功利主義

このテーマの Key Words

■1 「最大多数の最大幸福」
■2 外的制裁（ベンサム）
■3 快楽の質と内的制裁（J.S.ミル）

■1 「最大多数の最大幸福」

ベンサムは，「**快楽＝幸福を求め苦痛を避けるのが人間**」であるとした。社会を平等な個々人の集合体であることを前提に，各人の快楽の総和を最大にすること，すなわち「**最大多数の最大幸福**」が追求されるべきだと考えた。そして彼は，**快楽を量的に計算可能**（**快楽計算**）なものであると捉えた。　　　　　　　　　　　　　　（→ⓐ）

右ページのアダム＝スミスの経済学説と比較してみよう。

■2 外的制裁（ベンサム）

「最大多数の最大幸福」を追求した場合，いかにして利己的な各人の行為を調和させるのかが課題となる。ベンサムはそのための**調整機能**を**制裁**と呼び，構想した4種類のうちでも**法律的制裁**を重視した。

物理的（**自然**的）**制裁**＝肉体に生じる苦痛
法律的（**政治**的）**制裁**＝法律にもとづく刑罰
道徳的**制裁**＝世間からの非難
宗教的**制裁**＝神による罰といった観念

いずれも，自己の外から加えられる（外的制裁）ことに注意。

■3 快楽の質と内的制裁（J.S.ミル）

同じく功利主義の立場をとるJ.S.ミルは，ベンサムの「最大多数の最大幸福」という思想は継承したが，**精神的な快楽こそ価値が高いとして，快楽の質に注目し快楽計算を否定**，さらに，道徳に反した際の「良心の痛み」のような**内的制裁**を**重視**すべきだと説いた。J.S.ミルは功利主義の理想を「イエスの黄金律」（＝隣人愛）になぞらえた。また各人の発展の基盤となる**自由を徹底して擁護**した。

第2章 西洋思想

演習問題 正誤判定

1. 功利主義の代表者の一人であるベンサムは，各人の感ずる快苦が価値判断の源でなければならず，さらに各人は一人として数えられるべきであり，だれも一人より多くに数えられてはならない，と考えた。そのため，社会全体の幸福の量を測定する時には，各人は快苦を感ずる存在として平等に扱われなければならない，とした。
2. ベンサムによれば，社会は諸個人の単なる総和であるから，個々人の幸福が，結局は，社会全体の幸福につながっているのである。
3. J.S.ミルは，ベンサムの後継者として知られるが，自由の価値を強調した代表的思想家の一人である。
4. J.S.ミルは，人間が各々自分の利益を追求していけば，神の見えざる手により，全員の幸福が増大するという結果がえられる，という観点からベンサムの考えに修正を加えた。
5. J.S.ミルによれば，個々人の多様な個性の自由な発展こそが社会の進歩をもたらすのであるから，他者に危害を加えない限り，自由の規制はするべきではない。

9 功利主義

解答・解説

1. [〇] **功利主義**は，一人ひとりの平等という考えを前提とする。
2. [〇] この観点から「**最大多数の最大幸福**」が説かれる。
3. [〇] J.S.ミルの議論は**自由主義**と**個人主義**を基礎とする。
4. [×] 神の見えざる手というのは，**アダム＝スミス**についての記述。
5. [〇] J.S.ミルの**自由論**についての記述。

ぷらすα ─────── 【アダム＝スミス】

　資本主義社会を分析した経済学者のアダム＝スミスは，各人が利己心に従って利益を追求すれば，それは「（神の）**見えざる手**」に導かれて，社会全体の利益と必然的に調和するとして，**自由放任主義**を説いた。
　ただ彼は，**公平な第三者の共感**を得られるか否かを，行為の善悪，すなわち道徳的判断の基準に置くことを説いている。

価格が信号となって，需給の過不足が調整されることを思い起こそう。

西洋思想 **10** **カント**

このテーマの
Key Words

1. 経験論と合理論の総合
2. 理論理性と実践理性の区別
3. 定言命法と道徳法則
4. 人格主義：「目的の王国」
5. 『永久平和のために』

1 経験論と合理論の総合

　知識の源泉の立場には，経験論（→p.60）と合理論（→p.62）との対立があったが，カントはこの**両者を総合**して新たな認識論を打ち立てた。認識にあたっては，材料（素材）を外部から経験によって獲得しなければならない。それとともに，獲得した素材を一つの概念にまとめあげる能力（形式）がなければならないが，カントはこの能力が理性に先天的に備わっているとした。認識は経験的素材を理性が構成すること，すなわち**経験**と**理性**との**協働**により成立するというのである。　　　　　　　　　　　　（→ⓐ）

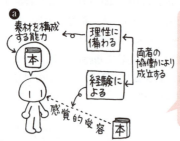

たとえば「ここに本がある」のような認識の場合，見るあるいは触るといった経験を通じて，「大きさ・形」などといった印象（素材）を得ることが必要である。だが，そうした「大きさ・形」などを「本」としてまとめる能力は理性に備わっている。したがって**"われわれの認識はすべて経験をもって始まるとはいえ，だからといって，すべてが経験から生じるのではない"**のである。

2 理論理性と実践理性の区別

　経験と理性の協働には，経験的な素材がなければ認識は成り立たない。そうであるならば，たとえば神など経験不可能な事柄についての認識は不可能である。しかし人間の理性は，神や人間としての生き方についても認識・判断する。カントは，人間の理性には，先に解説したような事実認識にかかわる理性（**理論理性**）とともに，道徳などの価値判断を担う理性（**実践理性**）があるとして，この両者を区別した。彼はこのように**理性そのものの能力と役割・限界を明確化**した。

3 定言命法と道徳法則

「溺れている子どもを助ける」という行為を考えてみよう。この場合，2つのパターンが考えられる。

> A：前提条件（仮定）がつくパターン
> B：前提条件（仮定）がつかないパターン

Aを**仮言命法**，Bを**定言命法**という。Aの場合は前提条件という自己の外部のものに支配されているが，Bの場合は外的なものではなく自己の理性的判断により行為が生じている。すなわち**自らの行為を自ら決定する自律的行為**である。

逆にいえば，Aは理性を持たない単なるモノでも従いうる（「手を離せば，物は落ちる」という文を考えてみよう）。**人間は，Bのような理性（実践理性）の命令を聞くことができる存在**であり，その点に尊厳がある。定言命法に従った行為は，条件が付かないために，いつでも誰にとってもあてはまる（普遍妥当）。カントは，この万人に通じる**普遍妥当的な命令を道徳法則**とよび，これに従った行為こそが道徳性を有するものであり，**意志の自律こそが自由**であるとした。

すなわち，助けるという「結果」ではなく，助けようとした「動機」こそが善か否かの判断ポイントであり（**動機説**），**善なる意志**（**善意志**）**のみが無条件に善**なのである。

◆Aのパターンの例

「100万円の謝礼」によって「助ける」という行為が生じているため，自己の理性ではなく因果律（原因と結果の連鎖）に支配されている。

◆Bのパターンの例

「助ける」と判断したのは自己の理性であるから，外部のものに支配されてはいない。したがって自由な行為である。

4 人格主義:「目的の王国」

カントは，人間は理性的存在であり，自由で自律的なものであるとして，これを**人格**とよび，**単なるモノ(物件)と厳然として区別すべき**ことを説き，人格は最高の価値をもつとした。

ところで，モノは何かのために役立つ道具であり手段として扱われる。ならば，これと区別されるべき**人格は，単なる手段としてのみ扱われてはならない**はずである。こうしてカントは，互いの人格を手段としてのみ扱わず，目的として尊重する共同体を理想とし，これを「**目的の王国**」と名付けた。　　　　　　　　　　(→ⓑ)

ⓑ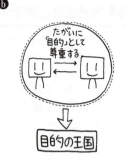

5 『永久平和のために』

戦争は「国が勝つための手段」として人格を用い，他国を自国のための手段として扱う。そのためカントは，戦争廃止のための提言として『永久平和のために』を著し，常備軍の漸次的廃止などとともに，**自由な諸国家の連盟(国際的平和機構)の創設**を訴えている。これは，国際連盟や今日の国際連合の先駆的議論といわれている。

演習問題　正誤判定

1. カントは，理性についての吟味と批判を行い，科学的認識の限界を明らかにするとともに，自然の因果性に縛られない人間の自律に道徳性の根源を求めた。
2. カントは，人間が単に自己保存のために行為するのではなく，自らの理性的意志に従って道徳的行為の主体となりうるという点に，人間の人間としての意義を見て，「人格」としての人間の尊厳を説いた。
3. カントは，意志の自律を命ずる定言命法によれば，行為の道徳性は，その行為から期待される結果に存する，と考えた。

4. カントにとって自由とは，意志みずからが確立した普遍妥当的な道徳法則に自発的に従うことである。

5. カントによれば，人間は自由そのものであり，自由の刑に処せられている。

6. カントの立場からすれば，ベンサムの道徳原理は，人間の尊厳の根拠となる人格の自律性が保障されないとして，批判される。その理由は，快楽の量的計算に依拠することは，計算不可能な快楽の質の差を見のがすことになるからである。

7. カントは，各人が自分の目的を達成する手段として他者を尊重するような共同体が理想である，と説いた。

解答・解説

1. ［○］　カントは，理性を理論理性と実践理性に分け，実践理性により本能・欲求から自由(意志の自律)が可能となり，道徳性が成立するとした。

2. ［○］　このことを人格主義という。

3. ［✗］　結果ではなく動機を重視する(動機主義)のが，カントの立場である。

4. ［○］　このことを意志の自律(自由)という。

5. ［✗］　これは，サルトル(→p.80)の人間観についての記述である。

6. ［✗］　この理由の部分は，ミルによるベンサム批判(→p.70)。行為それ自体ではなく，行為の結果の有用性を重視している，というのがカントの立場から批判される理由である。

7. ［✗］　この共同体を「目的の王国」という。「目的の王国」は，他者を手段としてのみ扱うのではなく，つねに目的として尊重する。

ぷ ら す α　　　　　　　　　【ベンサムとカントの対比】

　カントを，先のベンサムと比較してみよう。行為の価値を判断するポイントを，カントは「動機」としているが，ベンサムは「快楽＝幸福」を得られたか否かという「結果」としている。行為のあり方については，ベンサムの場合は「快楽＝幸福の獲得」が一切の行為の原因となるが，カントに言わせればこれは，人間の自律性・自由を軽視した議論ということになる。

西洋思想 11 ヘーゲル

このテーマの Key Words

1. 弁証法
2. 人倫の三段階（家族→市民社会→国家）
3. 「世界史は自由の意識の進歩」

1 弁証法

ヘーゲルは，世界のあらゆる事物や事象は**対立や矛盾を原動力**として，低次なものから**高次なものへと発展**していくという法則（**弁証法**）に貫かれているとした。

2 人倫の三段階（家族→市民社会→国家）

カント的な道徳も，弁証法的発展のなかで捉えなければならない。道徳が弁証法的に発展したものが「**人倫**」である。（→ⓐ）

この人倫の形態も弁証法的に捉えなければならず，それは，**家族→市民社会**（別名「**欲望の体系**」）→**国家という形で発展**する。彼は，"個人自身が…倫理性をもつのは，彼が国家の一員であるときだけ"としている。（→ⓑ）

3 「世界史は自由の意識の進歩」

ヘーゲルは，世界の歴史は**絶対精神**（**世界精神**）が各時代にある国家や民族を通じて弁証法的に展開したものとする。そして，精神の本質は自由であり，**歴史は自由実現の過程**である。彼は，少数の者のみが享受した自由が，歴史とともに多数の者に拡大していることを指摘している。

ⓐ

道徳は内面に根ざすが，客観的でない。**法**は，客観的だが内面に根ざしてはいない。両者の矛盾を**止揚**（両者の要素を生かし，否定しつつ高める）するものが**人倫**である。つまり，内面に根ざしかつ客観的である規範を有するもので，自由と幸福の実現の場である。

ⓑ

家族は愛情に基づくものであるため，相互の共同性は当然皆が共有しているが，各自の自由・独立は意識されない。**市民社会**は，個人が独立し自由に利益を追求するが，共同性は解体する。両者を止揚する（＝共同性と自由・独立が調和する）「**人倫の最高形態**」が**国家**である。

第2章　西洋思想　77

[演][習][問][題] 正誤判定

1. ヘーゲルの哲学的方法は，演繹法によって特徴づけられる。

2. ヘーゲルのいう人倫の三段階は，家族・市民社会・目的の王国である。

3. ヘーゲルの倫理観にもとづけば，人間の自由は，客観的な法律や制度のうちに具体化される。

4. ヘーゲルによれば，我々に求められる行為とは，共同性を支える自然状態の秩序に従う行為である。

5. ヘーゲルは，自然や人間の歴史といった一切のものを，絶対精神の弁証法的な自己展開の過程として説明したが，この自己展開は，矛盾しあう二つのものを止揚しながら，低い段階から高い段階へと進んでいく。

6. ヘーゲルによれば，東洋では専制君主ただ一人が自由であり，古代のギリシアでは少数の市民が自由であったが，近代社会において万人が自由になった。彼は，このように，自由が実現して行く進歩の過程として世界史を構想した。

11 ヘーゲル

解答・解説

1. [×] 演繹法(→p.62)ではなく**弁証法**。

2. [×] 目的の王国はカントの用語であり(→p.74)，「**国家**」が正しい。

3. [○] 道徳の主観性と法律・制度の客観性を併せもつものが人倫であり，ここにおいて自由が実現する。

4. [×] 自然状態(→p.64)ではなく**人倫**。

5. [○] 矛盾を動因とした「**正－反－合**」の発展法則が，**弁証法**である。

6. [○] ヘーゲルの説く**絶対精神**は，世界史において自由を発展させることを目的とする。

[ぷ][ら][す][α]━━━━━━━━━ 【ヘーゲルのカント批判】━

　カントからヘーゲルに至る思想の系譜を**ドイツ観念論**(**理想主義**)という。
　カントの哲学は，たとえば行為を「前提条件が付く／付かない」というパターンで区分したように，「**形式**」を重視する傾向にあったといえる。また，個人の内面や意志を重視したため，あまりに**主観的であり客観性に欠ける**という面も指摘できよう。ヘーゲルは，カントの形式主義や主観性を批判し，理性や自由は，内面にとどまるものとしてではなく，**現実の社会のなかで具体化**されなければならないものとした。ヘーゲルの哲学は，現実的・客観的・歴史的傾向をもつといえる。

西洋思想 12 実存主義

このテーマのKey Words

1. 主体的真理・単独者（キルケゴール）
2. 神は死んだ・超人（ニーチェ）
3. 限界状況・超越者（ヤスパース）
4. ひと・死への存在（ハイデッガー）
5. 実存は本質に先立つ・自由と責任（サルトル）

■実存主義者の系図

	19世紀	20世紀
宗教的	キルケゴール ⇒	ヤスパース
無神論的	ニーチェ ⇒	ハイデッガー サルトル

　実存主義は，19世紀に成立し，20世紀に開花した思想である。
　さらに，神を重視する系統と，そうでない系統とに区分することができる。代表的人物を図式的に示せば，上のように描ける。

1 主体的真理・単独者（キルケゴール）

ⓐ

　キルケゴールは，ヘーゲル哲学のように，世界についての客観的真理を知ることよりも，自分がそのためには命を投げ出してもよいと思えるような，**自分にとっての真理＝主体的真理**を把握することを重視した。そうした中で彼は，**絶望**を契機としながら段階的に自己の生き方を深めることを説いた（**実存の三段階**）が，最後の**宗教的実存**における自己のあり方を**単独者**と呼んだ。神の存在はまさに「私にとっての真理」であり，人間一般（その他大勢の中の一員）としてではない。それは，ひとり「自分」として神の前に立つからである。　　　（→ⓐ）

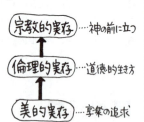

宗教的実存 …神の前に立つ
↑
倫理的実存 …道徳的生き方
↑
美的実存 …享楽の追求

　無限の享楽が満たされることはなく絶望に至る。無力な人間には道徳的な正しい生き方はできず絶望に至る。そうした無力な罪深い人間を救うのが，神の愛である。（⇒キリスト教）

2 神は死んだ・超人（ニーチェ）

ニーチェは，**西洋文明が退廃した原因をキリスト教道徳に求めた**。彼は，キリスト教のアガペーや隣人愛は弱者を正当化し，人間を弱者にする**奴隷道徳**であり，現実の人生や世界を無価値なものとする考え（**ニヒリズム**）を生み出した元凶であるとし，そのことから「**神は死んだ**」と宣言した。神が死んだからには，現実の世界に意味や目的・生き方を与えてくれる存在はいない。そうした意味も目的もない繰り返し（**永劫回帰**）の世界で絶望するのではなく，むしろ積極的に状況を愛して肯定し（**運命愛**），自己を向上させ新たな価値を生み出しながら強く生きようとする**力への意志**をもつことが重要であると説いた。ニーチェはこうした理想的な存在を，**超人**と呼んだ。　（→ⓑ）

こうした構図のなかでは，現実世界は無価値なものとされ，人間は神に生き方を決められるだけの存在になる。

3 限界状況・超越者（ヤスパース）

ヤスパースは現代を，各人がかけがえのない本来の自己を喪失した状況であると批判した。彼は**限界状況**への直面により，本来の自己に目覚めた存在（実存）への飛躍が可能になるとした。限界状況とは**死・苦・争い・罪責**など，人間が避けることも変えることもできない状況のことで，これに直面することで自己の力のなさ・有限性を自覚し，自己を超えた存在＝**超越者（包括者）**の存在に目覚め，実存に至るとした。また彼は，キルケゴールの単独者とは異なり，実存相互の連帯（**実存的交わり**）を重視した。それは単なる相互の馴れ合いのようなものではなく，理性に基づき互いをぶつけあう「愛しながらの戦い」であるとした。　（→ⓒ）

キルケゴール…神の前に立つのはひとり⇒**単独者**
ヤスパース……他の実存と愛しながらの戦い（連帯性）⇒**実存的交わり**

4 ひと・死への存在（ハイデッガー）

ハイデッガーによれば，人間は，現実世界のなかでさまざまな生を送る「世界-内-存在」であるとしている。しかしその一方で，同じく世界に存在する他者に対する過度の配慮により自己をすり減らし，漠然とした不安を打ち消すため享楽にふけるなどして，結局はかけがえのない本来的自己を失い，没個性的・画一的な「ひと（ダス=マン）」へと堕落しているとした。

しかし「ひと」が"当分はまだやって来ない"と目をそらしている死と向き合い，**自らが死への存在であることを自覚**することで，本来的自己(現存在)を回復し，良心の声に従った生が可能になる，とした。
（→ⓓ）

「ひと」の特徴は，他人と交換可能という点にある。しかし，死は他人に代わることもできず，また事前に経験し準備することもできない。

5 実存は本質に先立つ・自由と責任（サルトル）

サルトルは人間のあり方を「実存は本質に先立つ」という言葉で示した。これは，「いまここにいる」自己が，自らの自由な選択・決断によって，自己のあり方・本質をつくり出していく存在で，それが人間だということを示している。**人間は自分のあり方や生き方を自由に決められる自由な存在**であるということである。　　（→ⓔ）

しかしこのことは，同時に，自由であることを放棄するわけにはいかないことも意味している。自己のあり方については自己の**責任**に帰するのである。

また，人間は現実の社会状況をも作り出す存在である以上，自己の自由は社会＝**全人類に対する責任**をも伴う。この点から，サルトルは積極的な社会参加・政治参加（**アンガージュマン**）を主張した。

サルトルは神が存在しないことを前提とする。人間の「製作者」として，人間をあらかじめ規定する神が存在しない以上，自己を製作し規定するのは，自己の自由な選択・決断以外にありえない。

第2章　西洋思想　81

演習問題　正誤判定

1. 19世紀に現れた実存主義は，科学的合理主義を批判して人間の主体性の自覚を強調した思想である。

2. キルケゴールによれば，真実の自己は決して抽象的思考によって把握されうるものではなく，自己の内面性に徹することによって単独者の前に一人立つとき，はじめて実現されるものであった。

3. ニーチェによれば，ヨーロッパ文化の頽廃を招いたものこそ，生の高揚を妨げる弱者の道徳をその主柱とするギリシア神話である。

4. ニーチェが理想とした人間の在り方は，瞬間の生の充実を目指すことによって現実の自己をのり超えることである。

5. ヤスパースによれば，死は乗り越えがたい壁のようなものであるが，だれにも代わってもらえない自分の死を引き受けて生きるところに，自己の存在がある。

6. ハイデッガーは，自己が死を避ける存在であることを直視して本来的自己へと立ち帰ろうとする覚悟のうちに自由をみた。

7. サルトルによれば，実存が本質に先立つような存在が人間である。

12
実存主義

解答・解説

1. ［〇］　実存主義は，感情・意志に着目し，自己の主体性を重視した。

2. ［✕］　単独者ではなく神。単独者は神の前に一人立つ者のことである。

3. ［✕］　ギリシア神話ではなく**キリスト教**。「神は死んだ」を想起。

4. ［〇］　ニーチェが理想とする超人のあり方のひとつである。

5. ［〇］　乗り越えがたい壁を限界状況といい，それに直面することにより実存が開ける。

6. ［✕］　「死を避ける」のではなく，「死への存在」が人間存在の真相であるとした。

7. ［〇］　実存とは本質（機能・特色）ではなく，**現実に存在する**ことである。

ぷらすα　【実存主義の問題意識】

　実存主義は，抽象的な「人間一般」ではなく，現実に存在する自己，すなわち，今ここに実際に生きている自己を重んじる思想潮流である。この思想が生まれた背景には，人間が個性を喪失し，画一化しているという時代状況への批判がある。たとえばキルケゴールは「現代は本質的に分別ある時代」だが「情念がない時代」だとして，皆が傍観者的存在であると批判した。

西洋思想 13 マルクスの社会主義

このテーマの Key Words
1 人間疎外
2 唯物史観（史的唯物論）

1 人間疎外

　資本主義により生じた貧富の差や人間性の喪失（**人間疎外**）などの問題に対し，経済構造の変革による克服を主張したのが**社会主義**である。生産手段の私有（私有財産制）を否定し，社会的所有とすることを主張している。
　社会主義思想の代表的な思想家である**マルクス**によれば，労働とは本来，社会の成員が相互に支えあい創意工夫をこらす場であり，**人間らしい活動**に他ならない。しかし，資本主義社会においては，賃金と引き換えに労働を行うというように，**労働力が商品化**されている。そのため，労働は自発的なものではなくなり（**労働疎外**），労働による相互の支えあいも断たれる。これによって，**人間疎外が生じる**というのである。

2 唯物史観（史的唯物論）

　マルクスは，ヘーゲル（→p.76）から弁証法を学び，その考えを継承したものの，精神ではなく物質を重視する立場を採った。そして，社会の物質的基礎をなす**経済的側面によって社会のあり方は規定される**とする歴史観＝**唯物史観**を唱えた。　　　　　　　　　　　　　　　　（→ⓐ）
　マルクスはこの世界観に基づき，私有財産制度を否定した新たな生産関係の上に立ち，搾取や階級対立がなく，すべての人が疎外から解放された理想社会（＝**共産主義社会**）を構想した。

　唯物史観によれば，お金が軸となる経済体制の下では，人々はお金が大事という道徳観を抱いたり，お金の動きにより芸術や学問の発展方向も定まるように，社会の土台は経済的側面である**生産様式**（**下部構造**）によって制約される。そしてこれによって，法・道徳・宗教・芸術など（**上部構造**）は規定される。
　生産様式は，**生産力**と，人と人との関係である**生産関係**からなっているが，生産力の発達に伴って，古い生産関係では対応しきれなくなる。この矛盾から生産関係が転換し，新たな生産様式の形成と社会全体の変革が生じる。

第2章 西洋思想　83

演習問題 正誤判定

1. フーリエは，商業資本家の悪徳と市場の無政府性とを批判しながら，無秩序的な近代社会に代わる，理想的な「生活協同体」を説いた。

2. マルクスは，資本主義社会にあっては，生産物が労働者から切り離されて資本家の所有に帰することで，「疎外」が生じると批判した。

3. マルクスのいう「疎外された労働」とは，労働者が労働から解放され自己を回復させるはずの余暇が，かえって労働者の自己喪失をもたらしていることを意味する。

4. マルクスは，法律・政治・道徳・宗教などは，社会の経済的構造と無関係に存在すると主張した。

5. マルクスは，これまでのあらゆる社会の歴史は，階級闘争の歴史であると主張した。

6. J.S.ミルの功利主義思想は，フェビアン主義に基づく社会改革運動に大きな影響を与えた。

13 マルクスの社会主義

解答・解説

1. [○]　**空想的社会主義**。生活協同体は**ファランジュ**のこと。

2. [○]　生産物からの疎外。労働力が商品化されていることが原因である。

3. [✕]　余暇ではなく，**労働**が最も喜ばしい自己実現の行為である。

4. [✕]　経済的構造（**下部構造**）によって，法律・政治・道徳・宗教など（**上部構造**）は規定される。

5. [○]　資本主義社会においては，資本家と労働者の対立。

6. [○]　フェビアン社会主義は，系譜的には功利主義の流れをひく。

ぷらすα　──【社会主義の先駆とマルクス以降】──

●**空想的社会主義**
　オーウェン……自らの経営する**工場で労働条件改善**に取り組む。
　サン=シモン…産業者による**合理的経済統制**を主張。
　フーリエ………農業を中心とした共同体（**ファランジュ**）を構想。
●**マルクス以降の潮流**
　ベルンシュタイン…マルクス主義を修正し，労働者教育や**議会を通じた社会改革**を主張（社会民主主義）。
　フェビアン協会（ウェッブ夫妻，バーナード=ショウ）…議会での立法を通じた**福祉国家建設**を説く。

西洋思想 14 プラグマティズム

このテーマの Key Words

1 有用なものは真理である（ジェームズ）
2 道具主義・創造的知性（デューイ）

1 有用なものは真理である（ジェームズ）

プラグマティズムは，アメリカのフロンティア精神と進化論・功利主義などを背景に，具体的な経験や行動に学問の基礎をおき，思考や行為の有用性に着目するという思想である。

この思想の代表的人物が**ジェームズ**である。彼によれば，知識や理論の正しさは，それを実際の行動に適用した結果が**有用であるかどうか**によって決まるとした。このため「**有用なものは真理である**」と唱え，有用性という観点から科学的認識と宗教的信条の調和を図った。　　　　　（→ⓐ）

ⓐ 「神は存在する」という命題を考えた場合，神の存在を理論によって証明するのではなく，それがある人にとって，たとえば神の存在を信じることで精神的平安が得られるのであれば，その限りでこの命題は真である，と考えられるのである。

2 道具主義・創造的知性（デューイ）

ジェームズの立場を発展させた**デューイ**は，知識や思想を，人間が行動する際に役に立つ**道具**であると考えた（**道具主義**）。そのため，知識や思想は人間の実生活の改善に役立つように絶えず改善されなければならないとした。

デューイはまた，実生活で生じた諸問題の解決を図れるような知性のあり方（**創造的知性**）を重視し，社会の成員がこうした知性を働かせ，相互に協力して社会の諸問題を解決していくことが**民主主義**であるとした。そして，創造的知性を育成するための**教育**を重視した。　　　　　（→ⓑ）

ⓑ いわば頭の中で完結するのではなく，実生活改善に役立つ知性を重視した。その育成には，知識を詰め込む学習ではなく，仮説をたて実験によって検証していくような**問題解決学習**が大事であるとした。

第2章　西洋思想　85

演習問題　正誤判定

1.　行動を重視するプラグマティズムは，科学的方法を現実的生活の場面に生かすことをめざして，科学と人間との調和をはかろうとした。

2.　プラグマティズムは，個人と社会との調和をめざして，創造的・実験的知性によって，人間性を改造し社会を改善していくという理念を提起した。

3.　プラグマティズムの普及に貢献したパースは，人間の生活にとっての有用性という観点から，科学的知識も宗教的信仰も，ともに真理であるとする立場をとった。

4.　ジェームズは，観念の真偽はそれが実際上有用であるか否かによって決まるとし，現実の行動にとって有用でないような思想を批判した。

5.　デューイの提唱した道具主義によれば，理性は，経験を重ね矛盾対立を克服しつつ絶対的真理にまで高まっていくものである。

6.　デューイは，知識とは実践的な問題解決のための手段であると論じ，その立場から，民主主義の理想の実現に向けて教育の改革を唱えた。

解答・解説

1.　[○]　プラグマティズムは，社会や生活で求められる知識を重視した。

2.　[○]　デューイの「創造的知性」と民主主義の哲学である。

3.　[✕]　この立場を主張したのは，パースではなくジェームズ。

4.　[○]　ジェームズは「有用なものは真理である」と考えた。

5.　[✕]　絶対的真理ではなく，実践に役立つ知の追求が道具主義。

6.　[○]　デューイは，問題解決学習を重視した。

ぷ・ら・す・α 【プラグマティズムの源流】

　プラグマティズムはアメリカ生れの思想である。かつて「実用主義」とも訳されたように，結果として有用であるかどうかを基軸とした考え方で，結果を重視する功利主義(→p.70)を受け継いでいる。

　また，具体的な経験を重視していることから分かるように，経験論(→p.60)の流れを汲むものでもある。

　先駆者である数学者のパースは，あらゆる観念や思想の意味は行動を通じて明らかになるとして行動を重視したが，この「行動」を意味するギリシア語が「プラグマ」であり，プラグマティズムの語源となっている。

14
プラグマティズム

西洋思想 15 現代のヒューマニスト

このテーマのKey Words

1. 非暴力・不服従（ガンディー）
2. ラッセル＝アインシュタイン宣言
3. 生命への畏敬（シュヴァイツァー）

1 非暴力・不服従（ガンディー）

インドの独立運動を担った**ガンディー**は、**非暴力・不服従**による抵抗運動を指導した。彼は、非暴力とは真に勇気ある者が行えるものであるとしている。

ガンディーには、真理を把握し、それを自己と社会に実現する（**真理把持＝サティヤーグラハ**）という思想が根本にあった。暴力は相手のみならず、自らの精神をも傷つけるものであるから、そのような状態で真理把持することは不可能であるとした。
（→ⓐ）

ⓐ ガンディーによれば、**不殺生（アヒンサー）**を実現しなければ真実の姿を見ることはできないとしている。これは、**自己浄化（ブラフマチャリヤー）**とともに不殺生を重視した理由である。

2 ラッセル＝アインシュタイン宣言

数学者・哲学者の**ラッセル**は、物理学者の**アインシュタイン**と共同し、世界の著名な自然科学者の賛同を得て、**反核兵器アピール**を示した。科学者の社会的責任という観点からしばしば評価されている。（→ⓑ）

ⓑ 物理学をはじめとした近代自然科学の「成果」が核兵器であり、それを生み出した責任の一端は科学者にあるとみることもできる。なお、この宣言をきっかけに、平和のための科学者の国際会議（**パグウォッシュ会議**）が開催されるようになった。

3 生命への畏敬（シュヴァイツァー）

アフリカで医療奉仕とキリスト教伝道に尽くした**シュヴァイツァー**は、生命あるすべてのものを尊ぶことこそが道徳的な善であるとして、あらゆる生命をおそれ敬うこと＝**生命への畏敬**を倫理の根本に据えた。
（→ⓒ）

第2章 西洋思想　87

演習問題 正誤判定

1. シュヴァイツァーは，自分が「生きんとする生命に取り囲まれた生きんとする生命である」という認識から出発して，すべての生命への畏敬（いけい）を倫理の基礎においた。

2. ガンディーは，非暴力という手段は，勇敢な者たちばかりでなく，臆病（おくびょう）な者たちにも実行可能なので，抵抗活動を大衆運動として拡大していくために不可欠である，とした。

3. ラッセルは，核戦争による人類破滅の危険性を警告する宣言を発するなど，核兵器廃絶運動に精力的に取り組んだ。

4. M.L.キングは，社会正義の実現が「愛と非暴力の結合」にあると考えて，力（パワー）を不必要なものとみなし，無抵抗主義を貫くことによって，人種差別をはじめとするあらゆる抑圧に反対した。

15 現代のヒューマニスト

解答・解説

1. [○] あらゆる生命をおそれ敬うことを，倫理の根本とした。

2. [×] **非暴力**は，真に勇敢な者が実践しうるものだとしている。

3. [○] **ラッセル＝アインシュタイン宣言**のことである。

4. [×] **M.L.キング**は黒人差別に対する非暴力による抵抗運動を指導した。また「力」と「暴力」とは必ずしも同義ではない。

ぷ・ら・す・α ──────【その他のヒューマニスト】

● **トルストイ**
…ロシアの小説家。キリスト教的人類愛に基づく**無抵抗主義**と**博愛**を説く。ガンディーやM.L.キングをはじめ，日本の白樺派にも影響を与える。

● **マザー＝テレサ**
…カトリック修道女。インドにおいて**献身的な奉仕活動**を行う。

● **ロマン＝ロラン**
…**絶対平和主義**を説き，「理性と勇気とをもって社会の諸悪と戦う」という**戦闘的ヒューマニズム**を主張。

● **M.L.キング**
…アメリカにおける黒人差別撤廃運動を指導。**非暴力直接行動**を旨とし，「愛と非暴力の結合」をめざす。

西洋思想 16 現代思想の諸潮流

> このテーマの
> Key Words

1. 「道具的理性」批判（ホルクハイマー・アドルノ）
2. パラダイム（クーン）
3. 分析哲学と言語ゲーム（ウィトゲンシュタイン）
4. 『狂気の歴史』（フーコー）
5. 「顔」として現れる他者（レヴィナス）

1 「道具的理性」批判

　ドイツのホルクハイマーやアドルノらフランクフルト学派の人々は，近代的理性主義の人間観や社会観を批判した。彼らは人間理性とは本来，自由な批判をする能力であるにもかかわらず，現代においては与えられた課題を遂行する単なる道具（道具的理性）と化してしまったために，人間疎外が生じてしまったと指摘した。現代社会では，自然ばかりか人間さえも管理・操作の対象になっている。

2 パラダイム

　クーンは，自然科学は客観的な真理に向かって進歩するものだとする見方を批判し，**科学者が前提として共有している**パラダイム（自然に対する見方や研究手法）**が転換**しているにすぎないと考えた。　　　（→ⓐ）

ⓐ 自然のあり方や研究手法についての共通する一種の「思い込み」を前提に，自然研究は進められていく。

3 分析哲学と言語ゲーム

　ウィトゲンシュタインは，哲学的議論の混乱は言語の不適切な使用に由来すると考え，検証できないような「語り得ぬものについては沈黙しなければならない」とした。その後，日常での言語使用を分析する中から，ゲームがルールを前提として成り立つのと同様に，**言語活動も日常の具体的な状況を前提に成立している**とし「言語ゲーム」という概念を導入した。　（→ⓑ）

ⓑ 「本をとってほしい」という状況の中で，「本」という言葉は意味を持ち通用する。

第2章　西洋思想　89

4 『狂気の歴史』

　フーコーは，レヴィ＝ストロース（→p.168）などとともに構造主義の思想家といわれる人物である。彼は，臨床医学や狂気・監獄・性などの歴史を分析するなかから，**近代社会や学問のあり方を批判した**。とくに「狂気」とは，異質なものを抑圧・排除するレッテルであり，排除されないものが「理性的」とされているにすぎないと指摘し，「理性的人間」**という見解を批判**するとともに，何を排除すべき対象かを「確定」する装置として機能する学問・知の権力性を指摘した。

5 「顔」として現れる他者

　レヴィナスは，従来の哲学を「私」を中心にして世界をまとめあげるものであるとし，それは**私と根本的に異質な「他者」を排除するものだとして批判**した。彼は，異質で理解を超えた「他者」の重みを知ることが大切であるとし，それを知らしめる他者のあり方を「顔」と表現した。

16 現代思想の諸潮流

演習問題 正誤判定

1. 　フッサールは，言語の限界を超える語り得ぬものについては，沈黙せねばならないと考えた。
2. 　フーコーは，西洋哲学を成り立たせてきた主体などの概念が覆い隠してきた問題を，歴史のなかで新たに問うために脱構築を主張し，理性の概念を捉え直した。
3. 　レヴィナスによれば，自己の理解を絶対的に超える他者が現れ，自己がその他者に無限の責任を負うことが，人間の倫理的なあり方である。

解答・解説

1. ［✕］　これは**ウィトゲンシュタイン**のこと。**フッサール**は，「事物の本質」などについては判断停止（エポケー）し，その事物の意識への現れ（現象）を記述すべきとする，**現象学**の創始者。
2. ［✕］　「**脱構築**」はポスト構造主義（構造主義の「後」という意味）の哲学者である**デリダ**の概念。「自己／他者」や「本質／現象」といった二項対立を解体しようという哲学的立場。
3. ［〇］　「他者」の存在を重んじるというのが**レヴィナス**の立場。

90

演習問題 択一問題　　　　　　　　　　　　▶解答は206ページ

1. エラスムスとカルヴァンについての記述として最も適当なものを，次
の①〜⑤のうちからそれぞれ一つずつ選べ。

① 斬新な技法による絵画を制作したり，軍事・土木技術や都市計画な
どに携わったりするとともに，自然学のあらゆる分野にわたって，観
察結果やアイデアなどを記した膨大な手稿を残し，「万能人」とたたえ
られた。

② 神によって正しい人間と認められるためには内面的な信仰だけが重
要だと主張し，教会の権威による免罪符(贖宥状)を厳しく批判する
とともに，一般の人々が聖書を読むことができるようにドイツ語に翻
訳した。

③ 個々人の救済は神によって予定されており，人が自分の救済を確信
するためには神から与えられた自分の職業に禁欲的に励むほかはない
と主張して，厳格な規律のもとにキリスト教都市を実現しようとした。

④ 思慮のない恩情のゆえに混乱を引き起こす君主に比べれば，残酷さ
をもって統一と平和を確立する君主のほうがはるかに憐れみ深いと主
張するなど，他国の侵略にさらされているイタリアの分裂状況の克服
を訴えた。

⑤ 当時用いられたラテン語訳聖書の誤りを正すため，新たに『新約聖
書』のギリシャ語原典を校訂・翻訳するとともに，痴愚の女神に託し
て当時の教会の堕落や神学者の聖書解釈の愚劣さを痛烈に風刺した。

2. モンテーニュの説明として**適当でない**ものを，次の①〜④のうちから
一つ選べ。

① モンテーニュは，ギリシアやローマの賢者たちに倣って，よりよく
生きるための方策を求めた。

② モンテーニュは，鋭い人間観察に基づいて，人間の生き方を独自の
視点から探究した。

③ モンテーニュは，神への信仰を否定し，地上の生活に積極的な意義
を見いだして，多彩な能力を発揮した。

④ モンテーニュは，思想の体系化を図らず，日々の思索を随筆のかた
ちで丹念につづった。

演習問題(西洋思想)　91

3. 科学革命に関係した人物の記述として最も適当なものを，次の**①**～**④**のうちから一つ選べ。

① ガリレイは，望遠鏡による天体観測を行うとともに，振り子の実験などに基づいて物体運動の理論を展開し，近代科学の基礎を築いた。

② コペルニクスは，古代ギリシャ以来の宇宙観を批判し，地球を中心とする天文学説をとなえた。

③ ニュートンは，物質と精神の二元論の立場に立って，外界の事物を数量化可能なものとし，機械論的自然観をはじめてとなえた。

④ ベーコンは，中世のスコラ哲学にかわる新しい学問を模索し，普遍的原理から出発して自然現象を数学的に説明する方法を提唱した。

4. ベーコンとデカルトによる従来の学問への批判を記述したものとして最も適当なものを，次の**①**～**⑤**のうちからそれぞれ一つずつ選べ。

① 従来の自然学ではさまざまな偏見によって正しい認識が妨げられてきた。だが，人間が自然を技術的に支配するためには，偏見を排し，実験や観察によって個々の経験的事実から一般的法則を発見することが必要である。

② 知識は人間生活から離れた不変の真理を捉えたものだとする偏見が，従来の学問を支配してきた。だが，知性は問題解決に役立つかぎりでのみ意味をもつのだから，知識は常に生活の中で試され改善されなければならない。

③ 哲学の仕事は世界を解釈することだという偏見に従来人々は囚われてきた。だが，大切なのは科学的認識によって世界を変えることだから，そうした実践的目的の基礎となるように哲学を作り変えなければならない。

④ 雄弁術や詩作は天賦の才に左右され，また従来の道徳論は徳の認識の仕方を教えない。だが，真偽を区別する理性の力は万人に平等に与えられているから，順序よく考えていけば，学問において誰でも正しい認識に達しうる。

⑤ 古代の学説を繰り返し，それに注釈をつけることが学問だとされてきた。だが，神は自然物を人間のために創ったのだから，神の意図の探求を自然研究の方法と合致させることによって，学問は生活に役立つものとなる。

5. 次の a〜d をロックによる『統治論（市民政府論）』における説明の順序に従って並べ替えたとき，**3番目**にくるものとして最も適当なものを，下の①〜④のうちから一つ選べ。

　a 人々は各自の所有権を安定させるために，契約を交わして政府をつくる。

　b 人が自らの労働によって自然物に手を加えたものは自分のものとなる。

　c 人は誰でも自分の身体を自分の意志に従って用いる権利をもつ。

　d 人は自らの所有権を侵害するような政府に対しては抵抗権をもつ。

　① a　　② b　　③ c　　④ d

6. ルソーの文明社会に対する考えに関する記述として最も適当なものを，次の①〜④のうちから一つ選べ。

　① 未開社会は，文明社会と同じく自由，平等，平和な社会であるが，所有の安定のために，契約を通じて文明社会に移行する。

　② 文明社会は進歩した理想の社会であり，文明人は理性によって未開社会に特有の迷信，偏見，無知から解放されている。

　③ 未開人の社会と違って，文明社会は富の不平等，支配と服従，悪徳などで満ちているが，その主な原因は財産の私有にある。

　④ 文明人の理性的な思考は未開人の「野生の思考」に優るものではなく，文明社会が未開社会に比べて進歩しているわけではない。

7. ヨーロッパ近代において，寛容論を主張していた人物についての記述として最も適当なものを，次の①～④のうちから一つ選べ。

① ロックは，人は本来，自由・平等であるが，社会契約によってこの自然権を国家へと移譲した以上，宗教的自由も国家による統治の下に置かれるとした。国家的統治の下でこそ，信仰の自由が保障されると考えたのである。

② ライプニッツは，信仰と理性，神学と哲学を峻別することによって，信仰上の立場にはかかわらず哲学する自由を主張し，自らは無神論的立場を採った。合理主義的立場を突き詰める一方，神を純粋に信仰の対象とした。

③ ディドロは，フランスにおける宗教的対立の原因は，国家が宗教に介入することにあるとして，旧体制を批判し，信仰における自由と教会の独立を主張した。絶対主義の唯物論的傾向に，思想的貧困を見て取ったのである。

④ ヴォルテールは，イギリスの思想や文化を紹介しながら，政治・宗教・思想の自由におけるフランスの遅れを激しく批判し，伝統的偏見や教会の横暴を攻撃した。自然科学的知識を尊重し，フランスの啓蒙運動を推進した。

8. 「啓蒙の思想家」とも呼ばれるカントの考え方として最も適当なものを，次の①～④のうちから一つ選べ。

① 行為の道徳性を判定する根本的基準は，科学的知識が与えるものではなく，科学がいかに進歩しても変わらない。

② 行為の道徳性は状況の中で決まるのであって，人間がいついかなる場合でも従うべき普遍的な道徳的基準は存在しない。

③ 人間に生まれつき備わっているような理性は存在しないのであって，科学的認識はすべて経験の積み重ねによって形成される。

④ 霊魂は不死か，神は存在するか，といった形而上学的な問題は，各人の信仰の問題であって，実践理性がかかわるべき事柄ではない。

9. 普遍的な道徳法則に関して，カントは，人格は何よりも尊重すべきものであるという考えを定言命法の形で次のように表現した。この命法の理解として最も適当なものを，下の**①**～**④**のうちから一つ選べ。

　汝の人格および他のあらゆる人の人格のうちにある人間性を，いつも同時に目的として扱い，決して単に手段としてのみ扱わないように行為せよ。
（カント『道徳形而上学原論』）

①　子どものいるにぎやかな家庭を築こうとして結婚することは，夫は妻を，妻は夫を出産の手段と見なすことにつながる。互いを尊重し合っていたとしても，こうした意図による結婚は決してすべきではない。

②　ボランティア活動であっても，有名人による施設訪問には，施設の子どもや老人を自己宣伝の手段にするという側面がある。子どもや老人を大切にする姿勢が伴っていなければ，そうした訪問活動は決して行うべきではない。

③　参考書を買うためであっても，親にお金をねだるのは，親を目的のための手段とすることにほかならないから，決してしてはいけない。アルバイトをしてお金を貯め，必要なものは自分で購入すべきである。

④　将来の就職を考えて大学を受験するのは，自分や家族の利益のために自分自身を手段として利用する行為だと言える。自分の教養を高めるという純粋な動機にのみ基づくのでなければ，決して大学に行くべきではない。

10. 進歩の観念に関して，ヘーゲル，J.S.ミルの見解として最も適当な
ものを，次の①〜⑤のうちからそれぞれ一つずつ選べ。

① 各人の多様な個性の発展は，社会が不断に進歩していくためにも重
要であるから，個人の自由に対する社会的制約は，他者に危害が及ぶ
場合に限られるべきである。

② 世界の歴史とは，精神が人間の活動を媒介として，自らの本質であ
る自由を自覚し実現していく必然的な進歩の過程である。この過程で
自由な人間が次第に増えてくる。

③ 近代から現代までの西洋社会を振り返ってみると，文明の進歩は，
私たち人類を真に人間らしい状態にではなく，むしろ新たな野蛮状態
へ導いたと言わざるをえない。つまり進歩が退歩に逆転したのである。

④ 人間の精神は神学的，形而上学的，実証的という三段階を必ず通っ
て進歩する。それに対応して，人間の社会もまた軍事的，法律的，産
業的という三段階を通って進歩する。

⑤ 有機体の進歩が同質的なものから異質的なものへの変化であること
に議論の余地はないが，このような変化は文明全体の歴史のうちにも
各国民の歴史のうちにもひとしく見られる。

11. 社会における良心の地位に関するヘーゲルの見解として最も適当なも
のを，次の①〜④のうちから一つ選べ。

① 道徳や宗教における内なる良心の自由は自然権の一つであり，いか
なる政治社会にあっても，それは侵害されてはならない。

② 自己の良心にもとづいて信仰するかぎり，あらゆる個人は，社会に
おける身分とは関係なく，神の前で平等である。

③ 道徳は社会の経済的な土台の上に成立するものであり，個人の良心
は，その個人が置かれた社会的な状況に制約されている。

④ 良心にかかわる内的で主観的な道徳と，所有や契約を扱う外的で客
観的な法は，具体的な人倫において統合される。

12. 良心についての考察に関して，ヤスパース，ハイデッガーの考えとして最も適当なものを，次の①〜⑤のうちからそれぞれ一つずつ選べ。

① 良心は，人間が死，苦，争い，罪といった状況から逃避し，自己を喪失するのを妨げる。人間は良心を介して超越者を感ずるが，良心は超越者の声ではなく，自己自身の声である。

② 普通の人々の良心は，残酷さという本能が自己自身に向けられたものであり，一つの病理である。それに対して，真の良心は，自己に誠実であること，自己を肯定することを要請する。

③ 良心はきわめて複雑な感情である。それは，共感などの社会的本能に由来し，他人の称賛によって導かれ，理性，利己心，宗教的感情に支配され，教育や習慣を通じて強化される。

④ 良心の呼び声は本来的な自己の声である。死への不安から逃れ，日常の世界に埋没し，平均的で画一的な存在になった人間に対して，良心は本来的な自己というものに気づかせる。

⑤ 良心の呵責とは義務に反したときに感ずる苦痛である。人間は，刑罰のような外的な制裁によってだけでなく，良心の呵責という内的な制裁によっても，自己を規制するようになる。

13. ニーチェの思想についての記述として最も適当なものを，次の①〜④のうちから一つ選べ。

① 人間は，まず生存するために，ついで生きるために，いわば二度誕生し，心身ともに独立した自己へと成長しなければならない。

② 人間は，意味もなく永遠に反復される人生を積極的に肯定することによって，現在を真に生きることができる。

③ 人間は，知性の能力を駆使して現実の状況における問題を解決することで，状況に対応した自由を実現していくことができる。

④ 人間は，無目的な意志を本質とする世界のなかで，満たされぬ欲望に苦悩しつつ，生きなければならない。

演習問題(西洋思想)　97

14. 19世紀資本主義社会の労働における人間疎外を指摘した思想家として
マルクスがいる。マルクスの考え方として最も適当なものを，次の①
～④のうちから一つ選べ。

① 労働者の生産物が資本家の支配下にあるという資本主義の問題を克
服するために，革命による社会主義社会への移行が実現されなければ
ならない。

② 数多くの矛盾が存在する資本主義社会において，商業は文明の弱点
であり，商業資本家の悪徳と無政府性は強く非難されなければならな
い。

③ 帝国主義の時代においては，議会制度を通じて社会を変革すること
は困難であり，社会主義社会は武力闘争によって実現されなければな
らない。

④ 議会制度を通じて，生産手段の公有化，富の公平な分配，社会保障
制度の拡充を推進し，資本主義社会の弊害を除かなければならない。

15. 知識を私たちの行為との関連において根本的に捉え直し，絶対的真理
の排除を試みたプラグマティズムの思想家であるジェームズやデューイ
についての記述として適当でないものを，次の①～④のうちから一つ選
べ。

① 学校教育における行動と経験による学習の重要性を強調し，児童に
実験的探究を行わせて，児童の経験を連続的に改造することにより，
現実生活をよりよくしていく態度・方法を身につけさせることを提唱
した。

② 真理は理性的な思考に基づく客観性としてではなく，まったくの自
由のもとで自分の責任において行為するという，人間の主体的なあり
かたのうちに問い求めなければならない，と主張した。

③ 経験的に検証可能な観念ばかりではなく，例えば神という観念も，
神を信じることによって勇気づけられたり，有用な結果をもたらした
りする限りにおいて真である，と考えた。

④ 知識や理論の体系はすべて，それらによって私たちが事物を取り扱
うための道具としての仮説，つまり作業仮説であり，それらは使用さ
れるにつれて変化・発展していくものだ，と説いた。

16. 生徒Zは，労働による自己実現について次のようなレポートを作成した。このレポートの ア ～ ウ には，下のa～fのいずれかの記述がそれぞれ入る。 ア ～ ウ に入る記述の組合せとして最も適当なものを，次ページの①～⑧のうちから一つ選べ。

アーレントは人間の基本的な営みには「労働」「仕事」「活動」があるとした。まず，「労働」とは生物としての人間が生きていくために不可欠な営みのことである。次に，「仕事」とは世界の中に作品を作り上げることである。そして，「活動」とは，他の人々と語り合う公的領域に参加することである。アーレントは労働を自然の必然性に従属させられることと捉えた。この捉え方は産業革命期の労働者の状況にもよく当てはまるものであった。それについて， ア 。確かに，人間にとって自分の本質的な在り方を妨げられることは苦痛である。これに対して， イ 。これは多様な仕方で世界を加工し続ける人間の知性の在り方を表現したものである。新しい商品を開発し，生産することは，社会の在り方を変えていくことにつながる。すると，社会に寄与しようとする営みが人間の本質とも関連することが分かる。例えば， ウ 。この考え方に基づけば，人間にとって働くことは，自分の本質を実現することであると解釈することもできる。アーレントが区別した三つの概念は実は互いに関連しあっているのではないだろうか。

---

a マルクスは資本主義社会では労働の疎外が生じるとした

b ウェーバーは禁欲や勤勉などの職業倫理が資本主義を生み出したとした

c ホイジンガは人間の本質を遊びとみなし，それが文化を創造するとした

d ボーヴォワールは社会が女性に特定の在り方を強制していると考えた

e ベルクソンは人間をホモ・ファーベルとみなした

f ヘーゲルは自己の理想を現実のものとすることを本来の自由と考えた

演習問題(西洋思想)　99

	ア	イ	ウ
①	a	b	c
②	a	b	f
③	a	e	c
④	a	e	f
⑤	d	b	c
⑥	d	b	f
⑦	d	e	c
⑧	d	e	f

17. 次の文章は，言語をめぐるウィトゲンシュタインの思想を説明したものである。 a ～ c に入れる語句の組合せとして正しいものを，下の①～⑨のうちから一つ選べ。

　ウィトゲンシュタインは最初，「語り得ぬものについては，沈黙せねばならない」という立場を取っていた。それによれば， a においては命題が真か偽かを確定し得るが，神や道徳などの問題に関する哲学や宗教の言語は，現実の事象との対応関係をもっておらず，語り得ぬものを語ろうとすることになってしまう。そして，これまでの哲学的問題の多くは，語り得ぬものを語ろうとしたために生じてきた，というのである。しかし，後に彼は， b における言語の使用や規則の習得について省察を深めていき，新たに c という概念を導入して，言語の問題を捉え直していった。こうした後期のウィトゲンシュタインの思想に従えば， a における言語の使用もまた， b に根差した多様な c の一つである，ということになる。

①	a	日常生活	b	自然科学	c	パラダイム
②	a	日常生活	b	形而上学	c	パラダイム
③	a	日常生活	b	形而上学	c	言語ゲーム
④	a	自然科学	b	日常生活	c	パラダイム
⑤	a	自然科学	b	日常生活	c	言語ゲーム
⑥	a	自然科学	b	形而上学	c	言語ゲーム
⑦	a	形而上学	b	自然科学	c	パラダイム
⑧	a	形而上学	b	自然科学	c	言語ゲーム
⑨	a	形而上学	b	日常生活	c	パラダイム

コラム・2　原典資料・解釈・解説書（源流思想・西洋思想1）

「倫理」では古今東西の思想を扱うため、教科書などでも、思想家の原典資料がしばしば紹介されている。たしかに、思想家の思想を正確に知るには、その思想家自身の言葉によるのが最良の方法である。

章	人　物	著作名	一言コメント
1	プラトン	国家	イデア論の「洞窟の比喩」が記され、魂の三分説や四元徳など人間と国家のあり方が述べられている。
	アリストテレス	ニコマコス倫理学	「中庸」などポリスの良き市民としてのあり方が論じられている。書名は、息子のニコマコスがこの書の編集をしたことに由来する。
	（ユダヤ教）	旧約聖書	ユダヤ教、キリスト教の聖典で、イスラエルの神話、歴史、預言書などが記されている。
	（キリスト教）	新約聖書	キリスト教の聖典。イエス=キリストによる神との新しい契約を意味する。イエスの生涯を記した福音書や伝道者の書簡などが記されている。
	アウグスティヌス	神の国	「神の国」と「地上の国」との対立、教会の位置づけなどが述べられている歴史哲学的な神学書。
	トマス=アクィナス	神学大全	神の恩寵、キリスト教の三元徳などを体系的に説明した、スコラ哲学の「教科書」。
	（孔子）	論語	孔子の言行を弟子たちが記録したもので、仁・礼を中心に孔子の人間観・政治観が記されている。
2	ピコ=デラ=ミランドラ	人間の尊厳について	自由意志こそが「人間の尊厳」の根拠であると説く。
	マキャヴェリ	君主論	キツネのずる賢さとライオンの強さを兼ね備えた、政治的実行力のある君主出現を待望した政治論。
	エラスムス	愚神礼讃 （ぐしんらいさん）	聖職者の愚行を愚神の指示によると称してこれを諷刺し、人間の自由を説いた宗教改革の先駆的な書。
	ルター	キリスト者の自由	キリスト者は信仰により内的な自由存在であり、隣人愛により万人に奉仕するものであることを説く。
	カルヴァン	キリスト教綱要	神の絶対性、聖書中心主義、予定説など、（カルヴァンにとっての）キリスト教の綱要を示したもの。
	モンテーニュ	エセー（随想録）	「エセー」は、随筆の意。人間や社会についての内省的思索が記されている。
	パスカル	パンセ（瞑想録）	「パンセ」は、フランス語で「考え・思考」の意味。キリスト教信仰を主とした人間観が記されている。
	ガリレイ	天文対話	対話形式を採って地動説支持を表明。この書がもとで、ガリレイは宗教裁判にかけられた。
	ニュートン	プリンキピア	「原理」という意味。正しくは「自然哲学の数学的諸原理」。数学を用いて運動法則を体系化した。
	ベーコン	ノヴム=オルガヌム（新機関）	第一部でスコラ哲学を批判し、第二部で新たな学問方法（帰納法）を提起した。
	ロック	人間悟性（知性）論	直訳すれば「人間の理解力についてのエッセー」。知識はすべて経験によるとした。
	ロック	市民政府（二）論（統治二論）	自然権確保や抵抗権の肯定など、信託による「市民政府」のあり方を説き、社会契約説を展開。
	デカルト	方法序説	確実な学問構築のための懐疑や演繹など、学問的「方法」と形而上学、自然学について論じる。

第3章

日本思想

　日本思想では，古来の思想のほか，仏教や儒教，キリスト教などの外来思想の受容と発展が重要視されている。また長く続いた身分秩序に対する考え方や，明治時代以降の新しい西洋文化の受容など，社会情勢との関連も深い。時代ごとの思想を系統立てて知識を整理していこう。

日本思想 1

日本思想の原型

1 八百万の神（ヤオヨロズノカミ）
2 禊（ミソギ）・祓（ハライ）
3 清明心（清き明き心）

このテーマの Key Words

1 八百万の神（ヤオヨロズノカミ）

日本では古くから，山川草木などの自然物をはじめ，鏡などの人工物や死んだ人をも神とみなす宗教観があった。神は無数に存在するとされ，こうした**多神教的世界観**を「八百万の神（やおよろず）」という言葉で表していた。また，神は善なるものであるとは限らず，祟りや災いをもたらす場合もあった。そのため，神が鎮まることを祈る儀式である「祭り」が重視された。　　　　　（→ⓐ）

家を建てるときの「地鎮祭」は，災いなく工事が無事に進むことを祈り，その土地の神を祭るものである。また，菅原道真が天満宮に神として祭られていることや，富士山が御神体とされることなども「八百万の神」の例である。

2 禊（ミソギ）・祓（ハライ）

罪悪は「罪（ツミ）」「穢（ケガレ）」と捉えられていたが，こうした罪悪は，**禊（ミソギ）や祓（ハライ）**などの儀礼によって浄化できるとされた。　　　　　（→ⓑ）

3 清明心（清き明き心）

道徳的な善を表す言葉として用いられたのが，**清明心（せいめいしん）（清き明き心）**である。これは，隠しだてや嘘偽りがなく，私心を捨てて他者と融和して生きる心のことである。そこでは行為そのものというよりも，**心情の純粋さ**が重視される。

古代においては，自然的災害と道徳的罪悪とが，ともに「わるいこと」として扱われていた。それらを清めるのが，ミソギやハライである。

第3章　日本思想　103

演習問題　正誤判定

1. 日本の古神道には，他者に対して隠しだてをしない清明心の尊重や，共同体の秩序への妨害行為をとくに重くみる「つみ」（罪）の観念がみられる。

2. 今日なお根強く日本人の精神に流れているものに，みそぎ・はらいの観念があるが，これは儀礼によって神のたたりを鎮め，農作物の豊作を祈願することである。

3. 日本の古神道にみられる「つみ」の観念によれば，道徳的・社会的犯罪と災害や病気が等しく「つみ」であり，人間に外からふりかかるものとされ，儀礼によって清めることができる，と信じられた。

4. 『古事記』や『日本書紀』の中の神話では，前世の行為の善悪が現世の運命を決定するとされ，厳格な宗教的道徳に従うことが求められた。

5. 『古事記』や『日本書紀』の中の神話では，祖先神だけでなく，自然現象をはじめ，さまざまな不思議な力の発動を神として認められる。

解答・解説

1. ［○］ **古神道**は，日本の伝統的な神々信仰に基づくもの。

2. ［✕］ これは**マツリ**の説明。**禊・祓**は，水浴や呪言により，心身をけがれていない状態に戻すことである。

3. ［○］ 「**つみ**」は厄災であり，禊・祓により清められる。

4. ［✕］ 輪廻と応報観の説明であり，古代インド思想に典型である。

5. ［○］ **八百万神**の説明である。

ぷらすα　　　　　　　　　　　　　　　　　　　　【死後の世界と現世】

　日本で死後の世界は「**黄泉国**（よみのくに）」と称される。**黄泉国は不浄で暗く，汚い世界**であるとされていた。死後の世界を「天国」や「浄土」と捉えるキリスト教や仏教とは正反対である。今日の日本でも，葬儀の際に「清めの塩」が配られることがあるが，これは死後を，不浄とみなす観念と，儀礼によって清めることができるとする観念の複合だと考えられる。

　また，**死後の世界と現世**（**葦原中国**（あしはらなかつくに））は**往来可能**とされた。お盆に祖先の霊が帰ってくるという風習を思い起こそう。現世主義的・現世肯定的なのが，日本の伝統的考え方であるといえよう。

日本思想の原型　1

日本思想 2 聖徳太子と奈良仏教

1 「十七条憲法」（聖徳太子）
2 「世間虚仮，唯仏是真」（聖徳太子）
3 鎮護国家（奈良仏教）

1 「十七条憲法」（聖徳太子）

6世紀に公式に伝来した仏教を，深い理解をもって受容したのが**聖徳太子**である。聖徳太子は政治家として，日本的伝統の上に仏教や儒教をとり入れながら，官吏の心得である「**十七条憲法**」を制定した。

> 一に曰はく，<ruby>和<rt>なごやか</rt></ruby>なるを<ruby>以<rt>もっ</rt></ruby>て貴しとなし，…
> 二に曰はく，篤く三宝を敬へ。三宝とは<u>仏・法・僧</u>なり。…
> 四に曰はく，…<ruby>礼<rt>いやび</rt></ruby>を以て本とせよ。…
> 十に曰はく，…人の違うを怒らざれ。我必ず<ruby>聖<rt>ひじり</rt></ruby>に非ず，彼必ず<ruby>愚<rt>おろか</rt></ruby>に非ず。共に是<ruby>凡夫<rt>ただひと</rt></ruby>ならくのみ。

二から仏教重視の姿勢が，四から儒教をも重視していることが分かる。
十の「凡夫」は仏教用語で，悟りに至っていない凡人を意味する。

2 「<ruby>世間虚仮<rt>せけんこけ</rt></ruby>，<ruby>唯仏是真<rt>ゆいぶつぜしん</rt></ruby>」（聖徳太子）

一方で聖徳太子は，単なる政治理念として仏教を捉えていたわけではない。「**世間は<ruby>虚仮<rt>こけ</rt></ruby>なり**（世間の諸事象はむなしいいつわりであり），**ただ仏のみこれ真なり**（仏だけが真実である）」という言葉は，彼が仏教に対して深い理解をもっていたことをよく示している。

3 鎮護国家（奈良仏教）

奈良時代になると，仏教を中心にした国づくりがますます盛んになった。その中で，仏教の重要な目的は「**鎮護国家**」，すなわち国家安泰という**現世利益**にあるとされるようになった。

第3章　日本思想　　105

演習問題 正誤判定

1.　聖徳太子は，外来の仏教と日本古来の信仰とは対立するものではなく，仏は日本の神が姿を変えて現れたものであると考えた。

2.　聖徳太子は，仏教は個々人に心の安らぎを与えるためのものであり，国家の運営にあたっては，もっぱら儒教の教えに依拠すべきだと主張した。

3.　聖徳太子は，人にはそれぞれ執着があり，絶対的に正しい意見や判断はありえず，対立は絶えないがゆえに，人は自らがそうした有限な存在，つまり凡夫であることを自覚しなければならない，と説いた。

4.　日本の古代仏教は，来世志向の反面，現世的秩序の重視という傾向を強く示している。奈良仏教が，厭離穢土の教法としての役割を専ら果たしたのもその一端である。

5.　奈良時代に仏教は，人々の信仰と結びつき，災害の消滅や難病の平癒といった現世利益（げんぜりやく）をもたらす呪術（じゅじゅつ）的宗教として広く受け入れられた。

2 聖徳太子と奈良仏教

解答・解説

1.　[×]　平安時代以降の**反本地垂迹説**（→p.107）である。

2.　[×]　聖徳太子は，儒教や仏教をともにとり入れている。

3.　[○]　聖徳太子の人間観であり，「**凡夫の自覚**」を説いている。

4.　[×]　厭離穢土（→p.108）ではなく**鎮護国家**。

5.　[○]　奈良仏教は，現世における利益をめざすという傾向が強い。

ぷらすα　　　　　　　　　　　　　　　　　　　　　　　　**【奈良仏教】**

● **南都六宗：国家公認の6つの宗派の総称**
　…宗派というよりは，研究グループともいえるものであった。排他的ではなく，むしろ一つの寺における複数宗派の研究（兼学）も積極的に行われていた。

● **鑑真（がんじん）：日本仏教発展の力となった人物**
　…唐から渡来した高僧。戒律（修行の規範）を授けることで，日本に正式な僧侶を公認する制度を作った。

● **行基（ぎょうき）：民衆に対する布教活動**
　…諸国をめぐり，民衆のための築堤事業や架橋工事などを指導しつつ，民衆に対する布教活動を行った。彼には多くの私度僧（しどそう）（非公認の僧侶）が従った。

日本思想 3 平安仏教

このテーマの Key Words

1. 最澄：一乗思想
2. 空海：大日如来・即身成仏

1 最澄：一乗思想

中国に留学し，日本天台宗の開祖となったのが最澄である。彼は『法華経』に依拠して，すべての人は悟りに至る可能性，すなわち仏性を有する（一切衆生悉有仏性）と考えた。これは，人はその性質により成仏する者とそうでない者といる，というそれまで有力だった説を否定するものである。この立場から彼は，修行によって誰もが悟りに至るという一乗思想を説いた。
（→ⓐ）

「一乗」は，「ただ一つの乗り物」という意味。悟りに至る一つの乗り物があり，それに誰もが乗ることができる，ということである。

2 空海：大日如来・即身成仏

同じく中国に留学し，真言宗の開祖となったのが，空海である。彼は密教を重視した。密教の三密という修行によれば，宇宙の究極の原理を示す真理そのものである大日如来と一体化することができ，即身成仏（生きた身のまま現世で仏となる）できるというものである（「仏」とは「真理を悟った者」である→p.30）。

のちに密教は仏の加護を祈る儀式である加持祈禱により，現世利益の実現をめざすようになっていった。　（→ⓑ）

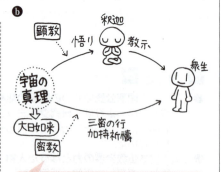

一般の仏教（顕教）は，歴史上の人物である釈迦が真理（法）を悟り，それを人々に明らかな形で説いたものである。これに対し密教は，真理そのものである大日如来から直接に示された教えという意味で，明らか＝顕に対しての「密」となるのである。

第3章　日本思想　107

演習問題 正誤判定

1. 平安時代の初め，最澄や空海は，積極的に政権の内部に参加して国政を直接的に指導することで，奈良仏教とは一線を画そうとする新たな仏教のあり方を示した。

2. 天台宗の祖最澄は，すべての人々が一つの乗り物に乗ってさとりに至るというたとえのように，だれもが仏になる可能性を持っており，それを自覚し修行すれば仏になれると説いて，奈良仏教の救済観を差別的であると批判し，仏教界を改革しようとした。

3. 最澄は，人にはそれぞれの生き方がある。仏の真理は一つだから，信仰があろうとなかろうと救いの道に至ることができる，と説いた。

4. 空海が伝えた密教とは，老荘思想や民間信仰をもとに，中国古代に形成された神秘的宗教のことである。

5. 空海は，密教経典を伝え，小乗仏教・儒教・道教をも包み込む真言密教を最高の教えとして，神秘的な行による，煩悩に満たされたこの身をすて，仏となる道を説いた。

3 平安仏教

解答・解説

1. [✗]　奈良仏教と異なり，政権から一定の距離をとろうとした。

2. [○]　**一乗思想**の説明。

3. [✗]　**最澄**は自らの仏性を自覚しての**修行を不可欠**として重視しているのだから，「信仰があろうとなかろうと」は不適当。

4. [✗]　**道教**の説明。大日如来から直接示された教えとされるのが**密教**。

5. [✗]　**空海**は**即身成仏**（この身のままで仏になれること）を説いたのだから，「この身をすて」は不適当。

ぷらすα　━━━━━━━━━━【本地垂迹説】━

　平安時代には**本地垂迹説**が隆盛した。これは，日本の「神」は仏が姿を変えて現れているとする説で，日本古来の神への信仰と仏教を融合するもの（**神仏習合**）である。つまり，**仏**が**本当の姿**で，**神**は**仮の姿**とするものである。この説は，仏という存在を一般に広め，大きな力を持っていたが，明治初期の神仏分離令により衰退した。また鎌倉時代には，神を本来とし仏を仮とする反本地垂迹説（神本仏迹説）も現れた。

　　（平安時代）**本地垂迹説**……………………仏が本，神が仮の姿
　　（鎌倉時代）**反本地垂迹説**（神本仏迹説）…神が本，仏が仮の姿

末法思想と浄土信仰

日本思想 4

このテーマの Key Words

1 浄土信仰：「厭離穢土・欣求浄土」
2 法然：専修念仏
3 親鸞：絶対他力
4 親鸞：悪人正機

1 浄土信仰：「厭離穢土・欣求浄土」

平安末期には，折からの戦乱や天災の続発，疫病の流行などを背景に，**現世においての悟りや救済は不可能**だとする**末法思想**が広まった。（→ⓐ）

そうした中，現世での救いではなく，来世での理想世界への希望をつなぐ教えが説かれるようになった。これが**浄土信仰**である。

浄土信仰は，穢れた汚いこの現世を厭い離れて（**厭離穢土**），清浄な仏の世である**極楽浄土へと生まれ変わること**（**往生**）を求め願う（**欣求浄土**）信仰である。

この往生をもたらす仏が**阿弥陀仏**（**阿弥陀如来**）であり，自分の力ではなく，阿弥陀仏の力（**他力**）にすがることが何よりも大切とされている。そのためこの信仰では，阿弥陀仏の名を称えること（**念仏**）が重視されている。

念仏には阿弥陀仏の名をひたすら称える称名念仏と，仏の姿や極楽浄土を思い描いて称える観想念仏とがある。

ⓐ

	教	行	証
正法	○	○	○
↓像法	○	○	×
↓末法	○	×	×

「**末法**」とは時代区分の一つ。釈迦没後1000年の間を「**正法**」といい，仏の教え（**教**）も正しく存在し，教えに基づいた修行（**行**）もでき，修行による悟り（**証**）も可能である。しかし，次の時代区分である「**像法**」においては「教」と「行」のみになり，最後の「**末法**」では「教」のみとなる。一説によれば，西暦1052年が末法に入った年とされている。

2 法然：専修念仏

　こうした思想の中から、鎌倉時代に活躍した僧が、法然である。彼によれば、阿弥陀仏はすべての衆生が浄土へ往生することを願っており（弥陀の本願）、阿弥陀仏の慈悲にすがれば誰もが救われるとしている。法然は、末法の世においては、ただもっぱら「南無阿弥陀仏」と念仏のみを口で称えること（専修念仏）が、極楽往生への唯一の道である、とした。また困難な修行（難行）ではなく、易しい行い（易行）を主張した。
（→ⓑ）

「南無」は、「帰依する」という意味の梵語。「南無阿弥陀仏」は「阿弥陀仏に帰依する」という意味である。

3 親鸞：絶対他力

　法然の弟子である親鸞は、師の他力の考えを徹底することでその立場を貫いた。親鸞は、念仏を称えることさえも、自らの決意・発心ではなく、阿弥陀仏のはからい（他力）であるとした。ここに至って、師である法然にあった自力の要素が完全に捨て去られたのである（絶対他力）。
（→ⓒ）

親鸞は、すべては、阿弥陀仏のはからいによるおのずからの働きであるとしている（自然法爾）。また、念仏を称えることそのものが、阿弥陀仏への感謝であるとしている（報恩感謝の念仏）。

4 親鸞：悪人正機

　親鸞は「善人なおもて往生をとぐ、いわんや悪人をや」という。すなわち、善人でさえ往生できるのだから、悪人が往生できないはずはない、という説である（悪人正機）。ここでは、善人・悪人の意味に注意したい。自分の力で善を積んで救われようとする者（善人）は、阿弥陀仏の力によらないのに往生できる。ならば、自らの煩悩や無力さを自覚して阿弥陀仏にすがろうとする者（善人の対としての悪人）が救われないことがあるだろうか、というのが、この言葉の意味である。
（→ⓓ）

この背景には親鸞の人間観がある。たとえば、勉強しようと思ってつい遊んでしまう弱い人間だからこそ、自力で善を貫くのはほとんど不可能なのである。

| 演 | 習 | 問 | 題 | 正誤判定

1. 源信は，煩悩に満たされているのが人間であるが，煩悩があるまま阿弥陀仏を一心に念ずれば，その広大な慈悲にあずかり往生できる，とする新しい信仰を説いた。

2. 法然は，宇宙の神秘を図像によって表現できるとする経典を最も重視し，加持祈禱による救済を説いた。

3. 法然は，極楽浄土への往生を説く経典を最も重視し，来世の衆生の救いは，阿弥陀仏の誓いによるほかはないと考えた。

4. 法然の説いた専修念仏とは，念仏をしている間，心の中に明確に仏の姿を想い浮かべることである。

5. 親鸞の悪人正機説によれば，日々の生活の中で善事を重ねる者こそ，往生が確実である。

6. 親鸞の絶対他力の信仰は，煩悩具足の凡夫が自ら悟る可能性を否定し，すべてを阿弥陀仏のはからいにまかせるほかはないとするものである。

解答・解説

1. [○] 念仏と浄土信仰を広めたのが，**源信**である。

2. [✗] これは**空海**(→p.106)の記述。「図像」とは**曼荼羅**のこと。

3. [○] **法然**は，阿弥陀仏の力による**極楽往生**と**他力信仰**を説いた。

4. [✗] これは**観想念仏**であり，法然は**称名念仏**を強調した。

5. [✗] **悪人**とは，自力善行のできない者のことであり，**親鸞**は阿弥陀仏の本願は悪人の救いにあるとした。

6. [○] **絶対他力**とは，阿弥陀仏の力がすべてだとして，自力の計らいを捨てること。

ぷ ら す α ────────────────【浄土信仰を広めた人物】

● **空也**：阿弥陀聖，あるいは市聖とも呼ばれる

…平安時代の僧侶。阿弥陀仏の名を称えながら諸国をめぐり，井戸掘りや道路建設，あるいは放置された遺体を葬ることなどをしながら，民衆に対する布教活動をした。

● **源信**：『往生要集』の著者

…平安末期の僧。極楽往生に必要な経文を抜粋して『往生要集』を著すとともに，「厭離穢土，欣求浄土」と説いて，人々に念仏を勧めた。『往生要集』は，地獄・極楽の克明な描写でも知られている。

第3章 日本思想　111

日本思想 5　禅宗と法華宗

1 道元：只管打坐
2 道元：身心脱落・修証一等
3 日蓮：法華経の行者・四箇格言
4 日蓮：唱題

このテーマの
Key Words

1 道元：只管打坐

　日本における**曹洞宗**の開祖である**道元**は，末法思想（→p.108）を否定する立場にあった。彼は「人々みな仏法あり」とする一方，「修せざるには顕われず」として，**自力による修行の重要性**を説いている。そして，「仏祖の道はただ坐禅なり。他事に順ずべからず」として，祈禱や念仏などを排して，**ただひたすら坐禅に努めるべきこと（只管打坐）**を説き，坐禅を中心にした日々の生活すべてを厳しい修行の場と捉える姿勢を打ち出している。　　　　　　（→ⓐ）

2 道元：身心脱落・修証一等

　道元の坐禅は黙照禅，すなわち無念無想の坐禅である。無念無想であるならば，その状態は，永遠なるものに固執する心や自己への執着，すなわち煩悩もないということであり，身からも心からも煩悩が脱落した悟りの状態（**身心脱落**）となる。そのため道元は，坐禅は単なる悟りの手段ではなく，**坐禅そのものが悟り**，すなわち悟りと坐禅は等しいもの（**修証一等**）であるとした。
（→ⓑ）

ⓐ

　臨済宗の開祖・**栄西**もまた禅を重視した。彼の坐禅は公案禅（看話禅）で，すなわち師から与えられた問題（公案）を考えながら行う坐禅であった。これに対し道元の場合は，考えることさえなく，ただひたすら坐ることを主張した。ちなみに，只管の訓読みは「ひたすら」である。

ⓑ

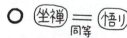

　修行と悟り＝証果は一つであり等しいこと，という意味で「修証一等」なのである。

3 日蓮：法華経の行者・四箇格言

日蓮は，末法になり世が乱れたのは，正しい教えが軽んじられているからであると考えた。すなわち正しい教えである『法華経』にみなが帰依することで，危機は克服できるとし，法華経第一の姿勢を強く打ち出した。そのため彼は，自らを「法華経の行者」と自覚し，これを広めるべく活躍した。そのため「四箇格言」を説いて他宗を排斥することにみられるような激しい布教（折伏）を実践し，街頭での説法（辻説法）を行った。　　　　　　　　　　（→ⓒ）

ⓒ

「四箇格言」には「念仏無間（念仏を称えることは無間地獄への道）・禅天魔（禅は天の魔物）・真言亡国（真言宗は国を滅ぼす）・律国賊（律宗（奈良仏教の一派）は国賊）」という意味がある。法華経を重視した天台宗が入っていない点に注目しよう。

4 日蓮：唱題

『法華経』は正しくは「妙法蓮華経」という。日蓮は，『法華経』の功徳はその題目（題名）に集約されていると考え，題目「南無妙法蓮華経」を唱えること（唱題）を重視した。これにより，法華経に基づく安泰な国づくり（立正安国）が可能になるとして，鎌倉幕府にも改宗を迫った。

●鎌倉新仏教／三者の比較

	親鸞	道元	日蓮
宗派	浄土真宗	曹洞宗	日蓮宗
経歴	いずれも最澄が開いた比叡山（延暦寺）にて学ぶ。		
末法思想	肯定	否定	肯定
着眼点	阿弥陀仏の力（他力）による浄土への往生をめざす。	自己の仏性を顕すための自力修行を重視。	法華経による立正安国（国家の安泰）をめざす。
行法	他力による念仏「南無阿弥陀仏」	坐禅（黙照禅）	提唱題目（唱題）「南無妙法蓮華経」

第3章　日本思想　113

演習問題　正誤判定

1. 親鸞・道元・日蓮の新仏教はいずれも，末法の世に生きていることが救済にとって重要な意味を持っているとした点で共通している。

2. 道元の「学人は只管打坐して他を管することなかれ」という言葉は，彼のひたすらな修行の姿勢を示している。

3. 日蓮によれば，法華経は，釈迦の教えの真髄を述べたものである。救われるためには，信者はその全巻を読むことが望ましいが，それは凡夫には困難であるから，ただ法華経への依拠を表す題目だけを一心不乱に唱えるがよい。

4. 道元の説く坐禅は，自分が悟ることを求めて修行するような坐禅ではなく，ただそのままが真実の現れである行，すなわち自然法爾であった。

5. 道元は，仏祖に倣った坐禅において身心脱落が実現し，自己本来の仏性が自覚されるのだと説いた。

解答・解説

1. [×] **道元**は末法思想をしりぞけ，**自力での悟り**を説いている。

2. [○] **只管打坐**とは，ひたすら坐禅に励み，他事を中心としてはならない，という意味である。

3. [○] **日蓮**は**法華経**を重視し，その**題目を唱える**べきことを説いた。

4. [×] 自然法爾ではなく**只管打坐**。**自然法爾**は**親鸞**の用語で，すべては阿弥陀仏のはからいである，という意味。

5. [○] **身心脱落**は，道元の悟りの境地を表す言葉。

ぷらすα　【鎌倉新仏教】

　鎌倉時代に興隆した新しい仏教宗派は，しばしば「**鎌倉新仏教**」と称される。これは，法然・親鸞・道元・日蓮などいずれも，**教義の単純化**とともに，念仏・坐禅・唱題のように**行法を簡素化**することで，信仰の内面化と**庶民層への浸透**を進め，日本独自の仏教の特色を吹き込もうとしたことによる。

　また，仏教の浸透は日本の美意識にも影響を与えた。たとえば，吉田兼好の『**徒然草**』には「世は定めなきこそいみじけれ」として，**無常**そのものを**肯定する姿勢**が打ち出されており，仏教的無常観の影響を見ることができる。

日本思想 6 朱子学と陽明学

このテーマの Key Words

1. 林羅山：上下定分の理・存心持敬
2. 山崎闇斎：垂加神道
3. 中江藤樹：孝・愛敬

1 林羅山：上下定分の理・存心持敬

江戸時代に入ると，儒学が思想界の中心となった。なかでも**朱子学**(→p.40)は，幕府の支配体制にとって好都合であったため，**官学的地位**を占めるようになった。江戸幕府に仕えた**林羅山**は，自然に上下があるのと同じく，人の身分にも上下があるとする**上下定分の理**を説いた。そして，理によって気（私情）を抑制する**敬**(→p.40)を最重要の徳目とした（**存心持敬**）。　　（→ⓐ）

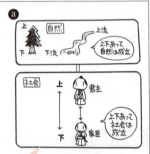

「万物を見るに皆上下あり。…人にも君は尊く臣は卑しきものぞ」。江戸幕府が身分制度により支配体制を固めていたことを思い出そう。

2 山崎闇斎：垂加神道

朱子学者の山崎闇斎は，日本古来の精神の優位性のもとに朱子学と神道の合一を説き，**垂加神道**を創始して皇室崇拝を唱えた。

3 中江藤樹：孝・愛敬

朱子学がともすれば外面的礼儀（形式）のみを重んじがちであることに疑問を感じ，**内面的な原理こそを追求すべき**だとしたのが，**中江藤樹**である。彼は，陽明学に接近するなかで，相手を愛し敬う心である**孝**を人間関係の根本に置き，これを時期・場所・身分（**時・処・位**）に応じて**実践**することが重要であるとした。　　　（→ⓑ）

「孝」でイメージされることとして，親孝行の「孝」があるが，「孝」にはこれ以外にも君主を愛敬する「忠」などもある。藤樹によれば，これはあらゆる人間関係の根本であり，万事万物の道理でもあるとしている。

第3章　日本思想　115

演習問題 正誤判定

1. 朱子学は，人間本来の心のうちにおける「敬(つつしみ)」と，その心が外に形をとってあらわれるところの「礼儀」を重視する。

2. 徳川幕府は儒教の中で特に朱子学を奨励したが，それは，朱子学が，知行合一を主張する実践的な立場から，社会の中で恵まれない人々を救済するための直接行動の理論を提示したからであった。

3. 林羅山が説いた上下定分の理とは，聖人の定めた道に従って，身分制度などの社会のしくみが作られる，というものである。

4. 朱子学では，自然界・人間界を貫く普遍的な理法(「天理」「理」)を想定し，それを窮めそれに従うことが善とされた。そこから，人欲を悪とみなし，ひたすらこれを去って天理と一体化すべく，心を厳しく保つべきこと，すなわち持敬(じけい)が説かれた。

5. 朱子学は日本の文化にとっていわば中国からの輸入の学問であり，神道などの日本の固有の文化を厳しく排除しようとする。

6. 中江藤樹の主張の基本にあるのは，血のつながる者同士の自然な情愛が，天地を貫く道の根本であるとする考えである。

6 朱子学と陽明学

解答・解説

1. [○] 居敬のこと。**朱子学**は封建社会を維持する思想的役割を担った。

2. [×] 直接行動の理論を提示したならば，封建社会の秩序を維持する思想にならない。また，**知行合一**を主張したのは陽明学である。

3. [×] **身分秩序は自然法則**と同じだとして，人為的とは見なさない。

4. [○] 居敬・窮理(→p.40)，存心持敬の説明である。

5. [×] たとえば山崎闇斎は，朱子学と神道との合一を説いている。

6. [○] 孝の説明。孝は道徳心だけではなく，天地を貫く秩序でもある。

ぷらすα ━━━━━━━━【その他の人物】━

●朱子学者・**藤原惺窩(ふじわらせいか)**：近世儒学の祖とされる人物
　…仏教を批判し，僧侶から還俗(いったん出家して僧籍に入った者が，再び俗人に戻ること)した。弟子の林羅山を幕府に推挙した。
●陽明学者・**大塩平八郎**：「大塩平八郎の乱」
　…町奉行与力であった大塩平八郎は，飢饉に際し農民の窮状を救おうと挙兵したが，失敗した(大塩平八郎の乱)。

日本思想 7　古学派

このテーマの Key Words

1. 山鹿素行：士道
2. 伊藤仁斎：愛・誠
3. 荻生徂徠：安天下の道・経世済民

1 山鹿素行：士道

朱子学や陽明学は後の解釈にすぎないとして，**孔子・孟子などの原点に立ち返り，儒学を研究**する学派を**古学派**という。

直接に四書五経（→p.41）を学ぶべきと説いた**山鹿素行**は，平時における武士の道を説いた。それは，**農工商人らの道徳的指導者としての高潔さ**である。この新たな武士道を**士道**と呼んだ。　　　　（→ⓐ）

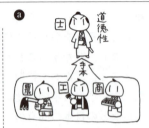

武士に道徳性があるからこそ，身分秩序の上位に位置するというのである。孔子が理想とした政治が徳治主義（→p.34）だったことを思い出そう。

2 伊藤仁斎：愛・誠

『**論語**』を重視した**伊藤仁斎**は，孔子の教えの核心を「**仁**」にあるとしたが，これを「**愛**」という語に置き換えた。人を愛することが道であり，その実践には純粋な心である「**誠**」が不可欠であるとした。

3 荻生徂徠：安天下の道・経世済民

古語や社会制度の研究にもとづいた古典解釈を説いた**荻生徂徠**は，儒学でいう道は天下を安泰にする政治の技法（**安天下の道**）であると主張した。また，道は古代の王（先王）が人為的に打ち立てた**礼楽刑政**（礼儀・学問や政治制度など）のことであり，儒学の目的は**経世済民**（世をおさめ民を救う）ことにあるとした。　（→ⓑ）

儒学を道徳から政治思想へと転換した点に，徂徠の意義がある。

第3章　日本思想　117

演習問題　正誤判定

1. 山鹿素行が説いた士道論によれば，為政者たる武士が本分として最も強く心がけることは，臣下として主君に絶対的忠誠を尽くすことである。

2. 伊藤仁斎は，孔子・孟子の教えにかえることで，儒教本来の精神を明らかにしようとした。その精神とは，日常の人間関係の中で，人と人が親しみあい，愛しあうことを意味する仁であった。

3. 伊藤仁斎によれば，孔子・孟子の教えを学びつつ，日々実践していくことは，孝を心のあり方として，時・処・位にかなうよう行為することであった。

4. 荻生徂徠は，道を，内面的な道徳ではなく，社会的な制度として捉え，天下を統治する方策を明らかにすることが儒者の務めであるとした。

5. 荻生徂徠は，人と人との心情的融合に道を見いだし，他者を偽ることのない「誠」の実践を重んじた。

6. 荻生徂徠によれば，天下を簒奪したおのれの罪をのがれようとして，それを正当化すべく，天命や道という観念をこしらえ出したのが聖人である。

7 古学派

解答・解説

1. [×] 　武士は庶民の道徳的模範であるべきことを説いている。

2. [○] 　伊藤仁斎は古学を唱え，儒教の核心が仁にあるとした。

3. [×] 　中江藤樹（→p.114）の記述。誠の心を追求し，他者への忠信を尽くすよう努めることが，仁斎の説く「実践」の内容である。

4. [○] 　荻生徂徠は，儒学を，道徳から政治思想（経世済民の学）へと捉え直した。

5. [×] 　伊藤仁斎についての記述である。

6. [×] 　聖人が，礼楽刑政を整え，秩序や文化をもたらしたとした。

ぷらすα　━━━━【古学の手法とその影響】━━━━

●**伊藤仁斎の古学**…本文に即して原典を字義どおりに精読する⇒「**古義学**」

●**荻生徂徠の古学**…五経（→p.41）に散逸した古典「楽経」を加えた**六経**を重視し，文献学的手法による研究を行う⇒「**古文辞学**」
徂徠の実証的研究手法は，これを日本古典に適用することで，古代日本の精神を研究した国学（→p.118）の成立に対し，大きな影響を与えたといわれる。

国学の思想

日本思想 8

> このテーマの
> Key Words

1. 賀茂真淵：ますらをぶり（益荒男振）
2. 本居宣長：惟神（かんながら）の道・真心
3. 本居宣長：もののあはれ

1 賀茂真淵：ますらをぶり（益荒男振）

仏教や儒学は外来思想であるとして，**日本の伝統的な精神と文化（古道）を探ろう**というのが，**国学**である。（→ⓐ）
賀茂真淵は『万葉集』を研究し，歌を貫く精神は**高く直き心**（＝おおらかな自然で素直な心）であるとした。そして，それが表れた風格を男性的な雄々しさ（**ますらをぶり**）と捉え，これを理想とした。

2 本居宣長：惟神の道・真心

賀茂真淵の後継者である**本居宣長**は，**『古事記』の研究**を通じて，古道を**惟神の道**と捉えた。これは「かみ・あるがまま」という意味で，神々によってつくられた，**あるがままの道**である。人の心も**あるがままの心**（＝**真心**）が大切であり，これを抑圧する儒仏思想を**漢意**として斥けた。（→ⓑ）

3 本居宣長：もののあはれ

本居宣長はまた，さまざまな事象に接したときに生まれるこまやかな情趣である「**もののあはれ**」を文芸の本質と考え，こうした情趣を表す「**たをやめぶり**（手弱女振）」（＝女性的なやさしい風格）を重視した。

日本で使われている文字がそもそも中国由来であり，文献を用いた古道の探求は容易ではないが，国学者は『古事記』や『万葉集』などの日本古典を文献学的に研究することで，その課題を達しようとした。

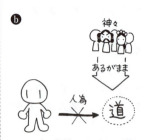

儒教や仏教の影響を受けた勧善懲悪の教訓に満ちた文芸に対して，本居宣長は感情的なものを重要視する姿勢をとったといえよう。

第3章　日本思想　119

演習問題 正誤判定

1. 本居宣長は，和歌や物語の本質を，揺れ動く感情を描くことにあると
捉え，欲望を規制する道徳とは異なる「道」の存在を説いた。

2. 賀茂真淵によれば，『万葉集』の「ますらおぶり」の世界にあらわれ
ているような，おおらかで率直な心をもって生きる姿に，真実の人間の
あり方が示されている。

3. 国学を大成した本居宣長は，作為的な議論によって，神の道に従う生
き方を見失わせるものが中国文化であり，日本文化のあり方を歪めると
して，これを批判した。

4. 賀茂真淵によれば，『古事記』に描かれた神々の事跡の中に，「生まれ
つきたるままの心」としての真心に生きる，人間の本来の姿が示されて
いる。

5. 本居宣長は「もののあはれを知る心」を重視したが，これは，物事を
もっぱら悲しみと言う感情でとらえる心のことである。

6. 平田篤胤は，本居宣長の国学を復古主義の立場から展開させ，大和魂
を尊皇思想と結びつけて日本人に固有な精神と解釈した。

8
国学の思想

解答・解説

1. [○] 　本居宣長は，人間の自然なままの感性を重視した。
2. [○] 　賀茂真淵は，『万葉集』の研究を通じて古道を探求した。
3. [○] 　漢意の内容についての記述である。
4. [×] 　これは本居宣長の古道論。宣長は『古事記』研究で知られる。
5. [×] 　悲しみだけではなく，物事にふれて生じる素直な感情である。
6. [○] 　平田篤胤の思想は，幕末期の尊王攘夷運動の理論的支柱となった。

ぷらすα 【国学の先駆者と後継者】

●**先駆者：契沖，荷田春満**
　　…国学の先駆者には，『万葉集』の注釈で知られる契沖，『古事記』や
　『日本書紀』の研究の基礎を築いた荷田春満などがいる。
●**後継者：平田篤胤**
　　…本居宣長の「死後の門弟」としてその後継者を名乗る。国学を神道と
　結びつけて宗教化し，儒仏の要素を排した復古神道を発展・大成させ
　た。また天皇の絶対性を説き，幕末期の尊王攘夷運動の理論的支柱と
　なった。

日本思想 9 **民衆の思想**

このテーマの Key Words

1 石田梅岩：商人道＝「正直と倹約」
2 安藤昌益：万人直耕・自然世
3 二宮尊徳：天道・人道

1 石田梅岩：商人道＝「正直と倹約」

商人出身の石田梅岩は，神道や儒学・仏教などを融合して独自の庶民道徳「心学」を説き，商人の利潤追求を肯定した。そして，身分秩序を社会的分業と捉え，自己の身分をまっとうする姿勢（知足安分）を説いた。また，悪徳商人は盗人であるとして，正直と倹約を中心的徳目とした。　（→ⓐ）

ⓐ 梅岩は「商人の買利は士の禄（給与）に同じ」として，武士と商人の違いは「職分」であるとした。

2 安藤昌益：万人直耕・自然世

「忘れられた思想家」とも称される安藤昌益は，自らの食を自ら生産することが正しい道だとして，万人が直接に農耕をなす（万人直耕）世である「自然世」を理想とした。そして，武士や商人など農耕をせずに食をむさぼる者（不耕貪食之徒）がはびこる封建社会を「法世」として批判した。

3 二宮尊徳：天道・人道

貧困な農村の建て直しに従事した二宮尊徳は，農業は，天地自然の働き（天道）と，勤労など人間の働き（人道）とにより成立するとして，天道への感謝と人道の実践を重視した。これは，自らの徳（人道の実践）によって，天道や他者の徳に報いること（報徳）を意味している。　（→ⓑ）

ⓑ 尊徳は，人道の実践には，合理的な生活設計（分度）と余剰を貯蓄し他者へ譲ること（推譲）があるとした。

第3章 日本思想　121

| 演 | 習 | 問 | 題 | 正誤判定 |

1. 石田梅岩が説いた商行為についての商人の正しいあり方の実践内容は，彼の「真実の商人は，相手も立ち，自分も立つように考えるものだ」という言葉に表れている。

2. 安藤昌益は，いかなる職業も上下の区別がなく神聖であり，仏道の実現のためには各自が職業に精励すべきである，と説いた。

3. 安藤昌益は，封建社会のような人為的社会は，人間の差別観や貧富の差を助長するから批判すべきである，と説いた。

4. 石田梅岩によれば，士・農・工・商の身分にとらわれずに職業を決定することは，公正な社会秩序の維持のためには不可欠である。

5. 二宮尊徳の説く「人道」の実践とは，収支を見通した生計をたて，勤労・倹約に励み，余剰を他にも譲る，というものである。

6. 武士の世界に対して，近松門左衛門は『日本永代蔵』の中で，自己の「知恵才覚」を発揮し，家業に精励することによって，経済的に成功した町人の群像を軽妙なタッチで描写し，町人の営利追求の精神を肯定的に表現した。

9 民衆の思想

解答・解説

1. [○] 　**石田梅岩**は，**正直**と**倹約**を旨とすることにより自他が立つとした。

2. [✕] 　**安藤昌益**は，武士や商人を「盗人」とし，仏教や儒教なども現行の社会維持のための思想であるとして批判している。

3. [○] 　法世に対する批判で，昌益は**万人直耕**を唱えた。

4. [✕] 　梅岩は**知足安分**を唱え，封建的身分制度を否定していない。

5. [○] 　**分度・推譲**の内容を記述したもの。

6. [✕] 　近松門左衛門ではなく**井原西鶴**である。

ぷ ら す α 　　　　　　　　　　　　　　　【その他の人物】

● **井原西鶴**（さいかく）：**浮世草子作家**（うきよぞうしさっか）
　…町人社会の世相風俗を描いた小説（浮世草子）において，さまざまな快楽や富を追求する町人の姿を共感的に描いた。

● **近松門左衛門**：**浄瑠璃作家**（じょうるり）
　…心中物や歴史物の人形浄瑠璃脚本で一世を風靡した。義理と人情との板挟みに悩む町人の姿を描いた。

日本思想 10 洋学と幕末期の思想

このテーマの Key Words

1 洋学：和魂洋才
2 佐久間象山：東洋道徳・西洋芸術
3 吉田松陰：尊王攘夷

1 洋学：和魂洋才

江戸時代の日本は鎖国をしていたが，おもにオランダを通じて西洋の学芸（**洋学**）が伝来し，人々に影響を与えていた。**新井白石**は，測量術など**実用技術面に限っては西洋の知識が優れている**ことを認め，これを紹介した。

2 佐久間象山：東洋道徳・西洋芸術

このため，洋学の受容は技術面に限る，というのが一般的であり，道徳や思想の面では儒学が優秀であるという考えが前提であった。朱子学者であった**佐久間象山**は「**東洋道徳・西洋芸術**」と述べ，東洋の儒学道徳をベースに西洋の芸術（＝科学技術）を摂取することが，日本のとるべき道であると説いた。同様の姿勢はこの他，**横井小楠**によっても説かれた。（→ⓐ）

3 吉田松陰：尊王攘夷

幕末の動乱期には，天皇中心の統一国家を樹立すべきとする思想（**尊王論**）も，大きな影響力をもっていた。（→ⓑ）
吉田松陰は尊王攘夷論者の代表人物である。彼は**松下村塾**で，明治期に活躍する多くの人物を育成した。

ⓐ

こうした姿勢は「**和魂洋才**」（魂は和式・才[技術]は洋式）とも表現される。横井小楠は，「堯舜孔子の道を明らかにし，西洋器械の術を尽くす」と表現している。

ⓑ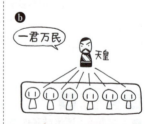

「攘夷」は外国勢力の排斥を意味する。松陰は天皇に忠を尽くすためには，「**誠**」という純粋な心情が大切であると説いた。

第3章　日本思想　123

演習問題　正誤判定

1. 西洋文明の受容の仕方に先鞭をつけたと目される新井白石は，禁を侵して日本に潜入し捕らえられた神父を尋問し，西洋の学問・知識は東洋のそれと比べて「いわゆる形而下なるもの」に詳しく「形而上なるもの」については今だ十分考究されていない，と記しているが，これは，物理・科学などの基礎的学問は深く詳細だが，その知識を実用化する点で遅れているということを意味している。

2. 幕末の洋学者たちの多くは，道徳の面では伝統的な儒教がすぐれているとしても，軍事技術や産業の面では西洋の知識を取り入れる必要がある，と考えるようになった。

3. 佐久間象山と同時代の横井小楠は，西洋の民主主義やキリスト教を儒教的に読み替えて，「堯舜孔子の道を明らかにし，西洋器械の術を尽くす」と述べて，「大義」を世界に実践し，「民富」をはかる実学を提唱した。

4. 和魂洋才という言葉は，西洋の科学技術は積極的に摂取しながら，道徳や思想の面では東洋・日本に伝統的なものを堅持しようとする傾向を表している。

10 洋学と幕末期の思想

解答・解説

1. [✗]　実用的知識は深いが，道徳観や宗教教説は不合理，という意味。

2. [○]　佐久間象山の「東洋道徳・西洋芸術」が代表的立場である。

3. [○]　横井小楠も，佐久間象山と同様の姿勢を唱えた人物。

4. [○]　精神は日本・東洋，技術は西洋，という意味。

ぷらすα　　　　　　　　　　　　　【洋学の普及を担った人物】

● **杉田玄白・前野良沢**

　…オランダの医学書を翻訳し，『解体新書』として刊行。杉田は翻訳の困難さを『蘭学事始』に記している。なお，江戸時代には，西洋の学問はオランダ経由で流入したため，「蘭学」と呼ばれた。

● **高野長英・渡辺崋山**

　…高野長英は西洋医学を学んだ人物，渡辺崋山は洋学者・政治家。彼らは国際情勢についても海外から学ぼうとし，尚歯会を設立したが，鎖国政策を批判して弾圧された（蛮社の獄）。

※やや細かな日本史的な知識に属するが，一通りはみておこう。

日本思想 11 　啓蒙思想と自由民権思想

このテーマの Key Words

1. 福沢諭吉：「天は人の上に人を造らず」
2. 福沢諭吉：「一身独立して一国独立す」
3. 中江兆民：恩賜的民権・回復的民権

1 福沢諭吉：「天は人の上に人を造らず」

明治期に入り，西洋思想が受容される中，**福沢諭吉**は自然権思想（→p.64）に注目した。それは，人は生まれながら**自由・平等**の権利をもっているという考えで，「**天賦人権**（天が付与した人権）」とも称される。

2 福沢諭吉：「一身独立して一国独立す」

福沢諭吉は，学問を積むことで西洋の独立心を習得し，個人としても独立した生き方（**独立自尊**）が可能になるとした。また独立の気風が高まることで，**日本の国家的独立も達成される**とした。（→ⓐ）そして，独立自尊の精神を身に付けるには，儒学ではなく現実に役に立つ「**実学**（＝数理学）」を学ばなければならないとした。

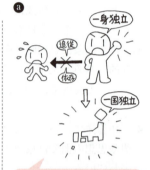

福沢は国家的独立を重んじる立場から，後に「**脱亜論**」を説いた。日本は未開・野蛮なアジアから脱しつつある「半開」であるから，欧米と進退をともにするべきであるというものである。

3 中江兆民：恩賜的民権・回復的民権

同じく民権（人権）思想に注目した**中江兆民**は，民権を，フランス革命などに見られるように人民自らの力で勝ち取った**回復的（恢復的）民権**と，為政者が恵み与えた**恩賜的民権**に区分して論じた。さらに，日本では，恩賜的民権を育て上げ，回復的民権の実質を得ることが大切だと主張した。
（→ⓑ）

市民革命を想起しよう。なお，中江はルソーの思想を学び紹介したことから，「**東洋のルソー**」とも称される。

第3章　日本思想　125

演習問題 正誤判定

1. 福沢諭吉が重視した数理学とは，西洋文明において科学技術の発展に貢献した近代諸科学であり，広くは「自然の原理」を重んじる合理主義的精神を指す。

2. 福沢諭吉が重視した独立心とは，人間を万物の中で至高のものと認識し，それにふさわしい自己を確立していく精神を意味する。言いかえれば，西洋芸術の実現としての独立をめざすものである。

3. 福沢諭吉，中村正直をはじめとした啓蒙思想家たちは，伝統的な権威の否定と人間の理性による社会や生活の見直しを説いた。

4. 中村正直は，西洋の固有の精神を「哲学（フィロソフィー）」のうちに求め，その精神を摂取しようと努力した。

5. 中江兆民は，著書『三酔人経綸問答』の中で，為政者が人民に権利を恵み与えることはありえないから，人民は為政者から権利を獲得するための闘争をしなくてはならない，と主張した。

11 啓蒙思想と自由民権思想

解答・解説

1. [○]　西洋の合理的精神である**数理学**（**実学**）を重視した。

2. [×]　西洋芸術（→p.122）ではなく権利（**権理通義**）である。

3. [○]　啓蒙（→p.68）とは，合理的思考による旧体制からの解放を目指すことである。

4. [×]　中村正直ではなく，同じく**明六社**の同人であった西周である。

5. [×]　**回復的民権**が望ましいが，**恩賜的民権**もありうる。

ぷ ら す α　━━━━━━━━━【明六社とその同人】━

　日本に西洋思想を紹介し，人々の啓蒙を図る活動の拠点となったのが，明六社であった。明六社とは，初代文部大臣となった森有礼の発議により，1873（明治6）年に創設された団体で，雑誌を発行するなどして，その任にあたった。おもな同人には，福沢諭吉のほか，次の人々がいる。
- 西周 ………西洋精神の拠りどころである「哲学」の摂取を主張し，理性・主観・哲学などの用語を訳した。
- 中村正直 ……J.S.ミル（→p.70）の功利主義などを紹介した。
- 西村茂樹 ……（→p.128）

日本思想 12 キリスト教と社会主義

このテーマの Key Words
1 内村鑑三：「2つのJ」（Jesus・Japan）
2 内村鑑三：無教会主義
3 幸徳秋水：大逆事件

1 内村鑑三：「2つのJ」

教育勅語（→p.129）に最敬礼をしなかったとして，教職を追われた（**不敬事件**）**内村鑑三**は，キリスト教が「愛する日本国を救うただ一つの能力」であり，「愛国心はキリストのため」だとして，自らの生涯を**イエス**と**日本**（＝**2つのJ**）に捧げることを決意した。この背景には，**日本の武士道がキリスト教の精神的な支柱になる**という考えがあった。　　　　　　　　　　（→ⓐ）

ⓐ 内村は，日本の武士道の上にキリスト教の教えは開花するとして，「**武士道の台木に接木せられたキリスト教**」を説いた。

2 内村鑑三：無教会主義

内村は同時に，直接に聖書に立ち向かうとして，教会を拠り所としない独自の信仰上の立場である**無教会主義**を打ち出した。

3 幸徳秋水：大逆事件

中江兆民の弟子であった**幸徳秋水**は，日本の資本主義化に伴って生じた社会問題の矛盾の解決策として，**社会主義**（→p.82）に注目し，『**平民新聞**』を拠点にその普及に努めるとともに，**帝国主義政策を厳しく批判**した。その後，天皇暗殺を企てたとされて死刑となった（**大逆事件**）。　（→ⓑ）

ⓑ 幸徳は，**愛国心**を縦糸とし**軍国主義**を横糸とする織物である帝国主義が平和や道徳を破壊する元凶だと，主張する。そして，社会主義とは衣服の競争を廃止して高尚な知徳の競争を始めるためのものであると主張した。

第3章 日本思想　127

演習問題 正誤判定

1. 内村鑑三は、「私どもにとりましては、愛すべき名とて天上天下ただ二つあるのみであります。その一つはイエスでありまして、その他のものは日本であります」と述べている。

2. 内村鑑三は、自らのキリスト教信仰が、国学の精神に接ぎ木されたものであると述べている。

3. 内村鑑三は、国を愛するとは、平和を守って日ごろから勤勉に正しく生きることだと説くとともに、聖書の言葉に直接向き合うことを重視し、イエスと日本に自分の生涯をささげることを誓った。

4. キリスト教との関係で日本の固有の伝統と外来の文化とをいかに統合し、あるべき日本と日本人を形づくるかの問題に取り組んだ新渡戸稲造は、日本人の心によって証せられ且つ領解せられたるものとしての神の国の種子は、その花を武士道に咲かせた、と説いた。

5. 幸徳秋水は、中江兆民の思想を受けつぎ、自由民権思想からさらに社会主義思想へとその思想を展開させていった。

解答・解説

1. [○]　Jesus, Japanのいわゆる「**2つのJ**」についての記述である。

2. [×]　国学ではなく**武士道**である。

3. [○]　内村はキリスト教信仰と愛国心は精神的基底を同じくするとした。

4. [○]　**新渡戸稲造**は、**武士道**を重視し、それを海外へと紹介した。

5. [○]　**幸徳秋水**は**中江兆民**の影響を受け、のちに社会主義を主張した。

ぷらすα ──────【非戦論・その他の人物】

- **非戦論**（**内村鑑三, 幸徳秋水**）
  …日露戦争に際して、内村はキリスト教徒として、幸徳は社会主義者として、共同して戦争反対を主張した。
- **武士道**（**新渡戸稲造**）
  …国際連盟でも活躍した**新渡戸稲造**は、内村と同様に武士道に注目し、とくに英文の著書において、武士道を海外に紹介した。
- **社会主義**（**片山潜, 安部磯雄, 河上肇**など）
  …隣人愛の実現という立場から、社会主義に接近したキリスト教徒も少なくない。片山や安部はそうした人物の典型である。また、河上肇は、当初は人道主義の観点から社会問題、とくに貧困の問題にかかわったが、後には社会主義（マルクス主義）を主張するようになった。

12 キリスト教と社会主義

日本思想 13 伝統思想と大正デモクラシー

このテーマの Key Words

1 西村茂樹：国民道徳
2 三宅雪嶺：国粋主義
3 吉野作造：民本主義

1 西村茂樹：国民道徳

明治維新以降，欧化路線が推進されたが，次第に日本の伝統をないがしろにしているとの批判があらわれた。そうした中，**西村茂樹**は国家を支える国民としての道徳（**国民道徳**）の確立を説き，**儒教を根幹にした**上で，**西洋思想の長所も採り入れる**ことを主張した。そして，天皇奉戴の視点から忠孝などの徳目を強調するとともに，欧化政策を批判した。（→ⓐ）

この他，**徳富蘇峰**は，官僚中心の欧化主義を批判して**平民主義**を説いた。

2 三宅雪嶺：国粋主義

三宅雪嶺は，西洋の表面的な模倣を批判し，日本固有の精神的長所（＝国粋）を発揚すべきとする**国粋主義**を主張した。

3 吉野作造：民本主義

大正時代に入ると，民主主義的気風が高まった（**大正デモクラシー**）。大正デモクラシーの指導的役割を果たした吉野作造は，"democracy" に「**民本主義**」という訳をあて，「デモクラシー」は，主権の所在が天皇にあるか否かを問うものではなく，**民衆の意志を尊重**するとともに，**民衆の福利・幸福を目的**としたものである，ということを主張した。（→ⓑ）

"democracy" を「民主主義」と訳すと「国民に主権がある＝天皇は主権者ではない」として「国体に反する危険思想」と捉えられてしまう。そこで「民衆本位の政治＝民本主義」という訳をあてたとされている。

第3章 日本思想　129

演習問題 正誤判定

1. 西村茂樹は『日本道徳論』の中で，主権在民・天賦人権を主張し，抵抗権を認めることによって，国民道徳を確立すべきであると説いた。

2. 明治維新後の日本は，西洋文化を急激に受容するとともに，国家の統一もはからなければならなかった。『教育に関する勅語』では，道徳の根源を天皇と日本の伝統に求め，加えて儒教的・西洋的な徳目も重視した。神道を中心に儒・洋も併せて説かれたのである。

3. 昭和前期に強調された「国体」とは，日本に神代から続く不変の政治秩序を意味するものである。この強調から，アジアの占領地で天皇の崇拝が強制されることもあった。

4. 吉野作造は，民本主義の具体化のため，まず主権者である天皇の権力を制限することが重要であるとし，国民の意向による民定憲法の制定を主張した。

13 伝統思想と大正デモクラシー

解答・解説

1. [×] 主権在民や抵抗権は，**植木枝盛**の私擬憲法。西村は儒教を根幹に西洋哲学の長所を取り入れた国民道徳を説いた。

2. [○] 『教育勅語』は近代天皇制の思想的支柱であった。

3. [○] 天皇中心の体制が，古代から変わらぬ日本の姿だとされた。

4. [×] 吉野の**民本主義**は，天皇主権を否定していない。

ぷらすα ━━━━━━━━━━━━━━【教育勅語と「国体」】━

　明治憲法下の日本では，国家体制の確立・強化のため，「天皇は現人神(人の姿をとって現れた神)であり，日本は太古の昔から天皇中心の国家であった」との思想が打ち立てられた。こうした国家のあり方は「国体」と称され，それに異を唱えたり，疑問を持つ者は「許されざる者」(あるいは「非国民」)だとみなされた。

　こうした思想を国民に教化させるため，1890(明治23)年には教育勅語(教育に関する勅語)が発布された。勅語とは「天皇のことば」という意味であり，天皇への忠誠を尽くすべきことが説かれ，第二次世界大戦の敗戦までの間，国民教育や道徳の根本的指針とされてきた。この勅語は，学校の儀式などでも奉読され，天皇の写真(御真影)とともに最敬礼することが強要されていた(→p.126)。

日本思想 14 近代文芸の思想

このテーマの Key Words

1 北村透谷：実世界・想世界
2 夏目漱石：個人主義・自己本位
3 夏目漱石：則天去私

1 北村透谷：実世界・想世界

北村透谷は，文学を拠り所に思索を深めた者の一人である。現実の世界（実世界）における理想の実現や幸福ではなく，それに対抗する内面の世界（想世界）を重んじ，内面における自由や幸福を追求した。（→ⓐ）

2 夏目漱石：個人主義・自己本位

夏目漱石は，日本の文明開化は，自己の外部からのさまざまな圧力によって流されただけの外発的開化であると批判した。そして，大切なことは，他者に迎合する生き方ではなく，自己本位な生き方であるとして，個人主義を説いた。この個人主義は，すべての「個」を尊重するという趣旨であり，自己のみを中心とするエゴイズムは克服されるべきものと位置づけられる。

3 夏目漱石：則天去私

自己本位の生き方とエゴイズムの克服との両立は，困難な課題であった。そのため晩年の漱石は，小さな私を去り，大きな普遍的な流れ（天）に則った生き方（＝則天去私）を理想とするようになったといわれる。（→ⓑ）

ⓐ

北村の思索には，自由民権運動という現実の政治で挫折した自らの体験が大きく作用している。彼の「想世界」という思索は，近代的自我を覚醒する役割を果たしたとされる。

ⓑ

自己を貫くとエゴが生じかねず，かといって「情に棹させば流される（調子を合わせてうまくたちはたらくと周囲に流されてしまう）」。ここに個人主義とエゴイズム克服との困難が生まれる。

第3章　日本思想　131

演習問題　正誤判定

1. 北村透谷は，「想世界」に根源的な内部生命を認め，その横溢（おういつ）に現実世界に対する自己の自由の立脚点を求めた。

2. 夏目漱石は，英国留学体験に基づいて，現代日本の開化は，外発的開化のみに偏っており，内発的な開化のため西洋文化の基層をなすキリスト教を信仰すべきである，と主張した。

3. 夏目漱石によれば，日本の近代化は，西洋が自己自身の要求から生み出した文明を，いやおうなく，しかも短時間で受け入れようとしたものであった。これでは，日本の近代文明は，上すべりのものとならざるをえない。

4. 夏目漱石の説く個人主義とは，自己の本領を発揮し個性を伸ばすことが各自の幸福であるが，そのためには同時に他人がその個性を伸ばすことも認め，それを尊重しなければならない，というものである。

5. 島崎藤村は，自然主義文学の流れを確立するとともに，日本社会の伝統と慣習に深く入り込むことを通して，あるがままの自己を深く見つめた。

14 近代文芸の思想

解答・解説

1. [○]　北村透谷は，想世界を自由や幸福の立脚点とした。

2. [✕]　「キリスト教を信仰すべき」は不適。**自己本位の確立**が重要。

3. [○]　漱石は当時の近代化を，**外発的開化**であると批判した。

4. [○]　**自他の個の尊重**が課題であり，**エゴイズム**は厳しくしりぞける。

5. [○]　**島崎藤村**はロマン主義から出発し，後には**自然主義**を開いた。

ぷ・ら・す・α　　　　　　【その他の人物】

● **森鷗外**：「諦念」
　…『舞姫』で近代的自我と現実社会との葛藤を描いた。こうした葛藤においては自己の社会的立場を冷静に受け入れるべきだとした（＝**諦念**（ていねん）レジグナチオン）。

● **島崎藤村**（とうそん）：自然主義
　…自己の内面や事実を見つめ，それをありのままに描き出すべきだとする自然主義の先駆者。

● **与謝野晶子**：封建道徳の打破と個性の解放
　…自己の感情や官能を自由に表現し，封建道徳の打破と個性の解放をめざす。

日本思想 15 日本の独創的思想

このテーマの Key Words

1 西田幾多郎：主客未分・純粋経験
2 和辻哲郎：間柄的存在

1 西田幾多郎：主客未分・純粋経験

　参禅体験をもとに独自の思索を深めた**西田幾多郎**は，西洋哲学の前提である「主観－客観図式」を批判し，この区別は哲学の前提ではないとした。西田幾多郎は，事実ありのままを知るには，思慮を一切加えないのだから，主観・客観などという思慮さえも交えない状態（＝**主観も客観もまだ分離していない状態：主客未分**）にほかならないという。このことが「事実を純粋に経験すること（**純粋経験**）」であり，ここにおいて**真の実在が現れる**，とした。
（→ⓐ）

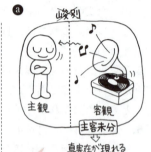

「美しい音楽」に没頭している人の耳には「美しい音楽」が実在している。しかし，その人は「私が聞いている主観／聞かれている対象は440Hzの空気の振動」などという分析的思慮はしていない。それをした瞬間，その人は「美しい音楽」に没頭できなくなる＝存在しなくなる。

2 和辻哲郎：間柄的存在

　倫理学者の**和辻哲郎**は，日本における倫理学の前提となるような独自の人間観を説いた。和辻によれば，人間は他の人々との共同の中で存在しているのだから，**人間を単純に個人として捉える見方は誤り**だという。しかし，各人は独立した存在なのだから，これを**単純に社会的存在**とするのも誤りだという。つまり人間は，個人と社会という二重の性格を併せもつ存在なのだから，**人と人との「間柄的存在」**として捉えられるべきである，としたのである。（→ⓑ）

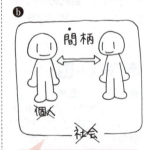

「間」という言葉は，「木と木の間」のように，複数の，しかも独立したものがあってこそ使える言葉であることを思いだそう。

第3章　日本思想　　133

演習問題　正誤判定

1. 西田幾多郎は，自らの参禅体験を生かしながら，西洋哲学の概念を駆使して独自の哲学を形成した。彼は，我と物，主観と客観とが対立する以前の，物心一体，主客未分の状態を純粋経験と名づけ，これこそが最も直接的で具体的な真の実在であるとした。

2. 和辻哲郎によれば，独立した個人である人間同士が，ともに社会の新たな規範を創造して行くところに，間柄的存在としての人間のあるべき姿がある。

3. 柳田国男は，体系化された思想や思想家の著述などではなく，日本人の暮らし方のうちに，日本文化の基層を追究することの必要性を説き，常民が先祖の霊を身近なものとする祖先崇拝を受けついできたことを指摘した。

4. 柳宗悦は，ふだん何気なく使っている用具に「美的価値」を認めて，それを「民芸」の概念に結実させた。

15
日本の独創的
思想

解答・解説

1. ［○］　主観と客観とが対立・分化していない状態が，純粋経験である。

2. ［✕］　和辻によれば，人間は全くの個人ではないのだから，人間を独立した個人的存在としているのは不適当。また，同時に社会的存在でもあるのだから，「社会…を創造」という記述も不適当である。

3. ［○］　柳田国男は日本民俗学の祖。常民とは文字史料に残らなかった庶民のことである。

4. ［○］　柳宗悦は民芸運動の創始者である。

ぷらすα　　　　　　　　　　　　　　　　　　【その他の人物】

● 柳田国男：日本民俗学の祖
　　…文献中心の歴史学は貴族や武士などの歴史になるとして，民話や芸能等の民間伝承の研究を通じて，文字史料に残らなかった庶民（常民）の姿を明らかにし，日本文化の基層を捉えようとした。
● 折口信夫：国文学者・民俗学者・歌人
　　…日本の神の原像は，理想の世界（常世国）から来訪する霊的存在，すなわち「まれびと（＝来客・客神の意）」であると考えた。
● 柳宗悦：民芸運動の提唱者
　　…実用的な民衆的工芸の美的価値を重んじた。

日本思想 16 日本の美意識と風土

1 日本的な美意識
2 和辻哲郎：「風土」

1 日本的な美意識

仏教受容により「無常」が美として定着したように（→p.113），美意識も時代により変化している。

■日本の美意識の変化

古代以来	「花鳥風月」にみられる，具体的な自然の変化。
平安時代	「みやび」にみられる，優美で上品な洗練されたさま。
平安時代	「あはれ」にみられる，しみじみとした感情。
鎌倉時代	「幽玄」にみられる，味わい深く優雅な情趣。
室町時代	「わび・さび」にみられる，簡素・閑寂な風趣。
江戸時代	「粋」にみられる，さっぱりとしたあかぬけたさま。

こうした美意識は，さまざまな芸道により表現された。「幽玄」は世阿弥に代表される能楽や，雪舟に代表される水墨画により，また「わび」は千利休が大成した茶の湯によって表現された。

2 和辻哲郎：「風土」

和辻哲郎（→p.132）によれば，諸文化のあり方はその風土の特質によって特徴づけられるとした。風土は大きく次の3つに分けられる。　　　　　　　　　（→ⓐ）

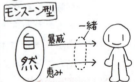

モンスーン型の文化が「受容的」であるのは，恵みを得るには暴威を甘受しなければならないからだという。砂漠型は厳しい気候に立ち向かうため戦闘的であり，牧場型は規則的なので計画的である。

型	モンスーン型	砂漠型	牧場型
地域	南〜東アジア	西アジア・アフリカ	ヨーロッパ
風土	暴威をふるい恵みをもたらす自然	激しく脅威な自然　不毛な土地	穏やかで規則的に運動する自然
文化	受容的・忍従的	対抗的・戦闘的	合理的・計画的

第3章　日本思想　135

演習問題 正誤判定

1. 　和辻哲郎は，日本と外国との文化の相違を生むものとしての間柄について，留学先やその途上で寄港した各地での体験をもとに思索を深めた。

2. 　茶道や華道などの芸道の成立には禅宗の影響が大きいとされているが，それは，行住坐臥の一瞬一瞬を，厳しい修行として把握する禅宗の考え方が，日常生活のしぐさやふるまいのうちに，美を追求する姿勢を生んだことに由来する。

3. 　平安時代末期以来，日本は神々の加護を受けた特別な国であるとする神国思想も徐々に普及しはじめた。対外的危機の高まりなどから，神国思想は流行し，仏教よりも神道を上位におく伊勢神道なども生まれた。

解答・解説

1. ［**✕**］ 間柄ではなく**風土**。**間柄**は和辻の人間観である（→p.132）。

2. ［**○**］ 室町時代に発達した芸道は，禅宗の影響を受けている。（→p.111）

3. ［**○**］ 対外的危機の典型が，鎌倉時代の元寇。

16 日本の美意識と風土

ぷらすα　　　　　　　　　　　　　　　【主な神道の系統】

　日本古来の「カミ」信仰（→p.102）のうえに，神を崇める宗教である**神道**が形成されていった。しかし，神道は時代によりその立場を変えていった。おもなものを簡単にまとめてみよう。

古神道	「八百万神」的な自然信仰や祖先信仰が基盤（→p.102）
両部神道	本地垂迹説（→p.107）にたつ仏主神従の神道
伊勢神道 度会神道	鎌倉時代に興隆。日本を神国であるとみなし，反本地垂迹説（→p.107）にたつ神道
吉田神道	神道・儒学・仏教を融合し，神を第一とする神道
垂加神道	朱子学と神道の合一（→p.114）
復古神道	外来思想を排斥し皇室崇拝を説く（→p.119）
教派神道	国家神道とは別の民間神道諸派
国家神道	第二次世界大戦前に，政府が特別に保護した神道（→p.129）

136

演習問題 択一問題　　　　　　　　　　　▶解答は212ページ

1. 古代日本における祭祀に関する記述として**適当でないもの**を，次の①
～④のうちから一つ選べ。

① 祭祀に奉仕する者は，身心に付着した穢れを除くため禊を行った。

② 祭祀を執り行う者は，聖職者として政治的支配階層から排除されて
いた。

③ 祭祀を妨げる行為は罪とされ，これを犯した者には祓えが課せられ
た。

④ 祭祀の場では，神に対して欺き偽らない心のありようが重んじられ
た。

2. 聖徳太子が記したとされる「十七条憲法」の中には，煩悩の自覚に基
づく条文がある。その条文の要旨として最も適当なものを，次の①～④
のうちから一つ選べ。

① 聖人や賢人のようには知恵の明らかでない者が愚癡である。聖人や
賢人のようには才能の及ばない者が不肖である。愚癡不肖であっても
良知良能がある。その良知良能を失わなければ，愚擬不肖も善人の徒
なのである。

② 法による指導や刑罰による規制では，人々は法や刑罰に触れなけれ
ばよいと思い，悪を恥じることがない。しかし徳によって導き，礼に
よって規制すると，人々は悪を恥じるようになり，おのずから善に至
るものである。

③ 心のなかに怨みを抱かず，怒りを棄てよ。人はそれぞれ自分が正し
いと思い他人が間違っていると思い込む。しかし自分が必ずしも聖人
なのではなく他人が必ずしも愚者なのでもない。ともに欲望にとらわ
れているのである。

④ 人間の性質は悪であって，善なるものは偽（人為）である。人間は生
まれつき利益を好み，妬み憎んだりする傾向があり，それに従うと争
い合い秩序がなくなる。聖人はそれを見て，礼や法を制して人間の性
質を正したのである。

3. 本地垂迹説の説明として最も適当なものを，次の①～④のうちから
一つ選べ。

① 日本古来の神々を本とし，神が仏に衆生の救済をさせているとする説。

② この世のすべてを神と仏の計らいによる自ずからなる働きとする説。

③ 一切の執着を離れて悟りの境地に入れば，神仏と一体になるとする説。

④ 真理の根源である仏が衆生を救済するために神となって現れるとする説。

4. 慈悲に基づく利他は様々な仕方で実践されたが，密教の場合の説明として最も適当なものを，次の①～④のうちから一つ選べ。

① 凡夫の無力さの自覚を踏まえ，まず往生し成仏を遂げ，再びこの世に還るときこそ真実の利他をなそうと誓って，念仏を唱えた。

② 行者がその身と口と心において仏と一体化を遂げるとき，仏としての救済力を他に及ぼしうるとして，除災や招福の祈禱をした。

③ ひたすら坐禅に打ち込み，日々の生活のすべてを厳しく律することを通じて，自ら仏の智慧と慈悲を獲得しようと努めた。

④ 正しい教えが見失われた時代には，まず人々の迷妄をくじき破ることにこそ慈悲があるとして，迫害を恐れず他宗を批判した。

5. 親鸞の思想についての記述として最も適当なものを，次の①～④のうちから一つ選べ。

① 阿弥陀仏の救済の力は絶大である。念仏を唱える人間は誰でも浄土に往生できるが，そのためには自己の煩悩を自覚し，日常生活のすべてを捨てなければならない。

② 念仏を唱えること以外の，一切の自力の修行を廃すべきである。阿弥陀仏は煩悩を抱えた人間のために称名念仏を選んだのだから，それのみを修行すれば往生できる。

③ 自力の修行で煩悩を克服することは困難である。浄土に往生するためには，日頃念仏を唱えるとともに，臨終の際に煩悩が生じないようにすることが特に重要である。

④ 煩悩を抱えた人間が浄土に往生できるのは，完全に阿弥陀仏の救済の力による。自ら唱えているように思っている念仏や信心すら，阿弥陀仏の働きに由来する。

6. 坐禅の背景にある**考え方**をa・bから，その考え方を表す**資料**をア・イからそれぞれ選ぶとき，組合せとして最も適当なものを，下の①〜④のうちから一つ選べ。

考え方
a 仏の力によってのみ浄土で救済される。
b この世でみずから修行することで悟ることができる。

資料
ア 善人なをもて往生をとぐ，いはんや悪人をや。しかるを世のひとつねにいはく，悪人なを往生す，いかにいはんや善人をや。
イ 仏道をならふといふは，自己をならふなり。自己をならふといふは自己を忘るるなり。自己を忘るるといふは，万法に証せらるるなり。

① a−ア ② a−イ ③ b−ア ④ b−イ

7. 以下の文章は，鎌倉新仏教の開祖たちの，神々や国土・国家に関する考え方を述べたものである。それらの中で，日蓮の思想について述べたものとして最も適当なものを，次の①〜④のうちから一つ選べ。

① この世界は，苦しみに満ちた穢土であるから，仏の慈悲にすがって，西方の極楽浄土に生まれかわることを願うべきである。その際，末法の世の煩悩に満ちた我々は，難しい修行は不可能であるから，ひたすら念仏を唱えるだけでよい。

② 日本は辺土であり，時代も末世であるから，従来と同じ修行方法では，悟りを開くことは困難であるという考え方もある。しかし，仏法においては，どのような国や時代に属しているかは本質的な問題ではない。釈迦と変わりない心身の修行を実践すれば，全く同じ悟りが得られる。

③ 日本の神々は，本来永遠の生命をもった釈迦を守るべき存在である。しかし日本の人々は，誤った仏法を信じているため，善い神々はこの国を捨てて立ち去ってしまっている。したがって，人々を早く真の仏法に帰依させ，国家の危機を救わなければならない。

④ 無限の光としての阿弥陀仏は，この穢土をも包み込んでいる。したがって，自分の悪を徹底的に自覚し，すべてを仏にゆだねた瞬間に，極楽浄土への往生は確定する。そうした信仰の人を神々も自然に守護するから，阿弥陀仏以外に神々を直接信仰する必要はない。

8. 次の文章は，中国などから伝わり，江戸時代の日本で独自に展開した思想に関連するものである。この文章の著者が受容した中国などから伝わった**学問**を**あ・い**から，この文章の著者が**主張**したことを**X・Y**からそれぞれ選ぶとき，組合せとして最も適当なものを，下の**①**〜**④**のうちから一つ選べ。

礼と云ものは，先代帝王の定めおかれた事也。「承天之道」とは，天は尊く地は卑し。天はたかく地は低し。上下差別あるごとく，人にも又君はたふとく，臣はいやしきぞ。その上下の次第を分て，礼儀・法度と云ことは定めて，人の心を治められたぞ。

学問

あ 朱子学　　**い** 陽明学

主張

X 形式的な礼儀や身分秩序を重視する考え方を批判し，心の内面と実践を重視する考え方を主張した。

Y 封建的身分秩序を思想的に根拠づけ，常に心の中に敬をもつ心の在り方を主張した。

① あ−X　　**②** あ−Y　　**③** い−X　　**④** い−Y

9. 古学派の儒者に関して，山鹿素行，荻生徂徠の主張として最も適当なものを，次の**①**〜**⑥**のうちからそれぞれ一つずつ選べ。

① 聖人は，言葉だけでは人を教えるのに不十分であることを知っており，礼楽を制作して，それによって教え導き，人を感化しようとしたのである。

② 農民は草莽の臣であり，商工は市井の臣である。臣として君を補佐するのが臣の道であり，商業活動も君が天下を治めることの補佐である。

③ 天が上にあり地が下にあるのが，天地の礼である。その天地の礼が人に生まれつき備わっているので，上下前後の秩序が成立するのである。

④ 学問して道を知ろうとするならば，まず漢意をきれいに取り除かなければならない。そうでなければ，古書を読んでも古の意は分からない。

⑤ 忠や義は，万民誰もがなすべきことだが，農工商は職業上余裕なき生活を送っているので，士が代わりに人倫を正す義務を有するのである。

⑥ 毎朝毎夕，心を正しては死を思い死を決し，いつも死身になっていれば，武士道と我が身が一体化し，家職を全うすることが可能となる。

10. 賀茂真淵は『万葉集』に日本人の理想的な精神を見いだしたが，その「理想的な精神」の説明として最も適当なものを，次の**①**〜**④**のうちから一つ選べ。

① 素朴で力強く，おおらかさを重んじる精神。

② 対立を避け，調和と秩序を重んじる「和」の精神。

③ 優しさを重んじる「たをやめぶり」の精神。

④ あらゆる外来思想を融合させた精神。

11. 井原西鶴と本居宣長の考えとして最も適当なものを，次の**①**〜**⑤**のうちからそれぞれ一つずつ選べ。

① 現実の世界は抽象的な理では捉えきれない，生き生きと生成する一大活物である。日常的な行為や心情も活物としての人間の働きであり，その中に条理がある。

② この世は「憂き世」ではなく，「浮き世」である。眼前の日常世界の中で，日々様々な快楽や富を追求するところにこそ，人間の生のありのままの姿がある。

③ 日常的な欲望や感情は，「やむを得ざる」自然なものであり，朱子学のように否定的に見てはならない。日常にかかわる道を行うことで，優れた治者たりうる。

④ 人間は，日常的な人間関係において愛敬の心を働かせている。それが普遍的な「孝」である。「孝」は人間関係のみならず，万事万物を貫いている道理でもある。

⑤ 日常生活において，物事に触れたときに生じる，楽しい，悲しい，恋しい，憎いなどの感嘆こそ本来的な心の働きである。人間は感嘆によって物事の本質を知る。

12. 石田梅岩の思想を表す記述として最も適当なものを，次の①〜④のうちから一つ選べ。

① 自分が現在このようにして存在するのは，天地や君，親などの大きな徳のおかげであり，その恩に徳をもって報いなければならない。

② すべての人間は自ら衣食住を自給すべきであるのに，武士や手工業者などは自分で耕作を行わずに農民に寄生している。

③ 自分を偽らず他者をも偽らないという純粋な心情である誠が，人間相互の仁・愛の根底になければならない。

④ 人は身分やそれぞれの持ち分に満足し，日常生活の中で正直と倹約に心がけ実践することが必要である。

13. 佐久間象山が唱えた「東洋道徳，西洋芸術」の説明として最も適当なものを，次の①〜④のうちから一つ選べ。

① 東洋の道徳は西洋の芸術に対抗できるものであるから，西洋の芸術を受け入れてもかまわない。

② 東洋では道徳が優れており，西洋では技術が優れているので，両者を兼ね合わせる必要がある。

③ 東洋の道徳では西洋の芸術を理解できないので，西洋の思想も受け入れなければならない。

④ 東洋の道徳と西洋の技術とは対抗関係にあるので，東洋の道徳を守る必要がある。

14. 近代日本の知識人は，儒学を批判したり，それに近代西洋思想を接合しようとしたりすることによって，新たな思想を形成していった。そのような思想的営みを展開した代表的思想家として，福沢諭吉や西村茂樹がいた。彼らの儒学に対する態度として最も適当なものを，次の**①**～**⑤**のうちからそれぞれ一つずつ選べ。

① 儒学は変化を好まず，古代に政治の模範を求め，世の中を停滞させる弊害を持つと批判した。しかし一方で，人心を野蛮から文明へと洗練発展させた歴史的功績については評価した。

② 海外に日本思想を説明する際，儒学などを背景に成立したと考えた武士道に着目した。そしてこの武士道精神は，キリスト教を受容する基盤ともなりうると主張した。

③ 日本の急激な西洋化による道徳秩序の混乱を危惧し，儒学と西洋哲学を折衷した国民道徳を創り出そうとした。そのため，道徳普及団体を組織し，学校教育にも影響力を持つに至った。

④ 個人を超え個人を律する儒学的な「天」という考えを否定し，自主自由の権利を主張した。そして国家・政府がそれを阻害した場合には，人民に抵抗する権利があるとした。

⑤ 儒学は形式主義的かつ非人間的であると批判し，それを排することを主張した。そして儒学に影響されない思想を探るため，古代の文献研究を積極的に進めた。

15. 内村鑑三はイエス（Jesus）と日本（Japan）という「二つのJ」を説いている。彼の考え方を述べた文として最も適当なものを，次の**①**～**④**のうちから一つ選べ。

① イエスへの愛と日本への愛は矛盾するものであるから，イエスへの愛と信仰に基づく直接行動によって，日本の強権的な国家と対決していかなくてはならない。

② イエスへの愛と日本への愛は両立しうるものであるから，日本は軍事的な国家としてではなく，イエスへの愛と信仰に基づいた道義的な国家として世界の中に存在しなくてはならない。

③ イエスへの愛と日本への愛は対立するものであって，日本はイエスへの愛と信仰に基づいたキリスト教国になり，旧いアジアから脱して，進んだ欧米の仲間入りをしなくてはならない。

④　イエスへの愛と日本への愛は一致しうるものであって，イエスへの愛と信仰に基づいた献身の精神によって，日本の伝統的な清明心を再生していかなくてはならない。

16. 他人に左右されない「自己本位」を自らの個人主義の根拠とした夏目漱石の考え方を述べた文として最も適当なものを，次の①〜④のうちから一つ選べ。

①　「自己本位」とは，他者への依存を捨てると同時に，他者をも尊重するものであり，エゴイズムを克服していこうとするものである。

②　「自己本位」とは，個性を自由に伸ばし，生まれながらの善意を生かすことによって，人類の意志を実現していこうとするものである。

③　「自己本位」とは，内面的自己としての人格を自覚し，古今東西の文化を広く摂取して，人格を成長発展させようとするものである。

④　「自己本位」とは，自己の内面の醜い現実を見つめ，一切の束縛を脱したありのままの自己と社会の実相を表現しようとするものである。

17. 自らの参禅体験をふまえて独創的な思想を形成した西田幾多郎の考えを説明した記述として最も適当なものを，次の①〜④のうちから一つ選べ。

①　主観と客観，精神と物質の対立は，認識を成立させる最も基本的な条件であり，真の実在は純粋な認識主観の確立によって正しく把握される。

②　主観と客観，精神と物質の対立は，分析的・反省的意識によってもたらされたものであり，真の実在は主客未分の純粋経験そのものである。

③　主観と客観，精神と物質の対立は，人間の有限な知性が設定した仮構であり，真の実在は坐禅の修行による神秘的啓示においてのみ知られる。

④　主観と客観，精神と物質の対立は，純粋経験が成立するための基本的条件であり，真の実在は主観的心情の純粋化によって直接把握される。

| コラム・3 | 原典資料・解釈・解説書（西洋思想2，日本思想1） |

章	人物	著作名	一言コメント
2	スピノザ	エチカ	副題「幾何学的秩序に従って証明された」。数学のような演繹体系によって議論を展開。
	ホッブズ	リヴァイアサン	国家権力を旧約聖書に登場する海獣リヴァイアサンになぞらえ，強力な権力による統治を論じた。
	ルソー	社会契約論	全人民の公共の利益を目的とする一般意志を指導原理とする社会契約を論じる。中江兆民は本書を『民約訳解』として翻訳。
	ルソー	エミール	主人公エミールの成長を描く形式で，精神の発達や教育について論じる。「第二の誕生」も登場。
	モンテスキュー	法の精神	法の観念や歴史を論じる。専制主義批判としての三権分立についても述べられる。
	ベンサム	道徳および立法の諸原理序説	法的，経済的側面から，道徳原理である「最大多数の最大幸福」実現のために，近代社会の自由と幸福を論じた。
	J.S.ミル	自由論	社会的，精神的自由を強調，思想・良心の自由を説く。中村正直が『自由之理』として訳した。
	カント	純粋理性批判	合理論と経験論を批判・総合し，人間理性の認識能力についての書。コペルニクス的転回が説かれる。
	カント	実践理性批判	意志の自律，道徳法則，定言命令などが記されている倫理学・道徳論の書。
	カント	判断力批判	理論と実践の間を媒介し，特殊なものから普遍的なものを求める判断力についての書。
	ヘーゲル	精神現象学	人間の意識が低次なものから段階的に発達し，絶対精神に至ることを弁証法的に論じた書。
	キルケゴール	死に至る病	実存を深めていく契機である絶望が，死に至る病であるとし，神によってのみ救われることを論じた。
	ニーチェ	ツァラトゥストラはこう語った	予言者ツァラトゥストラに「神は死んだ」と言わせ，超人や力への意志の永劫回帰を語らせる，小説形式の書。
	ヤスパース	理性と実存	理性と実存が不可分だとする理性的実存哲学の書。
	ハイデッガー	存在と時間	存在の意味を問い，世界内存在としての人間存在の特殊性，死への時間的存在についても論じた。
	サルトル	存在と無	存在について考察を深める中から，人間存在の本来的あり方を自由であるとした書。
	マルクス	資本論	資本主義経済のあり方を徹底的に分析した書。
	ジェームズ	プラグマティズム	文学作品や思想家のエピソードを通じて，プラグマティズムの立場を表明した書。
	デューイ	民主主義と教育	独特の「民主主義」観と，民主主義の崩壊を克服するために，重要な「教育」を論じる。
3	聖徳太子	三経義疏	「法華経」「勝鬘経」「維摩経」という三つの仏教経典の意味（義）を解説（疏）したもの。
	最澄	山家学生式	「山家」は最澄が開いた延暦寺のこと。そこで修行し学ぶ者僧侶の心得や戒律を記したもの。
	空海	三教指帰	儒教・道教・仏教という三つの教えを鼎談形式で比較し，仏教が優れていることを主張している。
	源信	往生要集	厭離穢土，欣求浄土を唱え，極楽浄土への往生についての要となる経典文を集め，浄土信仰を説いた。
	法然	選択本願念仏集	阿弥陀仏の本願と往生のための称名念仏などについて述べ，念仏による救いを説いた。

第4章

現代社会

青年期の意義と課題，生命倫理，環境倫理，その他現代社会の諸課題を学習する。現代の社会において倫理がどのように関わっているのか，日常生活や現実の問題などとの関連を意識しながら，理解を深めたい。

現代社会 **1** # 人間論と青年期

このテーマの Key Words

1 「ホモ=〜」（人間とは〜である）
2 マージナルマン（レヴィン）・第二の誕生（ルソー）
3 モラトリアム（エリクソン）

1 人間とは〜である「ホモ=〜」

「非人間的」ということばがあるが、人間を「人間」たらしめているものとは何かについて、さまざまな説が唱えられている。

■内容と提唱者

ホモ=サピエンス（リンネ）	「英知人」。理性をもち、賢いことを特質とする。生物種としてのヒトの学名でもある。
ホモ=ルーデンス（ホイジンガ）	「遊戯人」。文化や芸術など人間の諸活動は、自由を本質とする遊びから生まれたとする。
ホモ=ファーベル（ベルクソン）	「工作人」。人間は、道具を製作して、それによって自然に働きかけを行う点に特徴がある。

2 マージナルマン・第二の誕生

ライフサイクルの中には「大人でも子どもでもない時期＝**青年期**」がある。たとえば**レヴィン**は、青年期にある人を、大人と子どもの**境界人**であるとして、**マージナルマン**と呼んだ。また、青年期は精神的に保護者に依存していた人が自立していく（**心理的離乳**）時期でもある。**ルソー**（→p.65）はこうした時期を「**第二の誕生**」と呼んだ。　　　　　　　　　　（→ⓐ）

3 モラトリアム（エリクソン）

エリクソンは青年期を、**社会的役割・責務を猶予されている時期**＝**モラトリアム**と捉えた。猶予があることにより、様々な役割に試行錯誤的に挑み（役割実験）、その経験を通じて、自己の固有性や一貫性、社会的役割の自覚＝**アイデンティティ**を確立することが求められる。　　　（→ⓑ）

ⓐ

ⓑ 感情の起伏が激しいことも、この時期の特徴の一つ（疾風怒濤の時期）である。

演習問題 正誤判定

1. 「遊び」を人間存在そのものに関わるものとして捉え，人間をホモ＝サピエンスと定義したのは，オランダの歴史家ホイジンガである。
2. 青年の自己形成の過程では，周囲から子どもとしても，また大人としても扱われるようになるので，精神的に安定するようになる。
3. ハヴィガーストは，青年期の発達課題の一つに「職業を選択し準備すること」を挙げている。
4. オルポートは，青年期の自己探求において，それまでに経験したことのない様々な役割を実際に行ってみることを「役割実験」と呼び，その意義について説いた。
5. 青年期の諸問題が盛んに取り上げられたのは，一般に近代以降のことであるが，それは身体的な性的成熟がより低い年齢で見られるようになり，青年期がより低年齢に拡大したことと深くかかわっている。

解答・解説

1. [×] ホモ＝サピエンスは英知人のことで，**ホモ＝ルーデンス**が正しい。
2. [×] 「精神的に安定する」のではなく，不安定な時期である。
3. [○] ハヴィガーストは，人生の各時期における発達課題を列挙した。
4. [×] オルポートではなく**エリクソン**の記述。**モラトリアム**の期間における役割実験が，**アイデンティティの確立**に寄与する。
5. [○] **第二次性徴**の早まりが，青年期延長の要因の一つである。

ぷらすα

近代以前は，成年式などの**通過儀礼（イニシエーション）**によって大人（一人前）と子ども（未熟者）が比較的明確に区分されていたが，社会が複雑化し大人として習得すべき事柄が増大したことから，教育機関が整備され，青年期が誕生したと言われる。**現代では青年期が延長する傾向にあるが**，そうした中で，自己の確立を先のばしにしようとする青年（**モラトリアム人間**）や，大人にならない青年（**ピーターパンシンドローム**）の存在も指摘されている。

【青年期の延長傾向】

通過儀礼を受けたか否かで，一人前か否かが判断される。

現代社会 2

欲求とパーソナリティ

このテーマの
Key Words

1 自己実現の欲求（マズロー）
2 無意識と防衛機制（フロイト）
3 パーソナリティ

1 自己実現の欲求（マズロー）

人間にはさまざまな欲求があるが，そのなかでも，食欲など生命体としての機能を維持するための欲求を，**生理的欲求**という。**マズロー**は，**人間の欲求は階層構造をなしており**，低次の欲求が充たされてから高次の欲求が生じると考えた。　　　　（→ⓐ）

生理的欲求が満たされると，安全への欲求が生じる。最も高次の欲求は自己実現である。

2 無意識と防衛機制（フロイト）

欲求が充たされない場合（**欲求不満／フラストレーション**）の**精神的苦痛**を無意識のうちに避ける機能を**防衛機制**という。これらは**フロイト**の研究によって明らかにされた。　　　　　　　　　　　　　　　　　（→ⓑ）

合理化	もっともらしい理屈をこねて自己を正当化する
代償（補償）	充たされない欲求に似た代わりのもので満足を得る
反動形成	正反対の行動をとることで欲求を抑える
昇華	本能的な欲求や衝動を価値のある活動へと転化する
同一視	誰かを模倣して自己がその者であるかのように考える
退行	未成熟な発達段階の行動をとって欲求を充たそうとする

3 パーソナリティ

個人の全体的な特徴を**パーソナリティ**（**人格**）といい，能力・気質（感情の傾向）・性格（行動の傾向）の結合によって形成され，先天的（遺伝的）要因と後天的（環境的）要因によって形成される。

複数の欲求の間にあって，選択に迷い悩む場合を，**葛藤（コンフリクト）**という。

第4章　現代社会　149

演習問題　正誤判定

1. マズローの欲求階層説によれば，最も高次な欲求は，自らの可能性を最大限に発揮したいという欲求である。

2. 防衛機制には，例えば「補償」があるが，これは失敗や望ましくない行為を正当化することによって，自己に対する否定的感情を回避させるものである。

3. 「Aさんは犬を飼いたかったが，親に反対されたので，代わりにぬいぐるみをかわいがることで欲求を満たしている」というのは，防衛機制の一つである「抑圧」の例である。

4. 児童期も青年期も，自分の努力よりも，主として親子関係を始めとする種々の人間関係を通じて性格が形成される。

5. フロイトによれば，良心は，両親，教育者，社会的な環境の影響によって形成されるものであり，それは，自己を監視する法廷，自我の検閲者として機能し，欲望や衝動を禁止したり抑制したりする。

解答・解説

1. ［○］　**マズロー**はアメリカの心理学者。**自己実現の欲求**を欲求の最高位とした。

2. ［×］　補償ではなく**合理化**の説明である。

3. ［×］　抑圧ではなく**補償（代償）**の例である。

4. ［×］　**児童期**は親子関係など外からの働きかけが大きな役割を果たすが，**青年期**はむしろ主体的に性格を再構成しようとする。

5. ［○］　**スーパーエゴ（超自我）**についての記述である。

```
2
欲求と
パーソナリティ
```

ぷらすα　　　　　　　　　　　　　　　　【精神分析学】

　精神分析学の創始者**フロイト**は，無意識が果たす重要な役割を指摘した。彼によれば，人間の心は次の三層からなっていると考えられている。

　　超自我（スーパーエゴ）＝倫理的規制力（良心）として働く部分
　　自我（エゴ）＝現実世界とイドとの調整を担う部分
　　イド（エス）＝快楽原則に従って行動しようとする本能的部分

　このうち，超自我は親などから植えつけられたもので無意識化しており，またイドも無意識のものであるとされる。

　フロイトの弟子であった**ユング**は，無意識には個人的なもののみならず，民族や時代に共通する**集合的無意識**があることを指摘した。

現代社会の特質

- **1** 大衆社会
- **2** リースマン：他人指向型
- **3** 核家族化と家族機能の外部化

このテーマの Key Words

1 大衆社会

現代社会は，**ライフスタイルや思考などが画一化・平均化**した多数の人々，つまり大衆が中心を占める社会として，**大衆社会**と特徴づける見方がある。

2 リースマン：他人指向型

リースマンは，各時代に支配的な社会的性格について論じているが，現代社会で中心的な類型は，他者の行動に注意をはらい，その行動に応じて自己の行動を決定するという**他人指向型**であるとした。　（→ⓐ）

そのため，社会の均質性は高く見えるが，社会的連帯性はなく，各人の内面には孤独感が潜んでいると考えられている。

リースマンによれば，中世では**伝統指向型**が支配的であり，近代初期では幼少期に植えつけられた価値観で行動する**内部指向型**が支配的であるとしている。

3 核家族化と家族機能の外部化

今日の日本では，**核家族**が家族形態の中心となっている。また，第二次世界大戦後，日本では**一世帯あたりの人員が減少**しており，一人で住む**単独世帯**の割合も増加してきている。そうした中，介護や生産活動など従来は家族が担ってきた機能が，病院や企業など**外部の社会集団によって担われており**，家族の機能・役割も変化している。
　　　　　　　　　　　　　　　（→ⓑ）

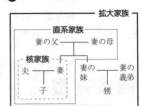

核家族以外を拡大家族という。そのうち，直系親族で構成されるものを，とくに**直系家族**という。また，核家族のなかには高齢者だけの世帯も少なからずあり，そこでは介護の問題などが深刻な課題になっている。

第4章　現代社会　151

演習問題　正誤判定

1. 大衆社会の特質の一つには，家族や地域社会などの集団がメンバーに行動の基準を与え，親の職業が子供の職業選択に決定的な影響を及ぼすということがある。

2. リースマンは，他人の行動に照準を合わせて自己の行動を決定していくパーソナリティを「他人指向型」と呼ぶが，現代の大衆社会では個々人が自己閉塞的になり，このような性格は見られなくなったと主張している。

3. 現代日本では，地域コミュニティが衰退し，拡大家族が増加するなかで，閉鎖的な家族内での暴力や虐待が問題視されるようになり，公的機関など外部からの介入や援助の必要性が高まっている。

4. 婚姻率の低下により未婚者が増え，成人後も両親との同居を続ける人が多くなっており，一人で住んでいる人の割合は低下している。

解答・解説

1. [✗] この記述に従えば，親の職業による差が発生することになり，皆が**画一化・平均化**しているという大衆社会の特質に反する。

2. [✗] **リースマン**によれば，大衆社会は**他人指向型**が支配的である。

3. [✗] 「拡大家族が増加」は誤り。拡大家族は減少している。ただし，それ以降の，問題点の指摘や介入・援助の必要性の指摘などは適当である。

4. [✗] 「一人で住んでいる人の割合」は増加している。

ぷらすα　【大衆社会の成立・官僚制】

　かつては，「学校に行ける／行けない」「政治参加可能／不可能」のように，社会の成員間に明確な差があった。しかし，**義務教育の普及**や**普通選挙制度の導入**により，こうした差は縮まった。また，**大量生産・大量消費の確立**（**消費社会**）により，皆が同じ「商品」を手にすることができるようになって生活の差が縮小したことも，大衆社会出現の要因である。

　大量生産体制の確立は，それを担う大規模組織を普及させることにもなった。そのため現代社会では，上意下達・規則による支配・ピラミッド形の組織構成といった，大規模組織を合理的・能率的に運営するシステム＝**官僚制**が広まっており，社会学者の**ウェーバー**がこれを分析した。官僚制には，組織の成員を「**組織の歯車**」化し自発性を喪失させる危険性が潜んでいる。

3 現代社会の特質

現代社会 4

少子高齢化の進展と地域社会

1 少子化・高齢化の進展
2 育児・介護休業法
3 ノーマライゼーション

このテーマの
Key Words

1 少子化・高齢化の進展

日本では今日，結婚しない者の増加や婚姻年齢の上昇などにより，少子化が著しく進展している。それに伴い，65歳以上の高齢者の割合も急速に増加し，すでにその割合は25％を超えている。しかし，年金制度や福祉施設の整備拡充などについての問題が指摘されており，課題は多い。（→ⓐ）

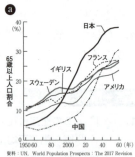

資料：UN, World Population Prospects : The 2017 Revision
ただし，日本は，2015年までは総務省「国勢調査」，2020年以降は国立社会保障・人口問題研究所「日本の将来推計人口（平成29年推計）」の出生中位・死亡中位仮定による推計結果による。

図：世界各国の将来人口

2 育児・介護休業法

子育て環境が不十分であることが，少子化の要因として指摘される。実際，保育所に入所できない**待機児童**も少なくない。一方，**育児・介護休業法**が制定されており，原則として子が満１歳になるまで，**男女いずれの労働者も育児休業を取得する**ことが認められている。ただし，男性の育児休業取得率はきわめて低い。

日本の高齢化の進展ペースが急速であることに注目。

3 ノーマライゼーション

ノーマライゼーションとは，高齢者も若年者も，心身にハンデをもつ人もそうでない人も，**すべての人が地域でともに暮らすことをめざそうという理念**。近年進められている**在宅介護**の拡充は，この実現に向けた施策の一つとされている。（→ⓑ）

「高齢者だから」「ハンデをもつから」として，括って分けることをしない。

第4章　現代社会　153

演習問題　正誤判定

1. 地域社会の役割が見直されるなかで，高齢者や障害者が社会参加し充実した生活を送るために，公的支援のみならず，ボランティアやＮＰＯ活動の重要性が高まっている。

2. これまで仕事に忙殺されてきた男性もまた家庭生活に参加しやすい環境を整備していかなくてはならない。しかし，育児・介護休業法が男性に育児休暇を認めていないなど，不備も多く，さらに法を整備する必要がある。

3. 高齢化が進むとともに，高齢者が高齢者を介護する老老介護の問題が深刻化し，地域社会で介護を支援する必要性が高まっている。

4. 日本では，介護保険制度の導入に伴い，在宅介護に代わり専門の施設での介護が推奨され，高齢者が手厚い保護のもとで生活するようになった。

5. ボランティア活動への関心が高まるとともに，授業の中にボランティア実践を取り入れたり，単位認定を行ったりする学校が日本でも増えている。

解答・解説

1. [○]　政府・自治体，民間など，**さまざまな形の支援**が必要とされる。

2. [✕]　男性にも育児休暇は認められている。

3. [○]　**老老介護**問題の背景の一つには，**高齢者だけの世帯の増加**がある。

4. [✕]　「施設から在宅へ」が理念とされる。**ノーマライゼーション**も想起。

5. [○]　その是非には議論があるが，教育現場での導入は進んでいる。

4　少子高齢化の進展と地域社会

ぷらすα　━━━【地域社会の変容と高齢化】━━━

　都市化の進展に伴い，地域での人と人とのつながりが希薄化する今日，地域における新たな相互扶助のあり方を模索する動きがある。独り暮らしの高齢者への**ボランティア活動**は，その一例といえよう。ボランティア活動は様々な団体によって担われているが，法律に基づいて**ＮＰＯ（非営利組織）**の認定を受けているところも少なくない。

　高齢者は，生活や社会的地位などが変わることで，孤独感や疎外感を感じることが多い。高齢者と若年者との**世代間交流**の促進や，**生涯学習**への支援の実現も，重要な課題である。

現代社会 5 男女共同参画社会の実現

このテーマの Key Words
1 性的役割分業の見直し・ジェンダー
2 フェミニズム

1 性的役割分業の見直し

近年，社会における女性の活躍はめざましいが，「男は仕事／女は家庭」といった以前の観念が完全に払拭されたわけではない。こうした観念は，女性を不当に抑圧するものとして作用する面も大きい。**男女の平等**という観点から，伝統的な**性的役割分業**や「女らしさ／男らしさ」を問い直すことが求められている。　　　　　　(→ⓐ)

2 フェミニズム

フェミニズムとは，社会にある男性優位の構造を批判し，その変革と女性の解放をめざす思想をいう。

【女性解放を唱えた人々】
● 平塚らいてう
　明治期から第二次世界大戦後まで活躍した人物。発刊の辞「元始女性は太陽であった」で知られる雑誌『**青鞜**』を刊行して女性の地位向上を訴えるとともに，女性参政権獲得運動などにも尽力した。　(→ⓑ)
● ボーヴォワール
　「人は女に生まれない，女になるのだ」と述べ，男性に従属するものとして作り上げられた「女」という性を批判した。サルトル(→p.80)の伴侶としても知られる。

ⓐ 生物学的性差(セックス)に対し，社会的・文化的に作られた性差を**ジェンダー**と呼ぶ。日本でも，**男女雇用機会均等法**や男女共同参画社会基本法などが制定されている。

ⓑ "元始，女性は実に太陽であった。真正の人であった。今，女性は月である。他に依って生き，他の光によって輝く…蒼白い顔の月である。私共は隠されて仕舞った我が太陽を今や取戻さねばならない"(『青鞜』創刊号)

第4章　現代社会　155

演習問題 正誤判定

1. マスメディアには男女の役割に関するステレオタイプ化した描写や表現が多く，性別役割分業の再生産が懸念される。マスメディアは社会的責任を認識し，性別役割が固定化されない描写や表現をする必要がある。

2. フェミニズムとは，日常生活の中で女性をいたわり，「レディー・ファースト」の習慣のように，女性を尊重する男性のライフスタイルのことである。

3. 「男らしさ」「女らしさ」は文化によって異なるが，「男は仕事，女は家庭」の性別役割分業は，近代以前にはどの社会においても広く見られた。

4. 平塚らいてうの「元始，女性は実に太陽であった。真正の人であった」という言葉は，女性には輝かしい天性の能力が潜んでおり，男性に依存してひ弱になることなく，その能力を発揮して生きなければならない，ということを意味している。

5. 現在日本では，結婚後も旧姓を名乗ることを望む女性が増えたため，夫婦同姓か別姓かを選ぶことのできる選択制が導入された。

解答・解説

1. [○] **ステレオタイプ**とは，紋切り型の画一的なイメージのこと。

2. [✗] **フェミニズム**は女性尊重の思潮であるが，「男性のライフスタイル」ではない。

3. [✗] こうした性別役割分業は，世界共通あるいは歴史上普遍的なのものではない。

4. [○] 女性の現状を「他の光によつて輝く…月」にたとえている。

5. [✗] 現在のところ，**夫婦別姓**は法律上では導入されていない。

5 男女共同参画社会の実現

ぷ ら す α 【差別撤廃への道】

　女性差別はもちろん，民族差別，心身にハンデをもつ人に対する差別，特定の地域出身者に対する差別（部落差別）など，今日でもさまざまな差別が存在する。こうした差別は，個人の尊厳や人権を無視するものであり，差別の廃絶が課題となっている。部落差別については，差別されてきた人たちの手によって大正時代に**全国水平社**が設立され，解放運動が活発に行われた。**西光万吉**が起草したその創立大会宣言（水平社宣言）は，「**人の世に熱あれ，人間に光あれ**」という結びで知られている。

現代社会 6

高度情報社会の進展

1 メディア＝リテラシー
2 デジタル＝デバイド
3 知的所有権・個人情報

このテーマの
Key Words

1 メディア＝リテラシー

インターネットをはじめとする様々なメディアの発達に見られるように，現代は**情報社会**化が進展している。そうした中では，**メディアを主体的に活用し，得られた情報を適切に取捨選択する能力**である，**メディア＝リテラシー**（情報リテラシー）を育むことが重要となっている。　　　　（→ⓐ）

メディアが報じる情報は，そのメディアの価値観によって**編集・加工**されたものであり，情報の中には**情報操作**（世論操作）を意図したものもある。

2 デジタル＝デバイド

情報社会化が進展する中，例えば情報機器を使いこなせるかどうかなどにより発生する**さまざまな社会的格差**である**デジタル＝デバイド**（情報格差）が指摘されており，その解消が求められている。（→ⓑ）

ネットを通じた新たなコミュニティが形成され活用される一方，利用者のマナーが問題になることも。

3 知的所有権・個人情報

デジタル情報は複製が容易であることから，著作権などの**知的財産権**の保護が課題となっている。また，**個人情報**の保護も重要な課題となっており，日本でも**個人情報保護法**が制定されている。一方で，国民が政府を監視するための**情報公開**も必要であり，日本でも中央省庁が保有する情報に関する**情報公開法**が制定されている。

第4章 現代社会　157

演習問題　正誤判定

1. マスメディアは本来，情報の伝達や公権力の擁護という使命をもつが，今日ではそれ自身が一つの権力という面をもっている。

2. 公的な情報は市民の共有財産であるという考え方が定着し，国や自治体のもつあらゆる情報が市民に公開されるようになっている。

3. テレビを通じて伝わる情報は，再構成された映像を通して演出されることが多いので，加工された「現実」を鵜呑みにしないように，印刷された書物に限定して知識を得るように心がける必要がある。

4. インターネットでは，誰でも情報発信を許され，どんなに誤った認識でも無責任に公開でき，検索でそうしたサイトへ簡単にたどり着くこともできる。

5. 多くのプログラマーが，共同で無料のソフトウェアを開発・配布する動きが広がった。その反面，有料のソフトウェアの違法な配布も容易となり，著作者の権利が侵害されるという問題が生じている。

解答・解説

1. ［✕］　「公権力の擁護」が不適当。公権力を監視する役割が求められる。

2. ［✕］　機密情報や個人情報など，公開されていないものもある。

3. ［✕］　「印刷された書物」の情報が必ず正確であるという保証はなく，テレビから知り得た知識が必ず誤りであるとも限らない。

4. ［〇］　インターネットの問題点としてしばしば指摘される事柄である。

5. ［〇］　知的財産権の保護が，情報社会では重要な課題となっている。

6 高度情報社会の進展

ぷらすα　【情報社会に関する議論】

●リップマン
　…人々が抱く世界像は，メディアが伝える選択・加工された情報をもとにイメージされた擬似環境であることを指摘。こうした情報を通じて，物事をステレオタイプ（画一的なイメージ）で捉えるようになる。

●マクルーハン
　…メディアは人々の心的・身体的な能力を拡張させるものだと捉え，とくに現代の電子メディアの与える大きな変化について考察。

●ブーアスティン
　…マスメディアは，報じるために計画・演出された「本当らしさ」（擬似イベント）を作り出し，人々も「実際の事実」よりもそちらに魅力を感じるようになることを指摘。

現代社会 7 環境倫理

このテーマの Key Words
1. 持続可能な開発・世代間倫理
2. 地球規模で考え地域から行動しよう
3. 南北問題

1 持続可能な開発・世代間倫理

温暖化・酸性雨・オゾン層破壊・砂漠化など，地球規模の**環境の悪化・生態系の破壊**は，深刻な問題になっている。1992年には「**持続可能な開発**」を共通理念に**国連環境開発会議**が開かれ，対策が話し合われた。この共通理念は，現代世代のニーズを損わず，将来世代のニーズをも満たすことを意味するもので，次世代に対する責任という**世代間倫理**の視点が含まれている。（→ⓐ）

1972年には「**かけがえのない地球**」をスローガンに，**国連人間環境会議**が開催されている。また，92年の会議では，気候変動枠組み条約（地球温暖化防止条約）などの条約も採択されている。

2 地球規模で考え地域から行動しよう

環境問題は，地球規模で全人類に関わる問題であるから，自然観の見直しも含めてグローバルに考えていく必要がある。一方，**3R**（**リデュース・リユース・リサイクル**）の推進を通じ，**循環型社会**の形成を地域から進めていくなど，一人ひとりの足元からの行動も求められている。

3 南北問題

発展途上国のなかには，環境保全を重視する政策は，自国の経済開発・発展を阻害するのではないかという懸念がある。先進国と途上国との経済格差の問題（**南北問題**）の存在も忘れてはならない。（→ⓑ）

たとえば，これまで石炭や石油を消費し，二酸化炭素を排出して経済発展を遂げたのは先進国である。

第4章　現代社会　159

演習問題　正誤判定

1. 　地球上には人間を含めた様々な生物が，全体として秩序あるまとまりとしての生態系を構成している。光・水・土壌・空気なども重要な働きをしているが，これらの非生物は生態系には含まれない。

2. 　環境倫理の観点からすれば，現在生きている人々は将来生まれてくる人々が生存する可能性を狭めてはならないとするが，こうした考え方は間柄の倫理と呼ばれる。

3. 　「持続可能な開発」とは，将来の経済発展によって環境破壊はますます拡大すると予想されるから，新たな開発は中止されるべきであるとする趣旨のものである。

4. 　循環型社会とは，資源の有効利用を目指し，資源の消費を抑制し，環境への負荷をできる限り低減しようとする社会のことである。

5. 　1997年に開かれた地球温暖化防止京都会議では，京都議定書が締結され，先進国だけに温室効果ガスの排出量削減目標が定められた。

解答・解説

1. ［**×**］　生態系には，水などの非生物的環境も含まれる。

2. ［**×**］　**間柄**は和辻哲郎(→p.132)の用語で，**世代間倫理**が正しい。

3. ［**×**］　現代世代のための開発を否定するわけではない。

4. ［**○**］　循環型社会は，このように定義されている。

5. ［**○**］　経済発展を考慮し，途上国には削減目標値は設定されなかった。

7
環境倫理

ぷ ら す α　　　　　　　　　　　　　　【地球環境問題への警告】

●**ローマクラブ：『成長の限界』**
　　…イタリアの民間研究団体。1972年発表のレポート**『成長の限界』**において，従来の経済発展と人口爆発が続けば，資源は枯渇し，地球環境は悪化して重大な結果に至ることを警告した。

●**ボールディング：「宇宙船地球号」**
　　…地球上の人間すべてが，同じ宇宙船の乗組員であるという，環境問題を考える際の視点を提示した。

●**カーソン：『沈黙の春』**
　　…同名の著書において，**農薬使用による生態系破壊**を警告した。

●**南方熊楠**
　　…民間の生物学者・民俗学者。1906年の神社合祀令による地域の神社の統合に対し，共同体社会や鎮守の森の生態を破壊するとして，反対運動を展開した。

現代社会 8 生命倫理（バイオエシックス）

このテーマの Key Words

1. 生命工学の進展（ヒトゲノム解読・iPS細胞）
2. 尊厳死
3. クオリティ=オブ=ライフ（QOL）
4. インフォームド=コンセント
5. 脳死と臓器移植

1 生命工学の進展（ヒトゲノム解読・iPS細胞）

今日，生命に関わる技術の進展が著しい。ヒトの全遺伝情報である**ヒトゲノム**の解読完了が宣言された。また，**クローン技術**を応用して，様々な臓器や組織に分化する**ES細胞**や**iPS細胞**の作成・研究も進んでいる。これらは，**再生医療への応用**が期待される半面，たとえばES細胞は受精卵を破壊して作られることから，**倫理的な問題**を指摘する声もある。

2 尊厳死

生命維持の技術が向上している中，当人の生前の意思（**リビング=ウィル**）にもとづき，生命維持装置による延命措置を中止し**自然死を迎えさせる**という**尊厳死**の問題がクローズアップされている。これに対し，薬物投与などによって人為的に死に至らせることは**安楽死**と呼ばれるが，これを認めている国はきわめて例外的である。（→ⓐ）

生命維持装置を用いた延命措置は，いわば機械によって「生かされている」ものだと考える人も少なくない。

3 クオリティ=オブ=ライフ（QOL）

生命の尊厳（SOL）に絶対的な価値を置く立場からすれば，生命維持の停止ではなく，あらゆる手を尽くした生命維持が大切となろう。一方，尊厳死を考える際に重視されるのが，生命の質（**クオリティ=オブ=ライフ／QOL**）である。これは，**人生の意味や質を追求し重んじる**というものである。なお，終末期医療（**ターミナル=ケア**）においては，生命維持だけで

なく精神的なケアを重視する考えが広がっており，身体的苦痛を軽減し精神的なケアを重んじる施設である**ホスピス**も普及してきている。

4 インフォームド＝コンセント

インフォームド＝コンセントとは，「**十分に知らされた上での同意・決定**」とも訳されるもので，医師が患者に治療に関わる説明を十分に行い，患者本人の同意・決定にもとづいて医療行為を進めるべきだとする考え。これは，**患者の自己決定権や知る権利を尊重**しようというものであり，医師の権威にもとづいて決定するというパターナリズムに対する考えである。　　（→ⓑ）

例えば，いわゆる「不治の病」を患っている人に，どのように説明・告知を行うかといった，難しい問題もある。

5 脳死と臓器移植

脳死とは**脳幹を含む脳の全機能が停止し元に戻らない状態**であるが，脳死者から移植目的で臓器を摘出することをめぐる議論が存在する。例えば，心臓がまだ動いているのに，脳死を死とみなして臓器を摘出してもよいのかというのは，その一例である。この問題に関して日本では，**臓器移植法**が制定されている。制定された当初は，脳死状態になった場合に移植のために臓器提供をするという本人の意思が文書で示されていて，かつ家族がいる場合にはその同意があることが，摘出の条件であった。また，15歳未満の者からの摘出は認められていなかった。しかし，同法は改正され，現在は，**本人の意思が不明であっても家族が同意していれば摘出は可能**となり，また年齢制限もなくなった。　　（→ⓒ）

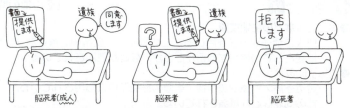

| 改正前の法律でも現行の法律でも，摘出は可。 | 改正前の法律では摘出不可だが，現行法では摘出可。 | 改正前の法律でも現行法でも，摘出は不可。 |

8 生命倫理

演習問題 正誤判定

1. 2003年のヒトゲノムの解読完了宣言により，どの遺伝子配列がどのような役割を果たすかについてすべて解明されたことになる。

2. 科学技術の進歩を求める活動は，権利内容の拡張や新たな権利の自覚をも促した。たとえば耐えがたい苦痛をかかえる末期患者が，本人のリヴィング＝ウィルや家族の同意をもとに過度の延命治療を避け，人間としての尊厳を失うことなく死をむかえる権利なども，その一つであろう。

3. インフォームド＝コンセントとは，患者が，最新の治療を受けるために他の病院を紹介してもらうなど，医師に対して医療情報の提供を求める権利のことである。

4. 生きていることには意識的活動が不可欠だから，その活動が最終的に失われたと確認された時点を死と考えるべきであるとする見方を基礎とすれば，脳死者は死者ではないと主張することになる。

5. 脳死とは，大脳の機能は回復不可能な仕方で停止しているが，脳幹の機能が保たれている状態であり，植物状態とは脳幹を含む脳全体の機能が回復不可能な仕方で停止した状態である。

解答・解説

1. [✕] 配列の解読が完了しただけで，その**果たす役割は未判明**である。

2. [○] **尊厳死**についての記述。**リビング＝ウィル**にも注意。

3. [✕] 治療についての患者の同意・決定を意味する。

4. [✕] この「見方」は脳死状態を死と捉えるものであるから，「脳死者は死者ではないと主張することになる」は論理的に不適当。

5. [✕] **脳死と植物状態の説明が逆**になっている。

ぷらすα ──────【その他の問題】─

● **体外受精**などの生殖技術
　…他人の精子や卵子を用いることの是非や，受精卵を育てた「代理母」に親としての権利があるかどうか，などが議論されている。

● **遺伝子組み替え**
　…遺伝子病の治療や農作物・家畜の品種改良に応用されているが，安全性の問題などが議論されている。

● **出生前診断**
　…診断によって異状が判明し，中絶が選択された場合の胎児の権利などが議論されている。

現代社会 9 民主社会の倫理

このテーマの Key Words

1. コミュニケーション的合理性（ハーバーマス）
2. ケイパビリティ（潜在能力）（セン）
3. 公正としての正義（ロールズ）
4. 権威主義的パーソナリティ（アドルノ）
5. 自由からの逃走（フロム）
6. 公共性（アーレント）

1 コミュニケーション的合理性

フランクフルト学派（→p.88）の第二世代にあたる**ハーバーマス**は，何が正義であるかについて考えるにあたって，正義の内容そのものではなく，それを形成するプロセスに注目した。彼によれば，相互に意見を自由に述べあい，**何らの強制もない討議によって至った合意**があるべき社会規範を形成する。こうして彼は，お互いが合意に至ろうとする理性のあり方としての**コミュニケーション的合理性**を重んじた。　（→ⓐ）

合意の「内容」ではなく形成するプロセスに注目。

2 ケイパビリティ

経済学者である**セン**は，福祉の問題は富の分配だけの問題にとどまるものではないと考えた。彼によれば，**自らが価値があるとみなす生き方を選択する自由**がどれだけあるかが大切だと考え，そうした自由の広さ（**ケイパビリティ**）を保障することと，そのための能力開発の重要性を説いた。
（→ⓑ）

自分が選択できる人生の幅がどれだけあるかが重要。

3 公正としての正義（ロールズ）

ロールズは，社会契約説（→p.64）を再構成し，「**公正としての正義**」を構想した。彼によれば，**誰もが等しく自由を享受している**ことを前提に，**競争の機会が平等に与えられ**（機会均等），**社会の中で最も恵まれない人々の状況がきちんと改善**されるようになっていること（格差是正）が必要であり，格差の存在はこの条件の下でのみ許容されるとした。

4 権威主義的パーソナリティ（アドルノ）

ドイツでは，第二次世界大戦期にナチスによる独裁政治が行われた。しかし，ナチスは選挙を通じて第一党へと成り上がり，大衆の圧倒的な支持のもとに政権を維持した。フランクフルト学派の**アドルノ**は，ナチスを支持した民衆の心理を分析し，その特徴を**権威主義的パーソナリティ**と呼んだ。これは，権威を重んじ，**上位の者の権威に自ら積極的に追従し，下位の者に対して威圧的にふるまう**というものである。（→ⓒ）

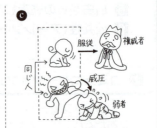

権威を重んじ，服従的と威圧的の両面を併せ持つ性格。

5 自由からの逃走（フロム）

フロムも，ナチズムを支えた人々の心理を分析した。彼によれば，自由を手にしたドイツの人々であるが，自由のもたらす孤独や不安に耐えられず，**自由を放棄し権威に服従する心理**が広がったという。

6 公共性（アーレント）

アーレントは，全体主義がどのようにして支配的になるかを分析した。彼女によれば，**人々が共同し相互に働きかけを行う公共性（公共的空間）**が失われることで全体主義が広がるという。この公共性を形成するのが，**人と人とが物を介さず直接に関わりあう行為**である「**活動**」だが，近代社会では人と物との関係である「労働」や「仕事」の領域が大きくなったという。　（→ⓓ）

「公共性」の喪失が全体主義の基盤となる。

第4章　現代社会　165

演習問題　正誤判定

1. フロムは，自由によってもたらされる孤立を恐れるあまり，人々が支配・被支配の関係を求めて，自ら服従へと向かう場合があると指摘した。

2. ハーバーマスによれば，他者の権利を侵害しない限り，私たちの自由は平等に尊重されるべきである。ただし，自由競争によって生じる不平等については，社会において恵まれない立場にある者たちの生活を改善する限りで許される。

3. アーレントは，自由や富など，各人がそれぞれに望む生を実現するために必要な基本財を分配する正義の原理を，社会契約説の理論に基づき探究した。

4. アドルノが「権威主義的パーソナリティ」と呼ぶものは，民主主義を否定して，非合理的な扇動や権威によって国民を強力に統率する性格類型を意味し，それは，ファシズムの指導者に顕著に見られるものである。

5. センは，各人に対し，自ら価値があると認めるような諸目的を追求する自由，すなわち潜在能力を等しく保障することが重要だと指摘した。

解答・解説

1. [○] 　フロムが著書『**自由からの逃走**』で分析した事柄。

2. [×] 　**ロールズ**の「**公正としての正義**」についての説明である。

3. [×] 　アーレントではなく，**ロールズ**の記述。

4. [×] 　**権威主義的パーソナリティ**は，「ファシズムの指導者」ではなく，それを支えた**民衆に見られる社会的性格**。

5. [○] 　センは，「潜在能力」（ケイパビリティ）の保障を重視した。

ぷ ら す α　　　　　　　　　　　　　　　　**【個人とあるべき社会】**

●**リベラリズム（自由主義）**
　…個人の自由や権利を重視。ここからは，弱者のそれを尊重・擁護する観点から**福祉国家を理念**とする考えが生じる。**ロールズ**などの立場。

●**リバタリアニズム（自由至上主義）**
　…個人の自由を最大限に尊重すべきとする立場。ここからは，国家による個人への介入を斥ける観点から，福祉国家を批判し，できる限り**小さな国家を志向**する考えが生じる。**ノージック**が代表的人物。

●**コミュニタリアニズム（共同体主義）**
　…共同体を重んじる立場。個人の存在は共同体が前提になるとして，**共通善を重視**する。**マッキンタイア**や**サンデル**がこの立場とされる。

9 民主社会の倫理

現代社会 10 国際化と異文化理解

このテーマの Key Words
1 ボーダレス化と国際化の進展
2 自民族(文化)中心主義(エスノセントリズム)の克服
3 ユネスコ憲章

1 ボーダレス化と国際化の進展

今日、経済交流・文化交流などが盛んになっているが、同時に平和・人権・環境など国際的な課題も増大しており、これまで以上に国際協力が必要とされている。それにより**ボーダレス化・国際化**がますます進んでいくとされている。　　　　（→ⓐ）

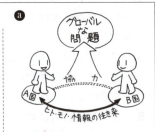

国際的な課題への対処には、国家間の取組みはもちろん、**非政府組織(NGO)**も大きな役割を果たしている。

2 自民族(文化)中心主義の克服

国際化が進展し、とくに**異文化理解**が重要視されている。しかし異文化との接触は、誤解や対立（**文化摩擦**）が引き起こされることもある。自らの文化・民族を絶対視し、他文化を劣等なものとして扱う偏狭な見方＝**自民族中心主義(エスノセントリズム)**は克服されなければならない。　（→ⓑ）

ユダヤ人を「文化破壊者」と決めつけた**ヒトラー**の立場は、エスノセントリズムの典型である。戦後ドイツはこうした立場を退け、ドイツ元大統領**ヴァイツゼッカー**は、「過去に目をつぶる者は現在についても見えない」として、平和追求における歴史認識（過去の反省）の重要性を説いた。

3 ユネスコ憲章

異文化理解は、平和を実現する点からも重要である。**ユネスコ**（国連教育科学文化機関）は、人種や異文化に対する偏見が第二次世界大戦を引き起こしたと反省し、憲章で「**戦争は人の心の中で生まれるものであるから、人の心の中に平和のとりでを築かなければならない**」と謳っている。

第4章　現代社会　167

| 演 | 習 | 問 | 題 | 正誤判定

1. 文化相対主義の立場からは，日本の文化が固有の価値を持つように，他国の文化にもそれぞれ固有の価値があるので，文化に優劣をつけるべきではない，と説かれる。

2. 異文化を尊重し，これとの共存を図るためには，互いに民族文化の融合を図り，文化の多様性を解消して，人類共通の世界文化を発展させることが求められる。

3. 日本は外国人の就労できる形態を大幅に制限しているにもかかわらず，働き口を求めて多くの外国人が入国してきている。その背景には，発展途上国は経済発展の努力をしているが，依然として十分な雇用機会をつくり出すことができないことがある。

4. 日本の旧植民地出身の人々やその子孫には，日本社会で生きるため，民族に固有の姓名ではなく，日本式の姓名を名のっている場合もある。

5. 国際化が進展する今日，ボーダレス化が様々な領域で起こっている一方で，民族的アイデンティティを主張する動きも世界各地に見られる。

解答・解説

1. [○]　この反対の立場が**自民族中心主義**である。

2. [×]　自文化を解消することは，文化を尊重することにならない。

3. [○]　いわゆる「不法就労」であっても，背景に**南北問題**がある。

4. [○]　日本社会には依然として民族差別が存在するためである。

5. [○]　**ボーダレス化の進展**によって，自分たちの民族に固有の文化や伝統などが消滅するのではないかとの懸念も生じ，民族的な意識（**民族的アイデンティティ**）が主張されることがある。

10
国際化と異文化理解

ぷ　ら　す　α　━━━━━━━━━━━━【平和の実現と人権の確保】━━

　国際社会における平和の実現は大きな課題である。この実現に向けて，各種の軍縮条約が作成されている。その中でも，対人地雷全面禁止条約は，ＮＧＯ（非政府組織）主導で採択に至ったとして注目された。また，包括的核実験禁止条約は，採択されたものの発効はしておらず課題となっている。

　また，世界の人々がひとしく人権を享受できる世界の実現も重要である。国際連合は**世界人権宣言**や**国際人権規約**を採択している。この他にも，**人種差別撤廃条約**や**女子差別撤廃条約**など，個別的な人権条約もある。

現代社会 11

文化をめぐる思索

このテーマのKey Words
1 ヨーロッパ中心主義の克服
2 『野生の思考』(レヴィ＝ストロース)
3 オリエンタリズム(サイード)

1 ヨーロッパ中心主義の克服

これまでの物質的繁栄などを背景に，西欧文化こそが優れたものであるとする思考がかつて支配的であったが，**この考え方そのものを捉え直す学問的立場**が現れている。

2 『野生の思考』(レヴィ＝ストロース)

文化人類学者の**レヴィ＝ストロース**は，いわゆる未開社会のフィールドワークを行い，構造主義的手法によって分析を行った。彼によれば，いわゆる未開社会も西欧の文明社会も，ともに合理的な「構造（システム）」によって形作られており，**いわゆる未開社会の「野生の思考」も文明社会の「科学的思考」に劣るものではない**ことを解き明かした。（→ⓐ）

ⓐ

どちらの社会も合理的な構造によって支えられており，その価値に優劣はない。

3 オリエンタリズム(サイード)

サイードは，欧州人のいう「オリエント（東洋）」というのは，欧州と異なる文化を，それが多様であるにもかかわらず一括りにして「異質な文化」として名付けたものにすぎず，これと対比される欧州文化は進歩的で優れたものだと自己認識するのだという。彼はこうした思考様式を「**オリエンタリズム**」と呼んで批判した。（→ⓑ）

ⓑ

日本文化・インド文化・トルコ文化……と，多様な文化が一括されて「エキゾチックな他者」＝オリエントとされ，個別の文化のありのままの姿は注目されない。

第4章　現代社会　169

演習問題　正誤判定

1. レヴィ=ストロースは，未開民族のもつ「野生の思考」には，文明人の科学的思考に少しも劣ることのない複雑な構造があることを明らかにし，西洋文明こそが優れており未開社会は野蛮で後れていると文化に優劣をつけることは間違いであり，諸文化は対等の価値をもつと主張した。

2. レヴィ=ストロースによれば，未開社会の思考は象徴による思考であり，それが生みだした象形文字は，やがて英語などの近代語で用いられる文字へと発展していった。したがって，文明社会の思考様式も基本的には彼らのものと同じである。

3. サイードは，近代西洋社会は，東洋を自分たちとは正反対の，後進的で神秘的な他者とみなすことで，自分たちは先進的で文明化されているという自己像を作り上げたとし，こうした西洋の東洋に対する思考方法を「オリエンタリズム」と呼び，それが西洋による植民地支配を正当化してきたと批判した。

解答・解説

1. [○]　レヴィ=ストロースは，「西洋文明の優秀さ／未開社会の野蛮さ」という区分を否定し，**文化相対主義**を説いた。

2. [×]　これは，未開社会の文字が文明社会の文字へと発展したという論理であり，未開社会が遅れており，それが**進歩したのが文明社会という区分が前提**になってしまうので，不適当。

3. [○]　サイードの「オリエンタリズム」批判に関する記述である。

11 文化をめぐる思索

ぷらすα　━━【現代思想への影響】━

　レヴィ=ストロースは，**構造主義**と呼ばれる学問的立場の発端とされる人物の一人。構造主義とは，個人の主観を超えた意識されない**「構造（システム）」が存在し，それによって個人個人の行動や意識は規定される**とする考え。言語の構造に注目した**ソシュール**はその源流に位置づけられ，**フーコー**（→p.89）はこの立場の代表的人物だとしばしばいわれる。

　また，サイードは「自文化／それ以外」という区分を問題にしたわけだが，このように物事を区分し対立させる考え方（二項対立）は，デカルト（→p.62）の物心二元論に見られるように，これまでの学問にも多く見られた。この点を問題にし二項対立図式を突き崩すことを意図した人物の一人が，**ポスト構造主義**の思想家**デリダ**（→p.89）である。

170

演習問題 択一問題　　　　　　　　　　　　　　　▶解答は217ページ

1. 大人への移行期の発達段階を説明した次の**ア**～**ウ**の記述について，その正誤の組合せとして正しいものを，下の**①**～**⑧**のうちから一つ選べ。

　ア　近代化・産業化の進展とともに，大人としての自立を準備する段階としての青年期が出現したが，その期間は縮小する傾向がある。

　イ　心身発達上の大きな変化が生じる10歳ころから青年期になるまでの時期を，プレ青年期として発達上の一つの段階と位置づけることがある。

　ウ　現代では，身体発達の早期化で，全体的に青年期の終わりが早まる一方，生活様式が画一化し発達の個人差が小さくなる傾向がある。

　①　ア　正　　イ　正　　ウ　正
　②　ア　正　　イ　正　　ウ　誤
　③　ア　正　　イ　誤　　ウ　正
　④　ア　正　　イ　誤　　ウ　誤
　⑤　ア　誤　　イ　正　　ウ　正
　⑥　ア　誤　　イ　正　　ウ　誤
　⑦　ア　誤　　イ　誤　　ウ　正
　⑧　ア　誤　　イ　誤　　ウ　誤

2. ライフサイクルについての記述として最も適当なものを，次の**①**～**④**のうちから一つ選べ。

　①　ライフサイクルとは，身体の発達の過程に従い，人生を誕生から死に至るいくつかの重要な節目ごとに段階的に分類したものである。

　②　ライフサイクルにおいて，青年期は自発性の確立という発達課題を抱えた大切な段階である。

　③　ライフサイクルにおいて，幼児期は他者に対する信頼感の形成が最も進む基本的な段階である。

　④　ライフサイクルとは，それぞれの発達段階における他者や社会とのかかわりを重視しながら，課題を達成し成長を続ける，人の一生である。

演習問題（現代社会）　171

3. 人間形成をめぐっては，多くの人々が様々な考えを提出している。そのうち，レヴィン，マズロー，ユングの考えとして最も適当なものを，次の①〜⑥のうちからそれぞれ一つずつ選べ。

① 人間形成が十全になされるには，欲求の健全な充足を目指さなければならないが，欲求には，睡眠や飲食などの単に生理的なものだけではなく，その上位に位置づけられる，愛情や集団への帰属意識などの精神的欲求もある。

② 人間の心には無意識の領域があり，個人的なものと集合的なものがある。集合的無意識は個人的無意識よりも深い層にあり，そこには，元型という神話的な性格を帯びた普遍的イメージが生まれながらに備わっている。

③ 人生には，誕生から死に至るまで8段階の周期（ライフサイクル）があり，時間とともに自我は発達していくと考えられる。それぞれの段階には達成すべき課題があるが，その達成度が人の発達状況の目安となっている。

④ 人は青年期において自我に目覚め，精神としての自己という内面的世界を発見する。これは，いわば第二の誕生であり，第一の誕生が存在するための誕生であるとすれば，第二の誕生は生きるための誕生である。

⑤ 子どもは小さな大人ではなく，子ども独自の世界がある。しかしながら，子どもの認識能力は一定の段階を経て発達し，自己中心的だった段階を脱すると，他者を意識するようになり，客観的な判断もできるようになる。

⑥ 人が自分の行動を選択する場合，その人の所属する集団の価値観から強い影響を受けるが，生活空間が大きく変化する青年期においては，子どもの集団にも大人の集団にも属することができず，中途半端な状態に陥る。

4. 「アイデンティティの確立」を青年期の発達課題として捉えた精神分析学者にエリクソンがいる。エリクソンの言う「アイデンティティ」についての記述として最も適当なものを，次の①〜④のうちから一つ選べ。

① 人間は自らの在り方を追求する際に，ある対象の一面，あるいはいくつかの特性，場合によってはその全体を理想として自分に当てはめ，それと似た存在になる。

② 人間は，日常生活での様々な局面の変化を通じて，変わらぬ連続性と一貫性を保つ「私」の中核部分をもち，同時にそれが共同体の他者に共有，承認されることを求める。

③ 人間は，社会生活を送る中で，自らの帰属する社会や共同体といった集団の規範に同一化することで，つねに整合的で矛盾のない行動の指針を得ることができる。

④ 人間は日常生活の中で，様々な役割としての社会的自己にその都度，その場限りで同一化することで，他者との関係においても安定した態度を取ることができる。

5. 葛藤や不満から心を守ろうとする無意識的な働きとして防衛機制というものがある。そのうち，合理化と昇華の例として最も適当なものを，次の①～⑥のうちからそれぞれ一つずつ選べ。

① 留学することをあきらめたAさんは，「グローバル化が進んでいるので，留学なんてどんどん意味がなくなってくるよ」と言っている。

② 自分に対する先輩からの扱いを不満に感じているBさんは，厳しく後輩を指導する同級生を見て強い怒りを感じる。

③ 人から批判されるのではないかとびくびくしているCさんは，いつも大きな声で攻撃的なしゃべり方をしている。

④ 就職活動がうまくいっていない大学生のDさんは，3～4歳のころに大好きだった絵本を繰り返して眺めている。

⑤ 小さいころに深刻ないじめにあっていたEさんは，しかし現在そのことをまったく覚えていない。

⑥ 失恋した高校生のFさんは，広く社会に関心を向けて，ボランティア活動に打ち込んだ。

6. 理性的人間観を揺るがすことになった思想家の一人に精神分析学の創始者フロイトがいる。フロイトの学説に関する記述として最も適当なものを，次の①～④のうちから一つ選べ。

① 自我は快感を求めるエス（イド）の要求を現実に適応させ，同時に良心としての超自我の命令にも応じようとする。

② ノイローゼ（神経症）の原因となるものは，心の深層としての無意識の中に昇華された性的欲求などの衝動である。

③ 欲求不満から生じる不安や緊張から自我を守ろうとする防衛機制は，

欲求不満の原因となった当の問題を取り除く。

④ 両親の愛情を独り占めにしようとして，弟妹を邪魔者と感じる兄姉の心理を，エディプス・コンプレックスと呼ぶ。

7. 現代人の在り方を批判的に考察したウェーバー，フロム，リースマンの見解として最も適当なものを，次の①〜⑥のうちからそれぞれ一つずつ選べ。

① 近代哲学が人間の本質を普遍的理性とし，真理を合理的客観性に限定したため，現代人は水平化して主体性を喪失した。しかし，人間は本来，個性的で自由な主体であり，その求める真理もまた主体的でなければならない。

② 現代人は社会の束縛から解放されて自由な個人になったが，まさにそれゆえに耐えがたい孤独に陥り，強力な指導者に隷属したり均質な社会のうちに埋没したりすることによって再び自由から逃れようとする傾向をもつ。

③ 近代以降の西洋文明は，社会の規範から逸脱したものを非理性的な狂気として排除し，人間の理性を絶対視してきた。そして，日常的な権力関係を通して，社会に順応する人間を生み出し，人間を規格化してきた。

④ 現代は，自分が他人と同じであることを喜び，自己満足的で無気力な平均人が権力を握る，歴史上初めての時代である。非凡で個性的なものが排除されてしまうため，西洋文明は危機に瀕している。

⑤ 内部指向型が支配的な人間類型だった時代は終わり，現代では，漠然とした不安から他者の承認を求め，自分の価値観にこだわらず他人と同調して生きる他人指向型が支配的な人間類型になりつつある。

⑥ 合理性を徹底的に追求した近代官僚制を特徴とする社会を作り上げた現代人は，いわば鉄の檻と化したこの社会の中で逃れがたく管理され，豊かな精神と人間性を欠く存在に堕する危険がある。

8. 人々の社会的活動について説明した次ページの文章中の空欄 **a** ・ **b** に入る語句の組合せとして正しいものを，下の①〜⑥のうちから一つ選べ。

1995年に起きた阪神・淡路大震災では，全国から多くの人々が被災地での救助・救援に駆けつけ，　a　が注目されるようになった。こうした新しい結び付きは，市民の参加による公益的な活動を目的とする　b　の取組を促進し，後の大規模災害において市民による自発的な救助活動が迅速かつ効果的に行われる素地となった。

① a エンパワーメント　　b UNHCR
② a 民際化　　　　　　　b NPO
③ a ボランティア活動　　b ODA
④ a 民際化　　　　　　　b UNHCR
⑤ a エンパワーメント　　b ODA
⑥ a ボランティア活動　　b NPO

9. 現代の消費についての記述として最も適当なものを，次の①〜④のうちから一つ選べ。

① 情報は消費されても消耗しないため，これが消費の重要な対象になったことによって消費が鈍り，それが不況の主要な原因になった。

② テレビ番組やCMなどを通して消費者は欲求を絶えず刺激されており，それを一因とするいわゆるカード破産が社会問題となった。

③ 商品に関する正確で十分な情報を容易に入手できるようになったため，消費者は風評や流行に左右されなくなった。

④ 通信販売やインターネット・ショッピングが普及したことで，消費者が悪徳商法などのトラブルに巻き込まれる危険はなくなった。

10. 情報社会についての記述として最も適当なものを，次の①〜④のうちから一つ選べ。

① 情報は物と異なって，コピーを作ることが容易なため，知的所有権の保護が重要な課題になっている。

② 企業や個人に関する情報の公開が大幅に進展した結果，すべての人があらゆる情報に自由にアクセスできるようになった。

③ 情報化やOA化が進んだことによって，仕事の負担が大幅に軽減され，労働者はストレスから解放される傾向にある。

④ 膨大な量の情報を正しく処理できるよう，情報の受け手がマスメディアによる情報操作を要望している。

演習問題(現代社会)　175

11. 性別役割分業の見直しをめぐる記述として最も適当なものを，次の①
　　〜④のうちから一つ選べ。

①　女性は，結婚や子育てを理由に職場で差別的な待遇を受けることが
　多かった。今後は，子育てを男女で分担していくだけではなく，社会
　もまたそれを支援する措置をとり，女性が働きやすい環境をさらに整
　備する必要がある。

②　女性の社会進出に伴って，家事を代行する企業が増加しつつあるが，
　そこには家族を解体させる危険がある。そのため，男女がそれぞれ生
　来もっている役割に専念することで，家族を守る必要がある。

③　これまで仕事に忙殺されてきた男性もまた家庭生活に参加しやすい
　環境を整備していかなくてはならない。しかし，育児・介護休業法が
　男性に育児休暇を認めていないなど，不備も多く，さらに法を整備す
　る必要がある。

④　日本では女性の就業率は，結婚後低下するが，育児を終えた後，パ
　ート就労を中心に再び上昇するというパターン(M字型就労)をとる。
　女性をとりまくこのような雇用構造は今後も維持していく必要がある。

12. 最近の医療技術の進歩に伴って生じている事態についての記述として
　　適当でないものを，次の①〜④のうちから一つ選べ。

①　遺伝情報の解読により，将来かかりうる病気が予測できると期待さ
　れているが，就職や保険加入の際の新たな差別の恐れや，プライバシ
　ーの権利の保護をめぐる問題も生じている。

②　体外受精などの生殖技術の登場によって，不妊を治療の対象とみる
　捉え方が広まってきたが，同時に，この技術によって家族のあり方に
　今後根本的な変化が起きる可能性が生まれている。

③　高度な先端医療の発達によって，生命を技術的な手段で延長するこ
　とが可能になり，生命の質や患者の意思を重視する従来の考え方から，
　患者の延命を第一とする考え方への変化が生じてきている。

④　抗生物質の発達により感染症は減少したが，院内感染の問題をきっ
　かけに厳密な管理体制の必要性が認識され，医療機関における衛生上
　の管理規則や取扱い業務の体制が改められつつある。

演習問題

13. 環境問題について提起されてきた考え方の内容説明として**適当でない**ものを，次の①〜④のうちから一つ選べ。

① 「持続可能な開発」： これまでは経済成長のために環境を犠牲にして開発が進められてきたが，さらなる環境破壊は開発の継続をも不可能にするので，今後の開発は環境を保全するという条件下で行わなければならない。

② 「世代間倫理」： 環境破壊や資源問題などは長期間にわたって影響を及ぼすので，子や孫ばかりでなく，決して出会うことのない，はるか後の世代の人間に対しても，私たちは責任を負っている。

③ 「地球規模で考え，地域から行動しよう」： 環境問題に関しては，その関連や重要性を地球規模で考えるとともに，ゴミの排出やエネルギー消費の削減など，各人の身近な事柄から行動を始めるべきである。

④ 「宇宙船地球号」： 地球も宇宙船と同様，閉鎖システムであるから，宇宙船で発生する廃棄物が高度の科学技術によって船内で完全に処理されているように，地球環境問題も科学技術のさらなる発達によって解決されうる。

14. 科学技術によって引き起こされた影響についての次の記述ア〜ウについて，その正誤の組合せとして正しいものを，下の①〜④のうちから一つ選べ。

ア フロンガスは，人体には直接害を及ぼさないが，間接的に健康被害や環境破壊を引き起こすので，その使用について規制が設けられた。

イ 熱帯雨林の開発や巨大ダムの建設は，一時的に砂漠化などの被害をもたらすことがあるが，自然の強い再生力によって，数年で問題は解決する。

ウ 工業生産現場や原子力発電所ではコンピュータ・シミュレーションを繰り返すことで人為的なミスを完全になくすことができるようになった。

① ア　誤　　イ　正　　ウ　正
② ア　正　　イ　誤　　ウ　誤
③ ア　正　　イ　誤　　ウ　正
④ ア　誤　　イ　正　　ウ　誤

演習問題（現代社会）　177

15. 理性中心主義を批判した思想の説明として最も適当なものを，次の①
　　〜④のうちから一つ選べ。

　① デリダは，西洋哲学がその基礎としてきたロゴス中心主義や二元論
　　的思考など階層化された思考を批判し，それを克服するために社会や
　　文化を構造によって把握する構造主義を提唱した。

　② フロイトは，神経症の治療や夢の研究のなかで，近代の文明の発展
　　を支えた人間の理性の奥に，意識的に統御できない無意識の存在を発
　　見し，エスによって本能や衝動が抑圧されるとした。

　③ ホルクハイマーとアドルノは，理性は自然を支配することで文明を
　　進歩させる一方，その進歩は逆に管理社会を作り上げて，人間を抑圧
　　する野蛮状態へ陥らせるという，啓蒙の弁証法を指摘した。

　④ アーレントは，近代以降，公共的な「仕事」が生命維持のための
　　「活動」に取って代わられるため，人間の個性が見失われ，ナチズム
　　に典型的にみられるような全体主義に陥ってしまうと批判した。

16. 戦争や，それに対する責任についての思想の例として次のア〜エがあ
　　る。各々を説いた思想家や宣言の組合せとして最も適当なものを，下
　　の①〜④のうちから一つ選べ。

　ア 戦争は人の心の中で生まれるものであるから，人の心の中に平和の
　　とりでを築かなければならない。

　イ 過去に目を閉ざす者は，けっきょく現在にも目を開かなくなる。

　ウ 孤立して無力感に囚われた大衆が，帰属感を求めて人種主義に吸収
　　され，全体主義が発生する。

　エ 汝殺すなかれと呼びかける他者の苦痛に責任をもつとき，人間は
　　倫理的主体となる。

　① ア　レヴィナス　　　　　　　イ　ユネスコ憲章
　　　ウ　ヴァイツゼッカー　　　　エ　ハンナ＝アーレント
　② ア　ハンナ＝アーレント　　　イ　レヴィナス
　　　ウ　ユネスコ憲章　　　　　　エ　ヴァイツゼッカー
　③ ア　ヴァイツゼッカー　　　　イ　ハンナ＝アーレント
　　　ウ　レヴィナス　　　　　　　エ　ユネスコ憲章
　④ ア　ユネスコ憲章　　　　　　イ　ヴァイツゼッカー
　　　ウ　ハンナ＝アーレント　　　エ　レヴィナス

178

コラム・4　原典資料・解釈・解説書（日本思想2・現代社会）

章	人物	著作名	一言コメント
3	親鸞	教行信証（きょうぎょうしんしょう）	正式には「顕浄土真実教行証文類」。念仏往生を示す経典文（証文）を抜粋し解説したもの。
	唯円	歎異抄	弟子による親鸞の言行録。悪人正機説など親鸞の思想を分かりやすく示すとしてしばしば引かれる。
	道元	正法眼蔵	末法思想を否定し，坐禅による自力解脱，身心脱落などを説いている。
	日蓮	立正安国論	他宗を批判し，法華経にもとづく正しい教えをうち立てることで国家の安泰も確保されると説く。
	伊藤仁斎	論語古義	孔子の古い時代にかえって，その意味（義）を解釈したとする，『論語』の注釈書。
	荻生徂徠	弁道	儒学でいう「道」とは先王による礼楽刑政であることが，弁＝議論されている。
	賀茂真淵	万葉考	最古の歌集である『万葉集』の考察を通じて，日本古来の精神を探った書。
	本居宣長	古事記伝	賀茂真淵の遺志を継ぎ『古事記』の実証研究を行いその注釈から日本古来の「惟神の道」を説いた。
	石田梅岩	都鄙問答（とひもんどう）	心学塾における問答をもとに，正直・倹約などの町人道徳を説いた。
	安藤昌益	自然真営道（しぜんしんえいどう）	自然の理法を明らかにし，自然世を理想として万人直耕を説き，封建社会を批判した。
	福沢諭吉	学問のすゝめ	天賦人権や，独立自尊のための実学＝数理学を習得すべきことをすすめた啓蒙書。
	中江兆民	三酔人経綸問答（さんすいじんけいりんもんどう）	三人の登場人物が，酒を呑みながら政治論をたたかわせ問答するという趣向。
	内村鑑三	余は如何にして基督信徒となりし乎	自らがキリスト教徒となり，その思想を深めていく過程が記された半生記。
	幸徳秋水	社会主義神髄	マルクスほかさまざまな思想家の文献をもとに，社会主義を平易に紹介した。
	河上肇	貧乏物語	経済問題を資本主義による貧困であるとし，人道主義の立場から貧困問題にかかわり，研究した書。
	西村茂樹	日本道徳論	国家を支える国民の育成と，それを支える「国民道徳」の確立を儒教を根本として論じた。
	北村透谷	内部生命論	功利主義を批判。「想世界（内面的世界）」での自己の内なる自由な内部生命を表現することを唱えた。
	夏目漱石	私の個人主義	イギリス留学時の経験から，近代化に不可欠な個人主義，自己本位という生き方を語った講演録。
	与謝野晶子	みだれ髪	自らの感情や官能を詠ったロマン主義文学の歌集。
	西田幾多郎	善の研究	主客未分の「純粋経験」を論じ，実在・善・宗教について日本と西洋の思想を統合して論じた。
	和辻哲郎	人間の学としての倫理学	人間は「人の間」という意味でもあり，したがって「間柄的存在」だというのである。
4	リースマン	孤独な群衆	「他人指向型」の人間は，同質性は高いものの，内実は「孤独な群衆」であることが述べられている。
	ボーヴォワール	第二の性	「女」というのは，男性優位の文明のなかでつくられた「第二の性」であると批判した。
	レヴィ＝ストロース	野生の思考	「文明の思考」と「野生の思考」とを比較し，その優劣は成立しないとする。

第5章
出題形式別対策

　この章では，様々な出題形式を通して，共通テストで必要とされる読解力や判断力を養成していく。共通テストでは限られた試験時間で多くの問題に取り組むため，やみくもに問題に当たるのではなく，ポイントを押さえて解き進んでいくことで，効率よく解答でき，高得点が期待できるだろう。

180

出題形式別対策 1　前後関係を読む

例題1　次の文章を読み，下の問いに答えよ。

　私たちの生活の中に息づいている道徳には，近世社会で普及した儒学などで説かれていた徳目に由来するものが多い。この中には，人間や自然，社会に対する理解自体が変わったため，実はその徳目に含まれていた豊かな思想内容が見失われてしまっている場合もある。

　例えば「孝」という徳目が，父母や祖先に対する敬愛の念を説く点は，近世の理解とあまり変わっていないように見える。しかし「孝」は人間関係を示す徳目にとどまらずに，天地万物の根源的「道」を示すものと受けとめられる場合があった。このことは，人間関係の道徳規範と自然界の法則が同一の原理に支配されているという前提がないと，なかなか理解しにくい。また「孝」は，弟の兄に対する敬愛を意味する「弟（悌）」とともに「孝弟」と称せられ，「仁」の基本として説かれていた点も，今ではあまり顧みられなくなっている。

　同様に伊藤仁斎が説いた他者に対する言行や心意に嘘や偽りがないことを意味する「誠」も，「誠は天の道なり」という経書の言葉をもとに，天地万物の根源的あり方と関連づけられていた。そもそも朱子学においても「居敬」と「窮理」という修養によって，人は「誠」に至ることが可能となり，あらゆる人間関係の規範が成立すると考えられたのである。

（中略）

　このような近世社会の徳目についての考え方に対し，近代社会においては　**A**　が支配的となっていき，儒学の徳目理解も次第に変更を余儀なくされていく。こうした中で，儒学的世界観を自らの知的基盤の一部にしてきた日本の知識人は，儒学を批判したり，それに近代西洋思想を接合しようとしたりすることによって，新たな思想を形成していったのである。

　近世，近代におけるこうした儒学の徳目理解の変化やその過程における思想的葛藤を学ぶことは，私たちがこれからの道徳のあり方について考える際に示唆を与えてくれるであろう。

第5章　出題形式別対策　181

> 問　文中の　A　に入れるのに最も適当なものを，次の**①**～**④**のうちから一つ選べ。
> **①**　私的領域と公的領域とを分離し，私的領域こそ重要であるとする見方
> **②**　政治と経済とを分離し，各々に独自の原理が働いているとする見方
> **③**　感情と理性とを分離し，感情こそが人間の本質であるとする見方
> **④**　人間と自然とを分離し，各々が別の原理で動いているとする見方

解答・解説　　　　　　　　　　　　　　　　正解 **④**

　近世社会と近代社会との間における，儒学の徳目理解の違いについて知っている受験生はほとんどいないだろう。しかし，本問では**本文を丁寧に読めば正解を導くことができる**。2段落目の4行目に，「このことは，人間関係の道徳規範と自然界の法則が同一の原理に支配されているという前提がないと，なかなか理解しにくい」という記述がある。このことから，近世においては，人間関係にかかわる事柄と自然法則とが同一に捉えられていたことが分かる。3段落目の伊藤仁斎についての記述も，その例示であることが分かる。このことを前提に空欄を含む一文を読むと，「このような近世社会の徳目についての考え方に対し…」とあるので，自然法則と人間関係の規範とが同一に捉えられなくなったという趣旨の記述が，空欄にあてはまるはずである。この点を指摘しているのは**④**だけであり，残る選択肢には，**①**私的領域と公的領域，**②**政治と経済，**③**感情と理性，のように，この点とはまったく違った事柄が記述されているので，適当ではない。

1 前後関係を読む

！ここがポイント！

本文にヒントあり！
　共通テストの出題は，すべてが「知識問題」という訳ではない。重要ヒントが本文にさりげなく隠れていて，そこから論理的に正解に至る設問もあり，そうした思考力・判断力の重視が謳われている。「本文なんて読む必要あるんですか」などという質問は，論外！

出題形式別対策 2　内容を理解する

例題2　次の文章は，「現代社会と若者」というレポート課題に取り組むための手掛かりとして，先生が生徒たちに紹介したものである。この文章を読み，下の問いに答えよ。

　　現代の若者にはとくに超能力にひかれる傾向があるようだ。超能力をテーマにしたコミックやアニメを挙げればきりがないし，「普通の私が超能力者になれる」と謳う宗教も少なくない。こうした傾向は，単に個人の趣味にすぎないのだろうか。むしろこれは，時代の性格を反映したものではないだろうか。

　　例えば，非日常的な時間を与えてくれるハレとケとの区別が，現代においては曖昧になっている。また，自己の固有性を捜し求める気持ちが強迫観念にまで膨れ上がっているのに，現実社会の中では理想を抱きにくいという状況もある。さらに，メディアやテクノロジーによって身の回りには仮想現実があふれ，生身の他者との関係は現実味が薄くなっている。

　　こうした中で，生き生きとした現実との関わりにおいて自己を発見していくことが困難になっている。超能力を求める人々のありようは，この事態を敏感に察知し，現実味の希薄な日常から脱出しようとする姿勢の現れなのかもしれない。

問　下線部に関する記述として**適当でないもの**を，次の①〜④のうちから一つ選べ。

① 　コンピュータ・ネットワークは，これまでと比べてきわめて小さなコストで人々が他人と接触し自分を表現することを可能にした。しかしその結果，素顔が見えない者同士の節度のない中傷合戦や，自我意識の過剰な拡大も生じている。

② 　計算機をはじめとする電子機器は，人々の生活に役立ち，今までは不可能だったことを実現してくれる。しかし，モニターから発生する電磁波や，廃品から生じる有害物質が話題になっているように，電子機器が直接人体におよぼす影響も懸念されている。

③　テレビが普及したおかげで，人々は茶の間にいながら世界の隅々
の様子を知ることができるようになった。その反面，実際の旅行は
テレビ番組の追体験にすぎなくなり，旅先の街並みや人々をカメラ
の画面越しにのぞいて回るような事態さえも生んでいる。
④　携帯電話等の個人通信機器は，人と人とをより直接的に結びつけ
るのに役立っている。その反面，継続性を欠いた広く浅い人間関係
を確認する手段としても利用され，他者との衝突や軋轢をさけると
いった昨今の傾向を助長してもいる。

解答・解説　　　　　　　　　　　　　　　　　　　　正解 ②

　電磁波や電子機器に含まれる有害物質の問題は指摘されており，世界的に
問題にされている。よって，②に記述されている事柄そのものは，事実と
しては誤ってはいない。しかし，ここで問われているのは「下線部に関する
記述」である。下線部は「生身の他者との関係」を問題にしているが，②
は「生身の他者」を問題にしている記述ではない。電磁波や有害物質が人間
に与える影響を述べているだけであるから，下線部の趣旨からズレており，
正解とはならない。これに対し，①は「素顔が見えない者」，③は旅行先で
暮らす人々，④は「他者」と，それぞれ「生身の他者」が問題になってい
る。下線部の内容に合致する問題性の指摘なので，適当である。

2
内容を
理解する

！ここがポイント！

下線部との整合性も考慮しよう！
　選択肢の内容はすべて正しくても，問いの要求とズレているものは
正解とはならない。手持ちの知識に照らして選択肢だけを比較しても，
正解には至れないこともある。何が問われているのか，問いの趣旨を
踏まえて解答しよう！

出題形式別対策 **3**

論理立てて考える

例題3　課題探求に関わる次の問いに答えよ。

問　医療倫理をテーマに取り上げた生徒Aは、緩和ケアについてインターネットで調べてみた。その結果、世界保健機関（WHO）は、次のように緩和ケアを定義していることが分かった。その**定義**における苦痛については、図のような説明が考えられる。**定義**と**図**を踏まえたうえで、緩和ケアの考え方として**適当でないもの**を、次ページの**①**～**④**のうちから一つ選べ。

定　義

　緩和ケアとは、生命を脅かす疾患による問題に直面している患者とその家族に対して、疾患の苦痛、身体的問題、精神的問題、社会的問題、スピリチュアルな（霊的な、魂の）問題に関して、早期からきちんとした評価を行い、それが障害とならないように予防したり、対処したりすることで、クオリティー・オブ・ライフ（生活の質、生命の質）を改善するためのアプローチである。

（世界保健機関Ｗｅｂページ）

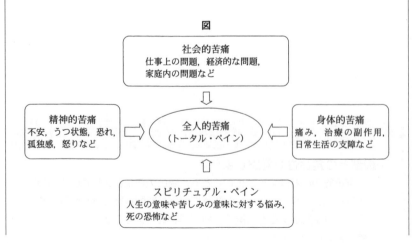

① 緩和ケアは，末期治療に限定されるものではなく，治療の過程に生じる様々な苦痛を和らげようとするアプローチである。

② 緩和ケアが改善しようとしているクオリティー・オブ・ライフには，患者本人だけでなく，患者をとりまく家族の生活の質も含まれる。

③ 緩和ケアという考え方は，患者が感じている苦痛を分類し，ケア・スタッフが，患者の身体的苦痛に集中して治療できるようにする。

④ 緩和ケアという考え方は，治療の間に変化する患者のニーズにこたえるために医療従事者と患者のコミュニケーションを重視している。

解答・解説　　　　　　　　　　　　　　　　　　　　　**正解 ③**

　この定義や図によれば，緩和ケアは，疾患の苦痛などの身体的苦痛だけでなく，**精神的苦痛や社会的苦痛，スピリチュアル・ペインといった問題に対しても予防・対処しようとするもの**と分かる。それさえ分かれば，③の「身体的苦痛に集中して」という記述は，それ以外への対処を欠いていることから明らかに適当でないと分かる。

！ここがポイント！

与えられた情報をもとに判断しよう！

　共通テストでは，初見の資料や文章を読み取り，その場で解き方の手順を判断する力が求められる。こうした問題は，与えられた情報を順序立てて整理すれば，必ず正解できる。論理的思考力を試すねらいなので，落ち着いて取り組もう。

出題形式別対策 **4** # 資料を読み込む

例題4 社会契約説を唱えた思想家に関して，次の問いに答えよ。

問 次の文章は，ルソーが憐れみ（憐憫）の情について述べたものである。その内容の説明として最も適当なものを，下の**①**〜**④**のうちから一つ選べ。

憐れみの情が自然な感情であることは確実であり，この感情がそれぞれの人のうちの自己愛そのものの働きを緩めて，種のすべての個体が互いに保存し合うことを手助けする。この憐れみがあるからこそ，私たちは苦しんでいる人を見ると，何も考えずにその人を助けたいと思うのである。そして，自然状態においても，この憐れみこそが法と習俗と徳の代わりをする。自然状態の長所は，誰一人としてこの感情の優しい声に逆らおうとする人がいないということである。……理性は「汝の欲することを他人になせ」という崇高な正義の掟を教えるが，憐れみの情は，「できるだけ他人を害することなく，汝の善をなせ」という自然の善良さの教えをすべての人の心に吹き込むのである。この教えは，崇高な正義の掟ほど完全なものではないとしても，役に立つという意味ではそれを超えるに違いない。

（『人間不平等起源論』より）

① 憐れみは，自己愛の働きを緩めて，互いに助け合うことを可能にする感情である。この感情が人間に教える掟は崇高な正義の掟であり，理性が教える掟と比べると，より役に立つものである。

② 人は，苦しむ人を見ると，その人を助けようとするが，そのような経験を重ねるなかで，憐れみの情は育まれていく。この感情によって，人は自然状態を脱し，法・習俗・徳を生み出していく。

③　憐れみは，互いに助け合うことを可能にする感情であり，人はそれを自然に有している。この感情が人間に教える掟は，理性が教える掟と比べると，完全とは言えないが役に立つものである。

④　人は，他人が発する優しい声に触発されて自己愛を捨て去り，憐れみの情を獲得するようになる。この感情は，自然状態において，法・習俗・徳が果たす役割の代わりとなっている。

解答・解説　　　　　　　　　　　　　　　　正解　③

　ルソーは，自然状態において人間は，自由・平等な存在で，自己保存の欲望と憐れみ（憐憫）の感情を持つだけであると考えた。この設問では，このことついて述べられている**文章を正しく読み取ることが求められている**。掲げられた文章は，憐れみという感情が「互いに保存し合うことを手助けする」もので，「誰一人としてこの感情の優しい声に逆らおうとする人がいない」と述べている。そして，憐れみの情が吹き込む教えは「崇高な正義の掟ほど完全なものではないとしても，役に立つという意味ではそれを超える」と結んでいる。**③**はこの記述に合致している。それに対し**①**は，憐れみの情が「人間に教える掟は崇高な正義の掟」としており，「崇高な正義の掟ほど完全なものではない」という**文章の記述と矛盾**しており不適当。**②**は，苦しむ人を助ける経験から「憐れみの情は育まれていく」としているが，**文章はこれと反対**に，「憐れみがあるから……その人を助けたいと思う」としているので不適当。**④**は，「他人が発する優しい声に触発されて自己愛を捨て去り」としているが，文章は「憐れみの情が自然な感情」であり「この感情の優しい声」としているので，「優しい声」は**「他人が発する」ものではない**ため不適当。

！ここがポイント！

資料文と選択肢とを対比して矛盾を見抜こう！

　「倫理」では，先哲の思想との"対話"が重視される。そのため，先哲の原典資料を読解する問題は欠かせない。このタイプの設問は，素直に資料文を読んで選択肢と照らし合わせれば，明確に正誤判断ができることが多い。「知らない思想家の資料」でも同様だ。

出題形式別対策 5　データを読み解く

> 例題5　次の留学生と先生の会話文を読み，下の問いに答えよ。
>
> 留学生：現代の日本人の宗教意識について知りたいです。
> 先　生：それなら，面白い統計資料（資料X・Y）がありますよ。
> 留学生：とても興味深い資料ですね。タイでは，9割以上が上座部仏教の信者ですからずいぶんと違うなあと思いますが，こちらの資料によると，日本では　a　ということですよね。
> 先　生：その通りです。若い人でもお正月に初詣に行ったり，お盆にお墓参りに行ったりするのは，そのいい例でしょうね。
>
> 資料X
>
>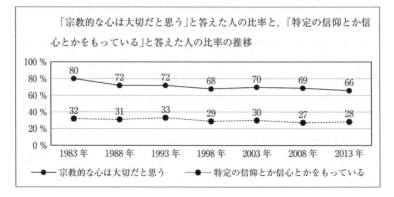

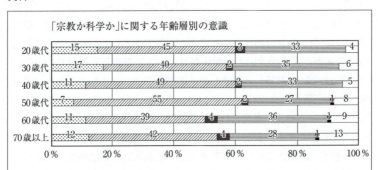

注：**資料Y**の調査は2013年に実施。
出典：**資料X・Y**ともに統計数理研究所「日本人の国民性調査」(2013年)より作成。

問　会話文の趣旨を踏まえ，　a　に入る説明として最も適当なものを，次の①〜④のうちから一つ選べ。

① 人間の救いには宗教の力が必要であると答えた人の割合は，20歳代が最も多い
② 人間の救いには科学の力が必要であると答えた人の割合は，20歳代よりも70歳以上の方が少ない
③ 特定の信仰とか信心とかをもっている人は3割程度だが，宗教的な心を大切にする人はそれより多い
④ 特定の信仰をもっている人の中には，宗教的な心を大切にしない人もいる

| 解答・解説 | 正解 ③ |

　まず，**資料と選択肢を見比べよう。**①の人間の救いに「宗教の力が必要であると答えた人の割合」は，**資料Y**において「人間の救いには科学の進歩と宗教の力とが，たすけあってゆくことが必要である」と回答した人の割合と，「科学の進歩と人間の救いとは関係がない。人間を救うことができるのはただ宗教の力だけである」と回答した人の割合を合わせたものである。選択肢の記述が「宗教の力だけ」としていないことに注意しよう。2つの回答の割合の合計を見ると，20歳代よりも，**40歳代・50歳代のほうが多いので，**①は不適当と判断できる。また，④は，**資料からは判断できない。**資料Xは，全体のうちで「宗教的な心は大切だと思う」と答えた人の比率と「特定の信仰とか信心とかをもっている」と答えた人の比率が示されているだけであって，「特定の信仰をもっている人」のうちでの意識は読み取れない。これに対して，②と③は，資料のデータに合致した記述となっている。さて，この設問では**「会話文の趣旨を踏まえ」という指示がある。**この条件から②と③のどちらが正解かを絞り込んでいこう。空欄を含む留学生の発言を受けて先生は，「若い人でもお正月に初詣に行ったり，お盆にお墓参りに行ったりするのは，そのいい例でしょうね」と発言している。このことから，空欄には「若い人にも宗教心のようなものがある」という内容が入るものと推察できる。したがって，正解は③と確定する。

！ここがポイント！

データと選択肢を照らし合わせ，設問の条件にも注意しよう！

　選択肢がデータと矛盾していれば，そもそも誤文である。まずはこの点から選択肢をふるい分けよう。その上で必要な場合には，考察や設問の条件に注意しよう。かつてのセンター試験でも，データの読み取りは正しいが，そこから導かれる結論が間違いという例もあった。いずれにせよ，鍵となるのは注意力と論理的判断力だ。

第5章　出題形式別対策　191

出題形式別対策 6　連動する小設問

例題6　「資料を比較しながら，さまざまな思想の源流について理解
を深めよう」という課題に，あなたが取り組むとする。これについて，
下の問いに答えよ。

問　次のあなたの発言は，課題について調べたことや分かったことをま
とめた発表の一部である。これを読み，下の(1)～(4)に答えよ。

> あなたの発言
> 　私は，「倫理」の授業で　 ア 　に興味をもち，調べてみたところ，
> それに関して書かれている資料として「　 イ 　」という記述を見つ
> けました。さらに，　 ア 　を説いている教えを調べてみると，
> 　 ウ 　も分かりました。これらのことから，　 エ 　と考えました。

(1)　あなたの発言の　 ア 　に入れる語句を，次の①～④のうちから<u>任意</u>
<u>に一つ選べ</u>。
　　なお，(1)で①～④のいずれを選んでも，(2)～(4)の問いについては，
それぞれに対応する適当な選択肢がある。
　　① 天国　　② 空　　③ 非攻　　④ 梵我一如

(2)　(1)で選んだ　 ア 　について，あなたの発言の　 イ 　に入る記述とし
て最も適当なものを，次の①～④のうちから一つ選べ。
　① 　いや，まったくのところ，おまえたちは審判を嘘だといっている。
しかし，おまえたちの上には監視役たちがいる。気高い書記がいる。
彼らは，おまえたちの所業をよく知っている。敬虔な者は，至福の
中に住むが，放蕩者は，業火の中に住み，審判の日，その中で焼け
滅びる。そこから抜けだすこともかなわぬ。
　② 　一人の人間を殺害すると，それを不正義として，きっと一つの死
刑の罪があてられる。（中略）百人を殺害すると百の不正義をかさ
ねたことになって，きっと百の死刑の罪が適用されるわけである。
（中略）ところが，他国を攻撃するという大きな不正義を働くもの

6 連動する小設問

については，それを非難することを知らず，かえって追従してそれを誉めたたえて正義であるといっている。

③　芽や諸行などの諸存在に自性がもしあるとすれば，すでにそれはそのものとして現に存在しているのである。なんの必要があってそれに対する因や縁が考えられるのであるか。つまり，諸行や芽が現に存在するものとしてなりたっているならば，それを再び成立させるために，無明や種子などがその因や縁として設定される必要はないはずである。

④　この世の万物は最高原理を本質としている。それは真にあるもの，それはアートマンである。この世のすべてはこのアートマンである。この万有はブラフマンにほかならない。この世の万物はアートマンにほかならない。この世において何物も，多様には存在しない。そして，もしこのようではないとすれば，一者を認識することによってすべての認識が達成されはしないのである。

(3)　(1)で選んだ　ア　について，あなたの発言の　ウ　に入る記述として最も適当なものを，次の①～④のうちから一つ選べ。

①　この教えは，封建制度が崩壊し始め，諸侯が国の秩序安定をはかり富国強兵に努めた時代の中国で説かれたもので，古い習慣や自説を固く守り続けることを意味する故事成語がこの教えから生まれたこと

②　この教えは，現世での生き方が来世の在り方を決定すると説き，多神教の宗教としてインドにおいて発展したもので，その後，民間信仰等と融合して，現在のインドに根づいている宗教に変容したこと

③　この教えは，争いが絶えず，貧富の差が大きかったアラブ社会において，唯一神の前での信者の平等，同胞愛，社会的な正義を説き，生活すべてにおいて聖典に従うよう信者に求めたこと

④　この教えは，戒律の解釈の違いから諸部派に分かれ，その部派の在り方に対する批判から改革運動が起こった際，自利行と同様に利他行も重視する立場を生み出したこと

第5章　出題形式別対策　193

(4)　(1)で選んだ　ア　について，あなたの発言の　エ　に入る記述として最も適当なものを，次の①〜④のうちから一つ選べ。

①　人間は平等に神の裁きを受けて死後の運命が決定されると，この教えでは捉えていることがわかりました。混沌とした社会だからこそ，神の言葉のままに生きようとしたのだろう

②　すべての物は自らを成り立たせる本質などなく，他から成り立たせられるものであるに過ぎないのではないかと思いました。また執着から離れることも必要だと思いますが，そうすることは非常に難しい

③　宇宙の根源の原理と自己の永遠不滅の実体とが一体となった境地に達することで，苦から逃れ安らぎを得られるとしたのだと思いました。そのために厳しい修行や禁欲の生活を必要としたのだろう

④　なぜ世界から戦争がなくならないのか疑問をもちました。戦争がなくなり平和な世界が来るように，すべての人々を愛する無差別で平等な愛が求められているのではないか

6
連動する
小設問

| 解答・解説 | 解説参照 |

(1)～(4)が連動していることから，まず(1)で❶の「天国」を選んだならば，(2)以降ではキリスト教やイスラーム教について解答することになる。同様に，❷の「空」ならば大乗仏教の空の思想について，❸の「非攻」ならば墨子の思想について，❹の「梵我一如」ならばバラモン教について，解答することになる。

そうなると，(2)では，❶が「審判の日」という記述から天国と，❷が「他国を攻撃する」という記述から非攻と，❸が「自性」を斥けている記述であることから空と，❹が「アートマン」や「ブラフマン」に言及していることから梵我一如と，それぞれ結びつく。

(3)では，❶は「中国」から，❷は「インド」から，❸は「アラブ」から，❹は「自利行」や「利他行」から，結びつくものが判断できる。

最後に(4)では，❶は「神の裁き」，❷は「自らを成り立たせる本質などなく」，❸は「宇宙の根源の原理と自己の永遠不滅の実体とが一体」，❹は「戦争」から，結びつくものが判断できる。

したがって，(1)－(2)－(3)－(4)を以下のいずれかの組合せで解答した場合に正解となる。

❶－❶－❸－❶，❷－❸－❹－❷，❸－❷－❶－❹，❹－❹－❷－❸

このように，見た目こそ複雑であるが，基本知識のつながりを見ぬけば簡単に正解を確定できる。さらには，(1)ではどれを選んでもかまわないのだから，自分が最も自信のある組合せを選んで解答すればよいのである。

！ここがポイント！

「見た目の複雑さ」に右往左往する必要はない！

共通テストでは，小設問が連動していたり，複数の組合せが問われたりと，複雑な設問形式で問われる可能性がある。だが，問われているのは「倫理」で学習する事柄の知識・理解，それに基づく思考力・判断力であるということに変わりはない。設問の指示を踏まえて適切に解答すればよいだけだ。

演習問題（出題形式別対策）　195

演習問題 択一問題　　　　　　　　　　　　　▶解答は222ページ

1. 次の文章中の　A　に入れるのに最も適当なものを，下の①〜④のうちから一つ選べ。

「恋愛は人世の秘鑰*なり」。明治時代の詩人，北村透谷の言葉である。憧れ，喜び，悲しみ，痛み，あるいは献身や嫉妬など，恋愛は様々な陰影を人の生に与える。そうした男女の関わりについて，人々はどのように考えてきただろうか。

『古事記』によれば，伊邪那岐命・伊邪那美命という男女二神が，　A　とされる。ここには，男女の関わりが，この世界において根源的な力をもつものであるという考えを見ることができる。だが一方，古来，情欲に基づく男女の関わりは邪なものとされ，戒めの対象とされることもあった。例えば仏教は，恋の執着を，悟りを妨げる煩悩であると捉えたのである。こうした男女の関わりは，生き生きとした人の感情を重視する近世に入ると，より一層注目されていくことになる。儒学に対抗して，神話や歌・物語の中に人や世界のあり方を探ろうとした国学は，そこに描かれた男女の恋に重要な意義を見いだしていった。

　　*秘鑰：秘密を解く鍵，の意

① その結びつきにより，国土と諸神を生み出した
② その意志によって，この宇宙と万物を創造した
③ その超越的な力によって，万物に生成を命じた
④ その霊的作用により，原初の人間を誕生させた

2. 次の文章中下線部のパスカルは多くの警句をのこしている。そのうち，習慣について述べた警句として最も適当なものを，下の①〜④のうちから一つ選べ。

大航海時代を契機として，西洋人には知られていなかった土地の情報が流れ込み，ともすればそうした土地の習慣を見下す風潮の中で，モンテーニュは，自分たちの習慣にも野蛮なところがあることを認めた。（中略）またパスカルも，「習慣のもつ権威の基礎は，単に，それが受け容れられているということにすぎない」と主張し，習慣にはそれを支える理性的根拠はないと考えた。

① 人間はひとくきの葦にすぎない。自然の中で最も弱いものである。だが，それは考える葦である。

②　川一つで仕切られる滑稽な正義よ。ピレネー山脈のこちら側での真理が，あちら側では誤謬である。

③　クレオパトラの鼻。それがもっと短かったなら，大地の全表面は変わっていただろう。

④　人間は，天使でも，獣でもない。そして，不幸なことには，天使のまねをしようと思うと，獣になってしまう。

3. ある高校で書道家が講演した。その書道家は講演の中で持参した新しい筆を見せながら，次の**考え方X**と**考え方Y**について説明した。そして，それぞれの考え方に基づくと，生徒**ア**〜**エ**のうち，誰にこの筆をあげるのがふさわしいと思うかと生徒に問いかけた。その答えの組合せとして最も適当なものを，次の①〜⑧のうちから一つ選べ。なお，生徒**ア**〜**エ**は全員，書道部に所属し，自分の持っている筆は古くなって使えなくなっているものとする。

考え方X　誰もが平等に，基本的な自由を保障されるべきである。そして社会的に不平等が許されるのは，誰もが同様に機会を保障されている中で，最も恵まれていない人に，より多くの利益がもたらされるような場合だけである。

考え方Y　解決策が社会的に正しいかどうか考えるには，人が生活を営むための財をどれだけ持っているかだけでなく，その人が，望む生活を実現するために，どれだけ財を活用できるか，その機会があるのかも考える必要がある。

生徒**ア**は，講演を依頼する段階から，講演当日までの準備を一手に引き受け，がんばっていた。講演にかかわる交渉では，誰よりも貢献していた。

生徒**イ**は，書道の初心者でまだ上手とはいえないが，書道家になる夢を抱いている。夢の実現に向けて人一倍練習する努力家である。

生徒**ウ**は，長年，書道教室にも通い達筆である。書道部の引退前の最後の書道大会でも入賞が確実であるが，その後，書道を続けるつもりはない。

生徒**エ**は，新しい筆を買おうとアルバイトをしてお金を貯めたが，そのお金を落としてしまい，筆を買うことができない。

①	考え方X─生徒ア	考え方Y─生徒ウ
②	考え方X─生徒ア	考え方Y─生徒エ
③	考え方X─生徒イ	考え方Y─生徒ウ
④	考え方X─生徒イ	考え方Y─生徒エ
⑤	考え方X─生徒ウ	考え方Y─生徒ア
⑥	考え方X─生徒ウ	考え方Y─生徒イ
⑦	考え方X─生徒エ	考え方Y─生徒ア
⑧	考え方X─生徒エ	考え方Y─生徒イ

4. ピコ=デラ=ミランドラに関する次の文章中の【 X 】に入る語句を考え，その語句を入れた際に正しい解説となる文として適当なものを，下の①～④のうちから二つ選べ。ただし，解答の順序は問わない。

　他のものたちの本性は定められており，われわれが前もって定めた法則によって制限されている。しかし，お前（人間）はどんな制限にも服していないため，お前は，私がお前を委ねることにした【 X 】によって，自分のためにお前の本性を定めることになるのだ。

　　　　　　　（ピコ=デラ=ミランドラ『人間の尊厳について』より）

① エラスムスは，人文主義の立場から人間の【 X 】を否定し，神に従うことを説いた。

② アウグスティヌスは，【 X 】によって悪に傾かざるをえない人間の姿を捉え，神の恩寵に頼ることを説いた。

③ スピノザは，人間の【 X 】を否定し，世界をつらぬく必然性を認識することを説いた。

④ マキャヴェリは，運命に抗しようとする【 X 】を尊重し，君主の倫理的徳に基づく統治を説いた。

5. 人格（パーソナリティ）に関心をもった生徒Aは，文献を調べるなかで次の調査紹介を見つけた。

　次の図は児童福祉を目的とする非営利組織が小中学生を対象に行ったサマーキャンプにおいて，参加者一人ひとりの行動を観察した研究結果の一部である。この研究の目的は，様々な状況を通じての一貫した考え方や行動という意味での一貫性の有無を検討することであった。図は，キャンプ中に高い攻撃性が見られた二人の子どもについて，「仲間が親しげに近づく」などの五つの状況で，言語による攻撃的な反応（からか

い，挑発，脅し）がどのくらいの頻度で観察されたかを表している。図の縦軸の数値は，キャンプの参加者全体の平均を0とし，そこからの差として攻撃的な反応の多さを示している。

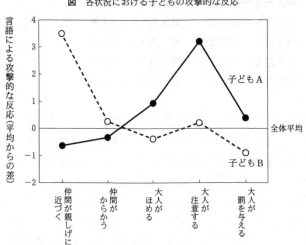

図　各状況における子どもの攻撃的な反応

（注）　この研究では，小中学生84人の行動を6週間にわたって観察した。子ども一人に対する平均観察時間は167時間であった。
Shoda, Y., Mischel, W., & Wright, J.C., 'Intraindividual stability in the organization and patterning of behavior', *Journal of Personality and Social Psychology*, 1994により作成。

この調査から読み取れることとして最も適当なものを，次の①〜④のうちから一つ選べ。

① キャンプの参加者全体と比較したとき，子どもAが攻撃的に反応するかどうかは状況に依存するのに対し，子どもBの攻撃的反応はいずれの状況においても全体平均を下回っている。

② 二人の子どもはともに，相手との年齢が近いときより離れているときに攻撃的に振舞うが，年齢の近い相手への攻撃的反応の頻度は，子どもAより子どもBの方が高い。

③ 相手からほめられる状況と，注意や罰を受ける状況とで比較すると，子どもAは前者よりも後者の二つの状況でいずれも攻撃的になるが，子どもBにその傾向は見られない。

④ 高い攻撃性が見られた二人の子どもだが，取り上げられている五つの状況のなかで，全体平均からプラス1以上の攻撃的反応を示す状況は，子どもAでも子どもBでも限られている。

6. 生徒が，愛に関する言葉について調べ，それに関わる資料を提示した。次の(1)・(2)に答えよ。

(1) 愛に関する言葉の説明を，次の①～④のうちから**任意に一つ選べ**。
なお，(1)で①～④のいずれを選んでも，(2)の問いについては，それぞれに対応する適当な選択肢がある。

① この言葉はもともと愛の神を意味していた。完全なもの・価値あるものを求める愛で真の知恵を愛し求める原動力となるものである。

② この言葉は無差別・無条件の神の愛を意味する。すべての人間，善人にも罪人に対しても，分け隔てなく，注がれるものである。

③ この言葉はあらゆる命への普遍的な愛のことである。苦悩する衆生に差別なく向けられるものである。

④ この言葉は本来，親と子の間にわき起こる自然な愛情を意味する。社会的な関係の中で広げられていくものである。

(2) (1)で選んだ愛に関する言葉の説明と関連の深い資料として最も適当なものを，次の①～④のうちから一つ選べ。

① いかなる生物生類であっても，怯えているものでも強剛なものでも，悉く，長いものでも，大きなものでも，中くらいのものでも，短いものでも，微細なものでも，粗大なものでも，目に見えるものでも，見えないものでも，遠くに住むものでも，近くに住むものでも，すでに生まれたものでも，これから生まれようと欲するものでも，一切の生きとし生けるものは，幸せであれ。

② 人間の生まれつきが，孝行で柔順だというのに上役にさからいたがるものは，まず珍しいね。その上役にさからいたがらないものが内乱をおこしたという例は，まだ聞いたことがない。りっぱな人間は根本をたいせつにする。根本がかたまると道は自然にできる。

③ だれであれ，自分の半身を探し求めるような人たちは恋しているのだという説が語られていますね。しかし，私の説が主張するところでは，恋が求めるのは半分でも全体でもないのです。（中略）人々が恋するものは，善きもの以外には何もありません。（中略）恋とは，善きものが永遠に自分のものになることを求めているのです。

④ ある人が羊を百匹持っていて，その一匹が迷い出たとすれば，九十九匹を山に残しておいて，迷い出た一匹を捜しに行かないだろうか。（中略）もし，それを見つけたら，迷わずにいた九十九匹より，その一匹のことを喜ぶだろう。

200

演習問題 択一問題 解答・解説

[第1章　源流思想]
▶問題は42ページ

1. 正解 ③

「人間は万物の尺度である」ということばに示されるように，**プロタゴラス**は，相対主義的真理観に立ち，万人に共通する客観的・絶対的真理を否定し，真理の基準は「**判断する人間**それぞれにある」とした。

①は，ロゴス（理性・自然）に従って生きるべきことや，禁欲主義とあるから，ストア派の**ゼノン**についての記述。**②**は，「無知の知」を説いた**ソクラテス**についての記述。**④**は，「万物の根本原理」すなわちアルケーを「**数**」に求めていることから，自然哲学者の**ピタゴラス**についての記述である。

---

2. 正解 ②

ソクラテスは，魂が優れていることが人間の**アレテー**（徳）だとして「魂への配慮」を説き，「**善く生きる**」ことが大切であることを説いた。彼は，魂を優れたものにするには真の知を獲得することが不可欠であるとし，その方法として**問答法**を唱えた。

①は**アリストテレス**についての記述。**③**はストア派の**ゼノン**の思想。**④**ソクラテスは，魂が優れたものとなるように気をつけるより先に，身体や金銭のことを気にしてはならない，と説いているが，だからといって社会規範を「軽蔑し」ていたわけではない。そのことは，死刑判決に服したことからも推察できよう。

---

3. 正解 ④

プラトンは，真の実在が**イデア**であり，現実界の個々の事物はその不完全な模像にすぎないとした。イデア界が「魂の故郷」であるのに対し，現実界を「肉体の牢獄」としている。また，魂がイデアを想起することをアナムネーシスという。

①は，プロタゴラスなど**ソフィスト**たちによる相対主義的真理観。**②**は，「公共生活から退くこと」すなわち「隠れて生きよ」と説いて，「魂が永続的に安定するところ」（アタラクシア）をめざした**エピクロス**の主張。**③**は最高善は幸福だとして観想的生活を理想とした**アリストテレス**の主張である。

4. 正解 ③

　プラトンの哲人政治論は，哲学を学んだものが統治者となり，それによって防衛者・生産者が統御されるべきとするものである。そして，統治者が担う徳が知恵であり，防衛者が勇気，生産者が節制であり，全体の調和が保たれた際に現れるのが，正義の徳である。

　①すべての階級が知恵・勇気・節制を身につけるとしているのではない。②は，防衛者階級が生産者階級を支配するという点で不適当。支配するのは，あくまでも統治者である**哲人**である。④階級にかかわる記述を別とすれば，習慣づけによって**中庸**をめざすべきことを説いたのは，アリストテレスである。

---

5. 正解 ③

　日常生活にかかわる徳である倫理的徳は，「習慣的徳」とも呼ばれるように，習慣づけによって獲得されるものである。例えば，理性が感情や欲望を制御することにより，放埒＝節制の過多などを避け中庸をとることができる，言い換えれば「統御することができる」わけである。

　①習慣づけによって獲得されるのだから，「生まれつき備わっている」わけではない。②純粋に真理を探求する観想的生活が幸福をもたらすのであるが，これは**知性的徳**の役割である。④中庸を命ずる思慮は，知性的徳の作用である。

---

6. 正解 ①

　ゼノンを祖とする**ストア派**は，情念に惑わされない境地＝**アパテイア**を理想としたが，これは理性＝自然に従った生き方によって実現するとした。そのため彼らは「**自然に従って生きよ**」をモットーとした。

　②の「健康」は不適切であるが，全体としてソクラテスの弟子の流れをくむ学派である**キニク（キュニコス）派**に近い。③は，**エピクロス**についての記述。魂に動揺のない状態としての快楽＝アタラクシアを求め，モットーとして「隠れて生きよ」を掲げた。④は「ポリス的動物」「友愛」から分かるように，**アリストテレス**についての記述である。

7. 正解 ③

パウロは，イエスが十字架上で刑死したことを「贖い(贖罪)」だと考えた。すなわち，イエス自身の死によって「贖い」がなされたと捉えたわけであるから，そのイエスが「十字架の贖いを信じるしかないと主張」するはずはない。よって③が誤り。

残るいずれの選択肢も，どのような人であれ(罪人・放蕩息子など)，愛するべきであることが記されており，平等観に基づいてイエスが説いた**隣人愛**についての適当な記述である。

---

8. 正解 ②

スコラ哲学の大成者とされるのが，**トマス＝アクィナス**である。彼の「哲学は神学の侍女」という言葉に現れているように，彼は信仰のための理性(哲学)を重んじたのであり，「信仰の優位のもとで両者の統合を試み」るとともに，「神の恩恵」こそ重要であるとした。したがって①の「信仰的実践を哲学によって基礎づけることはできない」というのは，彼の姿勢と相反する。③は大陸合理論の系譜に位置する**スピノザ**の，④は予定説を唱えた宗教改革者**カルヴァン**の，それぞれ記述である。

---

9. 正解 ④

④の前半部分は適当な記述であるが，後半の「ユダヤ教やキリスト教の神を否定し」という箇所は不適当である。この両者の宗教とも唯一絶対の神への信仰を説くものであり，その点では**イスラーム**と同じである。**イスラーム**では，自身はもちろん，ユダヤ教もキリスト教も，同じこの唯一の神を信仰するものであるとみなしている。この選択肢を通じて，**五行**についての知識をさらに深めておこう。

---

10. 正解 ⑥

まず，ユダヤ教，キリスト教，イスラームは，いずれも**一神教**である。したがって，**オ**は入るが，**ウ**が入ることはない。また，**ア**の**四書五経**は儒教の基本文献，**エ**の**徳治主義**は**孔子が理想とした政治のあり方**であり，これらの宗教には関わらない。したがって，**ア**と**エ**は入らない。そして，**イ**の**預言者**は，ユダヤ教やキリスト教であれば例えばモーセが，イスラームであれば例えば**モーセやイエス**そして**ムハンマド**が，これに当たる者とされている。したがって，**イ**は共通するものとして入る語句である。

演習問題 解答・解説 203

11. 正解 ①

　シャカ（ブッダ）によって説かれた縁起説によれば，すべて存在物はさまざまな原因や条件によって生起するものであるとされる。そして，そのことを認識し，永遠に固執する心＝煩悩を滅することが重要であると説かれる。

　これに対し，②は「すべて…法身仏から派生したもの」としており，縁起説を踏まえておらず不適当。③・④は，仏教に関係する教説であるが，シャカが説いたものではなく，その後の大乗仏教の学僧たちが縁起説を深め理論化したもの。③は竜樹の「空」の思想，④は世親の「唯識」の思想である。

---

12. 正解 ②

　仏教においては，苦の原因は無明，すなわち真理（法）についての根本的な無知であるとされる。自己を含めて永遠不滅な存在物はないにもかかわらず（諸行無常・諸法無我），そのことに無知であるために，自己が永遠であることに固執し，苦が生じるというのである。②は「すべて存在するものは原因や条件に依存する」とした縁起説にもとづく記述であり，適当である。

　これに対し，①は「自分…の本質は，…相対的あり方を超越したもの」，③は「自分…は，…根源的なもの」として，自己を絶対化・不変化しているので，不適当。また，真理（法）を知ることが重要であるにもかかわらず，④は「不可知的なもの」としているので，不適当である。

---

13. 正解 ④

　上座部系の仏教は，自己の解脱をまず重視した厳しい修行と戒律の重視を特徴とする。そして，修行を完成させ人々の尊敬を受ける阿羅漢を目標とする。この系統は主に南アジアや東南アジアに伝播したため，南伝仏教とも称される。

　これに対し，一切衆生の救済をめざす菩薩を理想とするのが，大乗仏教である。アは，この大乗仏教についての記述である。

14. 正解 ②

墨家は，侵略戦争を否定する「**非攻**」を説くとともに，儒家の思想を近親重視のものにすぎないとして，無差別平等な「**兼愛**」を説いた。

①「聖人の道よりも」という点が不適当。例えば孔子の政治論（**徳治主義**）を想い起こそう。徳を身につけた君子の道が説かれているように，彼らは「**聖人の道**」をも重視している。③「現実の政治や社会の分野には関心を示さず」が不適当。例えば老子は**小国寡民**という理想国家を提唱している。④**韓非子**に代表される法家は「法による信賞必罰を統治の根底に据え」たが，そうであれば統治される人民が本位となる政治のわけはない。選択肢の論理からしても，誤りだと分かるだろう。

15. 正解 ③

長めの選択肢であっても，注意深く読んでみよう。「**覇道政治**」「王道論」といった**孟子**のおなじみのキーワードがみられるが，「法を重視し，これによって」とあることが目につくだろう。孟子が覇道政治の対極とした理想のあり方，すなわち**王道政治**は，仁義にもとづく**人民本位の政治**のことであり，法にもとづくものではない。そもそも儒家の祖である**孔子**は，法による統治を否定的に捉えていた。これは法家の立場である。④の選択肢を参照しよう。また，①の**荀子**も，法ではなく**礼**という徳の一つを重視している。

16. 正解 ③

孟子の**四端説**で「仁」の端緒とされるのが**惻隠の心**であり，誰もが，生まれながらにもつ他者への思いやりの心である。③は，「子供」という他者を思いやって「救い出してやろう」としているので，適当である。

①も，「目上の人」という他者を思いやっていると考えることもできるかもしれないが，あくまでも「目上」だからであり，これは礼の端緒＝**辞譲の心**と考える方が妥当である。②は，「自分の日ごろの行い」を反省する内容であるから，自己の不善を憎む（恥じる）心である**羞悪の心**の例といえる。④は，「友人」の「不正行為」を悪いこととして「注意」するものであるから，善悪を分別する心＝**是非の心**の例といえる。

17. 正解 老子−③　荀子−⑤

　老子は，道家の思想家として，道に従った「**無為自然**」を理想とし，他と争わず，へりくだる「**柔弱謙下**」の生き方を説いた。こうした生き方の典型が，彼によれば**水**である（**上善は水の如し**）。③はこのことを述べている。

　儒家の思想家である**荀子**は，**性悪説**の立場から**礼**を重視した。すなわち，人間の本性は悪＝利己的であるから，礼に従うことでこの本性を矯正して善性を獲得すべきだとした。⑤はこのことを述べている。

　残る選択肢は，いずれもこうした思想とは直接結びつかないので，正解とはならない。①は孔子に典型的な考え方。②は荘子に見られる。④は「**非攻**」を掲げた墨子の思想。

---

18. 正解 ②

　朱子学では，**理気二元論**を前提に，天地自然と人間を貫く理を知ってこれを窮める（**窮理**）とともに，人欲を抑制してつつしむこと（**居敬**＝「敬の実践」）によって，善性を修養することを説いた。

　①は，「天理よりも」という記述が不適当。理（天理）が朱子学では重要なのである。③の知行合一や良知の発揮（致良知）は，**王陽明**による**陽明学**の主張。④は日本陽明学の祖である**中江藤樹**についての記述。

206

[第2章　西洋思想]

▶問題は90ページ

1. 正解 エラスムス−⑤　カルヴァン−③

ルネサンス期の人文主義者である**エラスムス**は，『**愚神礼讃**』を著して教会や聖職者の堕落を風刺した。

宗教改革者の**カルヴァン**は，予定説を唱えたことで知られている。この説に従えば，神の召命としての職業に励むことが重要となる。

①は**レオナルド＝ダ＝ヴィンチ**についての記述。「**万能人**」はルネサンス期の理想的人間像。②は宗教改革者**ルター**についての記述。**免罪符批判**のエピソードは要確認。④は力による政治を説いていることから分かるように，ルネサンス期の政治思想家**マキャヴェリ**についての記述である。

---

2. 正解 ③

フランスのモラリストの**モンテーニュ**は，新旧両キリスト教派による宗教戦争の経験から思索を深め，懐疑の精神を説いたが，キリスト教信仰は彼にとって前提であった。「神への信仰を否定」という点は不適当である。

残る選択肢は，モンテーニュについての適当な記述である。①・②人間としての正しい生き方＝モラルを追求した。④モラリストは思索を，論文形式ではなく随筆風の手記(箴言，アフォリズム)によってつづった。

---

3. 正解 ①

イタリアの科学者**ガリレイ**は，実験や観察を重視し，これを通じて慣性の法則や振り子の等時性など，物体の運動の法則を研究した。

②「地球を中心とする天文学説」は不適当。コペルニクスが展開したのは地動説，すなわち地球が太陽の周りを回転するというものである。だからこそ，近代科学への道を開いた人物の一人とされるのである。③「物質と精神の二元論」を展開し，「機械論的自然観」を唱えていた人物の典型は，**デカルト**である。④「普遍的原理から出発して…数学的に説明する方法」は演繹法である。したがってこれは，イギリス経験論の哲学者ベーコンについてではなく，デカルトについての記述である。

演習問題 解答・解説　207

4. **正解** ベーコン－① デカルト－④

　ベーコンは，正しい知識を得るためには，「偏見」（イドラ）を除去し，実験・観察を重視して「個々の経験的事実から一般的法則を発見する」帰納法を用いるべきであるとした。

　デカルトによれば，理性＝良識は最も公平に配分されているものである。そして彼は，この理性をもとに論理的な推論を働かせることで知識を獲得すること，すなわち演繹法が重要であると説いた。

　残る選択肢は，こうしたベーコンあるいはデカルトの学問論と直接には結びつかないので，いずれも正解とはならない。②「知識は常に生活の中で試され改善され」るべきと説くのは，プラグマティズム。③は社会主義の思想家マルクスの考え方。

---

5. **正解** ①

　順番に並べると，**c→b→a→d**となる。『統治論（市民政府論）』そのものの知識がなくても，論理を**順序立てて考えてみよう**。まず，**d**では「政府に対しては抵抗権をもつ」とあるのだから，その前に「政府」がつくられていなければならない。したがって，**a**は**d**より前に来る。その**a**では「所有権を安定させるため」という目的が記されているのだから，**a**より前に所有についての議論である**b**が来るはずである。所有の根拠となる「労働」は，**c**のように「自分の身体を……用いる」もので，それによって「自然物に手を加える」のだから，**b**の前に**c**が来るはずである。以上のことから，順番は確定する。

---

6. **正解** ③

　ルソーによれば，そもそも人間は自由・平等であったが，土地の私有を端緒とする文明の発達によって，不平等や悪徳がはびこるようになった。こうした状況に対して，自由・平等を回復する方策が，彼が主張した社会契約であった。

　①は，文明社会をも自由，平等だとしているので，不適当。後半部分はロックの所有（財産）権確保の立場。②は，文明社会を理想視しているので，不適当。④は，フランスの文化人類学者レヴィ＝ストロースの主張。

演習問題
解答・解説

7. 正解 ④

『寛容論』を著した**ヴォルテール**は，フランス啓蒙思想の代表的人物。啓蒙主義は，「伝統的偏見や教会の横暴を」批判し，理性の力によって旧体制の因習や矛盾を批判し，人民を教化して社会の進歩をもたらそうとした。

❶ロックの契約説であるとしても，「自然権を国家へと移譲」という記述は不適当。あくまでも信託（委託）したにすぎない。❷ライプニッツであるとしても「無神論的立場を採っ」て「神を…信仰」するというのは，矛盾に満ちた記述であり，選択肢の論理からして不適当。❸ディドロであるとしても，絶対主義（絶対王政）を支えた理論が王権神授説であったことから考えれば，「絶対主義の唯物論的傾向」は不適当であると分かるだろう。唯物論は物質こそが根源的な存在だとする主張であり，一般に神の存在は否定される。

---

8. 正解 ①

カントは，科学的知識にかかわる**理論理性**と，道徳などにかかわる**実践理性**とを区別し，道徳は科学的知識にかかわりなく，普遍的なものであるとした。また，道徳的義務から生じた行為，すなわち定言命法に従った行為を，道徳性を有する行為としたのだから，「科学がいかに進歩しても変わらない」ということになる。

❷もし仮に「行為の道徳性は状況の中で決まる」のであれば，これは「～の状況ならば～すべし」という仮言命法の形式を採ることになり，カントの道徳的基準と合致しない。彼によれば，道徳法則はいつでも誰にとってもあてはまる（普遍妥当的な）ものである。❸カントは，経験と理性との協働によって認識が成立するとしているので，「すべて経験の積み重ね」という記述は不適当。これは経験論の立場である。❹「霊魂は不死か，神は存在するか，といった形而上学的な問題」が，実践理性の対象である。

---

9. 正解 ②

この資料文は，カントの有名な一節。ここに「単に手段としてのみ扱わないように」とあることに注意すれば，❷は，「自己宣伝の手段」としてのみ扱ってはならないという趣旨であるから，適当であると判断できよう。

❶「手段としてのみ」とあるのだから，「互いを尊重し合っていたとしても，…決してすべきではない」は不適当。同様に，❸仮に「親を…手段とする」面があったとしても，それのみでないのならば「決してしてはいけない」とはならない。❹ここで手段として利用されるのは，「大学」という物件。

演習問題 解答・解説 209

10. **正解** ヘーゲル－② J.S.ミル－①

ヘーゲルは，歴史を絶対精神の自己展開の場として捉えているとともに，ある民族や人物を通して，自由を実現する過程として捉えている。

功利主義の思想家J.S.ミルは，各人の発展の基盤となる自由を徹底的に擁護しており，自由に対する規制をできる限り小さくすること，具体的にはこの①のように主張している。

③は文明の進歩を否定的に捉えている点から，両者いずれにもあたらない。これは，フランクフルト学派の立場に近い。④は実証主義のコント，⑤は社会進化論を唱えたスペンサーの記述。

---

11. **正解** ④

ヘーゲルは，カント的な道徳を主観的なものにすぎないと批判し，法のような客観性をも備えたもの，すなわち道徳と法との**弁証法的統一体**である，具体的な人倫において実現すべきものとした。①は近代的な自由権思想。②は宗教改革者ルター，③は社会主義を唱えたマルクスに見られる考え方。

---

12. **正解** ヤスパース－① ハイデッガー－④

実存主義の思想家ヤスパースは，限界状況に直面することで，超越者に出会い，真の自己(実存)を実現できると説いた。逆にいえば，こうした「状況から逃避」することは「自己を喪失する」ことになる。

ハイデッガーは，自らが「死への存在」であることを自覚することによって，平均的・画一的な「**ひと(ダス・マン)**」から脱して本来の自己「**現存在(ダーザイン)**」を回復することを説いた。

その他の選択肢は，こうした思想と直接結びつかないので正解とはならない。⑤はJ.S.ミルの主張である。

---

13. **正解** ②

「神は死んだ」と述べたニーチェは，神が与えた既存の意味や価値を否定したが，意味もなく繰り返される永劫回帰の世界を直視し，積極的に運命を愛して肯定し，新たな価値を創造し，たくましく生きることを説いた。

①はルソーの「**第二の誕生**」。③の「知性の能力を駆使して現実の状況における問題を解決すること」を重視するのは，プラグマティズムの思想家デューイ。近代の理性重視に対し，ニーチェは「意志」を重視した。④はニーチェの「たくましく生きる」ことと相反しているため誤り。

14. 正解 ①

　マルクスによれば，資本主義社会では，労働力が商品となっているために，労働者の生産物であっても労働者のものとはならない。労働力の商品化が人間疎外の原因であるのだから，こうした社会を根底的に変革する社会主義革命が不可欠であると説いた。

　②は「商業」という特定の産業をターゲットにしており，マルクスの思想としては不適当。これはマルクス以前の社会主義者である**フーリエ**の主張。**③**「帝国主義の時代」は，マルクスよりも後の時代である。これは，マルクス主義にもとづいてロシアで革命運動を指導した**レーニン**の主張。**④**は**フェビアン社会主義**の主張である。

---

15. 正解 ②

　プラグマティズムにおいては，**デューイ**の**道具主義**に典型的なように，知識（学問・真理）は問題解決のために有用であるということが重視されており，「主体的なありかたのうちに問い求め」るべきものではない。

　①は**デューイ**が主張した問題解決学習についての記述。**③**は**ジェームズ**の宗教観，**④**は**道具主義**で，ともに知識が有用であることを重視する記述であり，プラグマティズムの真理観として適当である。

---

16. 正解 ④

　まず，**ア**に入る記述を特定しよう。空欄直前に「**産業革命期の労働者**の状況」とあり，また，空欄の後には「本質的な在り方を妨げられることは苦痛である」とある。この時期の労働者の状況を分析し，労働者は疎外されていると考えたのは，**a**の**マルクス**である。**d**の**ボーヴォワール**は，20世紀の**実存主義**の哲学者で，サルトルの伴侶であった人物。記述そのものは彼女の思想として適当だが，産業革命期とは年代が離れており，また，女性に限定した記述はレポートの文脈には当てはまらない。

　次に**イ**に入る記述を特定しよう。空欄直後に「多様な仕方で世界を加工し続ける人間」とある。**e**の**ベルクソン**の人間観である「**ホモ・ファーベル**」は**工作人**のことであり，この説明と合致する。**b**の**ウェーバー**については，記述そのものは彼の考えとして適当だが，資本主義の起源を問題にしている記述であるから，レポートの文脈には当てはまらない。

　最後に**ウ**に入る記述を特定しよう。空欄の前に「生産することは，社会の在り方を変えていくこと」とあり，それを受けて空欄直後に「働くこと

は，自分の本質を実現すること」とある。**c**の**ホイジンガ**は「人間の本質を**遊び**とみなし」たので，このレポートの文脈には当てはまらない。それに対し，**f**の**ヘーゲル**の記述は，生産や働くことを通じて，「社会の在り方」という「現実」をつくり出すと解釈することができるので，空欄に入る記述と考えられる。

---

17. 正解 ⑤

まず**a**は，「神や道徳などの問題に関する……言語」と対比されている文脈であることから，「形而上学」や「日常生活」ではなく，神や道徳と対照的であると一般的に見なされる「**自然科学**」が入ると判断できる。次に**b**は，ウィトゲンシュタインが後期には**日常での言語使用を分析**したという知識から，「日常生活」が入ると判断できる。そして，この分析で導入した概念が「**言語ゲーム**」であることから，**c**にはこれが入ると判断できる。なお，「**パラダイム**」は，科学史学者の**クーン**が提唱した概念。

212

[第3章 日本思想] ▶問題は136ページ

1. 正解 ②

マツリ(祭)は，共同体(ムラ)の結束を図るためのものでもあり，日本古代において共同体運営に関わる政治と祭祀とは一体であった。

①の「穢れ」「禊」，③「祓え」，④清明心の原義である「欺き偽らない心」，は，古代日本の道徳観・宗教観として重要である。

2. 正解 ③

「十七条憲法」のうち，いわゆる凡夫の自覚が説かれている第十条を訳したものである。しかし，条文を暗記していなくとも，設問文の「煩悩の自覚」という点に注意すれば，「欲望にとらわれている」という記述から，これが適当だとわかるだろう。

①は生得の「良知良能」を説くものであり，陽明学の記述。②は『論語』に記されている孔子の思想。④は，「法」を別とすれば，儒家の荀子による性悪説の記述である。

3. 正解 ④

神仏習合の思想の一つである本地垂迹説は，仏を本とし，日本の神はその仮の姿だとするものである。

①は神と仏の関係が逆転しており，反本地垂迹説の説明になっている。残りは定義に反しているため誤り。

4. 正解 ②

空海によれば，三密の行(身・口・意)により大日如来と一体化し，即身成仏が実現する。その悟りを得た人の加持祈禱が福を招き，厄災を除く。

①「まず往生し成仏を遂げ」というのは，即身成仏という点から不適当。往生のための「念仏」を重視するのは，浄土信仰の立場。③は道元の只管打坐，④は日蓮の他宗排撃の記述である。

演習問題　解答・解説　213

5. 正解 ④

　親鸞は，師・法然の唱えた念仏による救いを徹底し，念仏を称えることさえも阿弥陀仏のはからいであり，**他力**によるとして**絶対他力**を説いた。

　❶親鸞によれば，**悪人正機説**に見られるように，自らの煩悩を自覚し，その煩悩のままに往生できるのであるから，「日常生活のすべてを捨てなければならない」という記述は不適当である。❷は「念仏を唱えること以外の，一切の自力の修行」とあるように，念仏を「自力」としているので，不適当である。この立場は**法然**に近い。また，❸は「往生するためには，…念仏を唱える」とあるように，念仏を往生のための（自力発心による）手段としているので，やはり不適当である。

---

6. 正解 ④

　道元に代表される**禅宗**では，**坐禅**という自力の修行によって悟りを得ることがめざされる。したがって，**考え方はb**が適当である。これに対し**a**は，**法然**や**親鸞**に代表される，自力の修行ではなく**阿弥陀仏**の力（他力）によって極楽浄土へと**往生**を遂げようとする考えである。

　資料のうち，**イ**は道元の『**正法眼蔵**』の有名な一節で，身心脱落という言葉で示される境地のことである。上記の通り，道元は日本における禅宗の代表的人物である。これに対し**ア**は，親鸞の**悪人正機説**を説明する際によく用いられる有名なフレーズで，彼の言行録である唯円の『**歎異抄**』の一節。親鸞は禅宗ではなく，浄土信仰の代表的人物である。**ア**を特定することで，消去法的に正解を導いてもよいだろう。

---

7. 正解 ③

　「日本の神々」という記述に戸惑うかもしれないが，「真の仏法」である法華経を重視し，それに「帰依させ」るための激しい布教（**折伏**）を実践するとともに，「国家の危機を救」うこと（**立正安国**）をめざしたという点から，**日蓮**についての記述だと分かるだろう。

　その他の選択肢についてみると，❶は「極楽浄土に生まれかわる」ことと「念仏」の記述から，**法然**である。❷は「釈迦と変わりない心身の修行」すなわち坐禅を重視していることから，**道元**である。❹は，「自分の悪を徹底的に自覚し」という記述から，**親鸞**である。したがって，戸惑う記述が❸に含まれていても，これしか正解にならないことが分かる。

8. **正解** ②

　まず，提示された文章から確認しよう。天は尊く地は卑しいという上下の差別があるように，**人も主君は尊く家臣は卑しい**，という内容が記されている。これは**林羅山**が説いた**上下定分の理**についての記述である。その林羅山は**朱子学**に依拠した人物であるから，**学問にはあの朱子学**が当たる。なお，**いの陽明学**に依拠した人物としては，**中江藤樹**が知られている。そして，林羅山の朱子学では，上記の通り**身分制度を当然のもの**としているのだから，**主張はY**であるとわかる。**X**では反対に，身分秩序を批判していることになってしまうので，不適当である。これは，陽明学の立場である。

---

9. **正解** 山鹿素行－⑤　荻生徂徠－①

　古学派の**山鹿素行**は，平時における武士道である「**士道**」を説いた。これは，武士は庶民の道徳的手本となるべき，すなわち「士の職分」として「人倫を正す」べきというものである。

　同じく古学派の**荻生徂徠**は，「道」を先王が整えた政治制度などの礼楽刑政だと捉え，儒学の目的を具体的な政治や経済の安定，すなわち「**経世済民**」にあるとした。

　⑥は「武士道」が記されているが，「死を思い死を決し」とあるように，道徳的手本としての武士道ではないので，山鹿素行の主張にはあたらない。②は**石田梅岩**の主張。彼は士農工商といった制度を「職分」として捉えている。③は朱子学者の**林羅山**が主張した「**上下定分の理**」の記述。④は「**漢意**」を否定していることから分かるように，国学者の**本居宣長**の主張。

---

10. **正解** ①

　国学者の**賀茂真淵**が見いだした「理想的な精神」とは，**ますらをぶり**（益荒雄振）のこと。その内容が①である。

　②はたとえば，聖徳太子によるとされる「十七条憲法」で重んじられている。③「ますらをぶり」に対する「**たをやめぶり**」（手弱女振）は，国学者の**本居宣長**が見いだした理想的な精神。④外来思想の影響を排した日本古来の精神文化を重視するのが国学なのだから，国学者が「あらゆる外来思想を融合させ」るとは主張しない。

演習問題　解答・解説　**215**

11. **正解** 井原西鶴－② 　本居宣長－⑤

　井原西鶴は浮世草子作家として，「日々様々な快楽や富を追求する」町人社会の世相を描いた。

　本居宣長は，「物事に触れたときに生じる…感嘆」である「**もののあはれ**」を文芸の本質だとして高く評価した。そして，こうしたあるがままの心を抑制することを説く儒学や仏教を「**漢意**」として排した。

　①・③・④はともに，儒学の立場を採りながらも朱子学を批判した記述であり，正解とはならない。①は伊藤仁斎，③は熊沢蕃山，④は陽明学に依拠した**中江藤樹**の考えについての記述である。

---

12. **正解** ④

　石田梅岩は商人の立場を擁護したが，これは封建的身分制度を否定するものではない。士農工商といった身分制度を「分業」として捉えており，むしろ自己の身分に安んじること(**知足安分**)を説いている。そして，「**正直と倹約**」が真の商人として大事なことであるとしている。

　①は**二宮尊徳**，②は**安藤昌益**，③は**伊藤仁斎**，の思想。

---

13. **正解** ②

　この言葉は，東洋の道徳＝儒学と，西洋の技術とを兼ね合わせることを意味している。したがって，①・④のように道徳と芸術＝技術を対比しているものや，③西洋技術ではなく西洋思想の受容を説くものは，いずれも正解とはならない。

---

14. **正解** 福沢諭吉－① 　西村茂樹－③

　明治期日本で活躍した**福沢諭吉**は，「門閥制度は親の敵」としてそれを支えた儒学を批判し，西洋の「**実学**」を摂取すべきことを説いた。後半の評価の部分は細かな知識だが，残る選択肢との比較で正解に至れるだろう。

　西村茂樹は，『日本道徳論』を著し，「**国民道徳**」の確立を説いた人物。国民道徳は，西洋哲学の長所を入れつつ，儒学を根幹としたものである。

　②のように「キリスト教を受容する基盤」としての「武士道精神」に注目し，「海外に日本思想を説明」した人物には，**新渡戸稲造**がいる。④福沢諭吉は，自然権を「天賦人権」，すなわち天が付与した人権としており，「『天』という考えを否定し」というのは不適当。「抵抗する権利」という点から，西村茂樹にもあたらない。⑤は江戸時代に盛んになった**国学**の立場。

15. 正解 ②

　武士道に「接ぎ木」されたキリスト教を説いた内村鑑三は，自らにとって重要なものが「イエス」と「日本」であるとして，この2つに一生を捧げることを決意した。

　したがって，この両者を「矛盾」あるいは「対立」するとしている①・③は不適当。③の後半部分は福沢諭吉の「脱亜論」である。④内村は武士道を重視したのであるから，「伝統的な清明心を再生」という記述は不適当。

---

16. 正解 ①

　設問文にもあるように，「自己本位」は夏目漱石の「個人主義」の根拠である。「個」を尊重するという趣旨であるから，自分のみならず，他者をも含めたあらゆる「個」を尊重するわけである。したがって，**エゴイズムは厳しく否定されなければならない。**

　②は白樺派などに見られる**人道主義**，④は**自然主義**の特徴の記述。夏目漱石の「自己本位」ではエゴイズムの克服が目指されるのだから，「一切の束縛を脱したありのままの自己…を実現しよう」は，この姿勢に反する。

---

17. 正解 ②

　西田幾多郎は，西洋哲学では前提である主観客観図式を批判し，主観と客観が未だ分離していない(主客未分)状態においてこそ，思慮分別を交えずにありのままを経験(純粋経験)し，真の実在が現れるとした。

　したがって，「主観と客観…の対立」を「基本的(な)条件」としている①や④は，不適当な記述である。また，③「坐禅の修行による神秘的啓示においてのみ知られる」などと主張しているわけではない。

演習問題　解答・解説　217

[第4章　現代社会]　　　　　　　　　　　　▶問題は170ページ

1. 正解 ⑥

　アは誤文。**青年期にあたる期間は延長する傾向**にあるので、「縮小する傾向」は誤り。

　イは正文。青年期にさしかかる時期を「プレ青年期」と捉えたり、青年期が終わり成人期にさしかかる時期を「プレ成人期」と捉えるなど、ライフサイクルの区分にはいくつかの考えがある。この説についての知識がない場合でも、「心身発達上の大きな変化が生じる」時期の記述に明らかな誤りが認められないこと、「プレ」という言葉の意味・使い方から説明に矛盾がないと判断できることから、誤りではない＝正文であると判断できるだろう。

　ウは誤文。「青年期の終わりが早まる」ならば、それだけ青年期にあたる期間は短くなるはずであるから、近年の青年期の延長傾向に照らして誤り。

2. 正解 ④

　ライフサイクルは人の一生の過程を意味する語句。

　①「身体の発達の過程に従」うとは限らない。精神的発達の過程なども区分の要因となる。②・③はやや判断に迷うかもしれないが、②「自発性の確立」は、むしろ幼児期から児童期である。③「他者に対する信頼感の形成が最も進む」のは、むしろ乳児期である。

3. 正解 レヴィン−⑥　マズロー−①　ユング−②

　レヴィンは、青年期にある人を「子どもの集団にも大人の集団にも属することができ」ない**マージナルマン**（**境界人**）として捉えた。

　マズローは、欲求が階層構造をなしていることを指摘し、生理的欲求を最も基本的だとしたうえで、最高次のそれを**自己実現の欲求**であるとした。

　ユングは、フロイトの流れを汲む精神分析学者。無意識を個人的無意識と、人類に普遍的な集合的無意識とに分類した。

　④は「第二の誕生」から分かるように**ルソー**。なお、③はエリクソン、⑤はピアジェである。

演習問題
解答・解説

4. **正解** ②

　エリクソンのいう「**アイデンティティ（自我同一性）**」は，自身が他と異な
る固有の存在（自己斉一性）であり，過去も現在も自分が一貫（時間的連続性）
しており，しかもそれが単なる自分のいわば「思い込み」ではなく，社会の
中で一定の役割を果たしそれを承認されている（集団的帰属性）という面をも
併せた，トータルな自己意識のことである。

　①は「似た存在になる」とあるので，自己の固有性という点に照らして不
適当である。**③**単に「集団の規範に同一化」するのでは，自己の内的な意識
という面が欠落している。**④**「その都度，その場限りで同一化する」のでは，
一貫性が欠落しており，不適当である。

---

5. **正解** 合理化－①　昇華－⑥

　防衛機制は**フロイト**が明らかにした深層心理の働きであり，「**合理化**」は，
もっともらしい理屈をつけて，自己の欠点や失敗などを正当化することで，
自己満足や負け惜しみもこの例である。**①**は「留学することをあきらめた」
ことを「意味がな」いと述べて正当化している。

　「**昇華**」は，性的衝動をはじめとする低次の欲求を，社会的に価値のある
高次なものにより解消する機制である。失恋をボランティア活動により解消
している。

　②はとくに防衛機制にあたらない。**③**は**反動形成**，**④**は**逃避**，**⑤**は**抑圧**の
例である。

---

6. **正解** ①

　いわゆる「**人格の三層構造**」についての記述である。これに従えば，良心
として機能する**超自我（スーパーエゴ）**と快楽原則に従う**エス（イド）**との間で，
現実的な調整機能を担うのが**自我（エゴ）**である。

　②「昇華」ではなく抑圧。**③**防衛機制は，「欲求不満の原因となった当の
問題を取り除く」わけではなく，自我防衛のための心的作用である。やや細
かな知識だが，**④**の「**エディプス・コンプレックス**」とは，幼児が抱く，異
性の親（男の子であれば母親）に対する情愛感と同性の親に対する敵愾心が，
抑圧されることで生じる心的状況を意味する。

演習問題　解答・解説　　219

7. **正解** ウェーバー—⑥　フロム—②　リースマン—⑤

　ドイツの社会学者**ウェーバー**は，大規模な組織を合理的・能率的に運営するためのシステムである**官僚制**を分析し，それによる人間性喪失の危険性を指摘した。また，ドイツで生まれアメリカで活動した社会心理学者**フロム**は，著書『**自由からの逃走**』において，自由を重荷と感じファシズム国家の指導者への隷属（れいぞく）を求める現代人の心理を指摘し，ナチズム興隆の社会心理的背景を分析した。そして，アメリカの社会学者**リースマン**は，現代人に支配的な性格を，他者の動向に応じて自己の行動を決定するタイプである「**他人指向型**」として指摘した。

　①は主体的真理の追求から，実存主義の先駆者**キルケゴール**，③は現代フランスの哲学者**フーコー**，④はスペインの哲学者**オルテガ**の記述である。

---

8. **正解** ⑥

　aには**ボランティア活動**が入る。2011年の東日本大震災などでも，ボランティアによる救援活動が注目された。なお，エンパワーメントは能力開発など力をつけさせることを意味する語であり，民際化は世界の人々との市民レベルでの交流といった意味で，国際化になぞらえた言い方である。

　bは，「市民の参加による公益的な活動」を担うものが入るので，**NPO**すなわち**非営利組織（団体）**が入る。**UNHCR**は**国連難民高等弁務官事務所**のことで，国際機関なので「市民の参加……」といった条件に当てはまらない。同様に，**ODA**は**政府開発援助**のことで，先進国政府による公的な途上国支援なので，やはり条件に当てはまらない。

---

9. **正解** ②

　広告や宣伝が普及している現代では，消費者の欲望は企業によって喚起させられている傾向が指摘される。欲望を満たすため，クレジットカードによる実質的な借金がかさみ，経済的窮地（きゅうち）に立たされる者さえ少なくない。

　①たとえ「情報…が消費の重要な対象になった」としても，それだけ情報産業が活性化するのだから，「それが不況の主要な原因とな」ることは考えにくい。③「風評や流行に左右されなくなった」は不適当である。④ネット取引を通じた悪徳商法，たとえば注文後，料金を振り込んだにもかかわらず商品が発送されなかったなどの被害が生じ，社会問題化している。

演習問題
解答・解説

10. 正解 ①

たとえばパソコンソフトや音楽ＣＤをコピーすることは，複製技術の進歩により容易になっており，違法コピーが少なからず出回っている現状に対して，著作権などの知的所有権の保護が課題となっている。

②「あらゆる情報に自由にアクセス」できたならば，プライバシーの権利が踏みにじられてしまう。また，情報機器を使いこなせるかどうかという格差(**デジタルデバイド**)があるため，「すべての人が」という点も不適当である。③逆に，**テクノストレス**と呼ばれる新たな労働災害が問題になっている。④「情報操作を希望している」というのは不適当。なお，情報操作は民主社会を大きくゆがめる危険性がある。

11. 正解 ①

これまで，「男は仕事，女は家庭」といった**性別役割分業意識**によって，男性に比べて女性の就労には，さまざまな面で大きな障壁があった。したがって，その「見直し」のためには，そうした障壁を除去するさまざまな措置や政策も必要となる。

②・④は，こうしたこれまでの性別役割分業を肯定するものであり，「見直し」の記述になっていない。③「**育児・介護休業法**」では，男性の育児休暇も認められている。

12. 正解 ③

「生命を技術的な手段で延長することが可能にな」ってきているのは事実だが，そうした技術による，単に延命だけをめざすあり方が問い直されており，「**生命の質**」(**クオリティ・オブ・ライフ**)として注目されている。

残る選択肢は，近年の医療技術の進歩のなかで，大きくクローズアップされている問題である。

13. 正解 ④

「**宇宙船地球号**」は，経済学者のボールディングが提唱した視点で，閉鎖システムである地球で人類が存続するためには，利用した資源エネルギーを繰り返し利用することが重要であるとするものである。したがって，「科学技術のさらなる発達によって解決されうる」という科学万能主義を説くものではない。

14. 正解 ②

　アは正文。**フロンガス**は**オゾン層破壊の原因物質**であり，現在ではその生産や使用は**条約などで規制**されている。だが，かつては，人体などに悪影響を与えず利便性が高かったことから「夢の化学物質」とも呼ばれていた。

　イは誤文。熱帯雨林の再生には百年単位での長い年月が必要とされているため「数年で問題は解決する」は誤り。

　ウは誤文。「人為的なミスを完全になくすことができる」が誤り。

---

15. 正解 ③

　ホルクハイマーと**アドルノ**は，理性の進歩的な側面を認めつつ，それが**道具的理性**へと堕することによる，**管理社会化とそれに伴う人間疎外の発生**を指摘した。彼らの共著が『啓蒙の弁証法』である。

　①の**デリダ**は，「構造主義」ではなく，その後の思想に位置する**ポスト構造主義**の哲学者とされる。②**フロイト**によれば，本能や衝動を抑えるのは，「エス」ではなく**自我（エゴ）**であり，その自我を監視する**超自我（スーパーエゴ）**であるとしている。エスは，本能や衝動に従う心の部分。④**アーレント**によれば，公共的な営みは「仕事」ではなく**活動**であるとされる。彼女は，近代以降，活動が労働に取って代わられているとした。

---

16. 正解 ④

　アは**ユネスコ憲章**の有名な一節。平和構築のために異文化理解が重要であることを説いている。イはドイツ大統領だった**ヴァイツゼッカー**の議会における演説の一節。ドイツのナチス時代の反省が現在にとっても重要であることを述べている。ウは**アーレント**の考え。彼女は，著書『全体主義の起源』において，**公共性**が失われ孤立化することで，全体主義が発生すると論じた。エは**レヴィナス**の考え。自己と同一化できない無限なる**「他者」の存在**を重んじ，その重さを知ることが倫理にとって重要であることを論じた。

222

［第5章　出題形式別対策］　　　　　　　▶問題は195ページ

1. 正解 ①

　『**古事記**』に収められている，いわゆる「国生み神話」についての知識が
なくても，本文に注目しよう。空欄のすぐ後には「ここには，男女の関わり
が，この世界において根源的な力をもつものであるという考えを見ることが
できる」とある。したがってこの空欄には，「男女の関わり」に結びつく記
述が当てはまるはずである。しかもその「関わり」とは，本文に照らせば，
恋愛などと同様の性格のものであることが分かる。この条件に合致する記述
は，選択肢のなかでは**①**しかない。

---

2. 正解 ②

　選択肢はすべて，**パスカル**の言葉である。しかし，**①**が有名なパスカルの
言葉だからといって，すぐに飛びつかないように注意しなければならない。
ここで問われているのは，あくまでも「**習慣についての警句**」である。本文
には，「習慣」の例示として「西洋人には知られていなかった土地」のよう
に，地域的なものが挙げられている。したがって，「ピレネー山脈のこちら
側」と「あちら側」という地域によって「正義」の在り方が異なる，つまり
正義についての「習慣」の違いを述べている**②**が，最も適当であると分かる。

---

3. 正解 ⑧

　示されている**考え方X・Y**との適合性を，**論理的に考えるタイプ**の設問で
ある。
　考え方Yから判断してみよう。**考え方Y**には「その人が，望む生活を実現
するために，どれだけ財を活用できるか」とある。ここでいう財は筆である
から，自分の望みがあり，それに基づいて筆を活用するという生徒を選べば
よい。生徒**ア**の記述は**筆の活用に関わらない**。生徒**イ**は「書道家になる夢を
抱いている」として「望む生活を実現」しようとしており，かつ「人一倍練
習する」のだから**筆を活用する**はずである。生徒**ウ**は「書道を続けるつもり
はない」のだから，**将来的に筆は活用されない**。生徒**エ**は「望む生活」や
「活用」についてはこの記述だけでは**判断できない**。したがって，**考え方Y**
には生徒**イ**が該当するので，正解の候補は**⑥**か**⑧**に絞られる。そうなると，
考え方Xに該当するのは生徒**ウ**（**⑥**）か生徒**エ**（**⑧**）のいずれかである。
　考え方Xでは，「誰もが平等に，基本的な自由を保障されるべき」とある。
生徒**エ**は，現状のままでは書道をすることができないのだから「自由を保障

され」ていないと解釈できる。そして，一人だけ筆をもらえる（他の人はもらえない）という「不平等」が発生するわけだが，生徒**エ**は「筆を買うことができない」という**「恵まれていない」状態にある**。これに対し生徒**ウ**には，**この条件に合致する点が見当たらない**。したがって，**考え方X は生徒エに結びつく**。

4. 正解 ② ・ ③

　資料文を使った設問であるが，単純な読み取り問題ではないタイプの設問である。

　まず，【　X　】に入る語句を確定しよう。ピコ゠デラ゠ミランドラは，人間の自由意志を強調した人物である。そのことを念頭に資料文を読むと，「【　X　】によって……お前の本性を定めることになる」とあるので，自己のあり方(本性)を決めるもの，すなわち「自由意志」がここに入ると分かる。

　次に，選択肢の各空欄に「自由意志」を当てはめて正誤を判断しよう。**①エラスムス**はピコ゠デラ゠ミランドラと同じくルネサンス期の思想家で，人間の自由意志を重視した人物。したがって，「自由意志を否定し」は不適当。**②アウグスティヌス**は，人間の自由意志とは悪をなす自由でしかなく，神の恩寵によらなければ善を欲することも救われることもないとした。したがって，これは適当。**③スピノザ**は，すべては神の必然に支配されていると考えていた。したがって，これは適当。**④マキャヴェリ**は，政治と宗教的・道徳的正しさを区別すべきことを説いているので，「倫理的徳に基づく統治を説いた」は不適当。

5. 正解 ④

　「全体平均からプラス１以上の攻撃的反応を示す状況」は，子どもＡでは「大人が注意する」でありその他では見られず，子どもＢでは「仲間が親しげに近づく」でありその他では見られない。つまり「状況は……限られている」わけである。選択肢の記述は**図**と矛盾しない。

　①全体平均は０である。しかし，子どもＢは反応が０を超えている状況が３つあるから，「子どもＢの攻撃的反応はいずれの状況においても全体平均を下回っている」は，**図**と矛盾する。**②**「相手との年齢が近い」は「仲間」の場合であり，「離れている」は「大人」である。子どもＢが攻撃的なのは，「仲間が親しげに近づく」時が最も高く，「大人」が関わる状況は平均を少しだけ超えるかそれ以下である（つまり攻撃的でない）。したがって，「二人の

子どもはともに，相手との年齢が近いときより離れているときに攻撃的に振舞う」は，図と矛盾する。❸子どもＡ・Ｂともに，「大人がほめる」のほうが「大人が罰を与える」よりも数値が大きい＝攻撃的である。したがって，選択肢の「子どもＡは前者（ほめられる状況）よりも後者の二つ（注意や罰を受ける状況）でいずれも攻撃的」という記述は，図と矛盾する。

---

6. 正解 ①−❸　②−❹　③−❶　④−❷

　複数の設問で解答が連動するタイプの設問である。(1)でどれを選んでも(2)に対応する選択肢があるので，自分の最も取り組みやすい（自信のある）もので解答するとよいだろう。

　(1)の❶は「完全なもの・価値あるものを求める愛」，つまり**プラトン**が重視した**エロース**の説明である。(2)の❸は，「人々が恋するものは，善きもの以外には何もありません」とあるので，プラトンの思想であるとわかり，両選択肢の記述内容からも，これが対応すると判断できる。

　(1)の❷は「無差別・無条件の神の愛」，つまり**イエス**が説いた**アガペー**の説明である。(2)の❹は，しばしば教科書や資料集にも掲げられている，『新約聖書』に納められているイエスの教説であり，これが対応するとわかる。

　(1)の❸は「あらゆる命への普遍的な愛」，つまり**仏教**で重んじられる**慈悲**の説明である。「衆生」という仏教用語からも判断できよう。(2)の❶は「一切の生きとし生けるもの」という記述から，仏教の考え方であるとわかり，両選択肢の記述内容からも，これが対応すると判断できる。

　(1)の❹は「親と子の間にわき起こる自然な愛情」，つまり**孔子**のいう**孝（孝悌）**の説明である。(2)の❷には「孝行」とあるので，これが対応するとわかる。

■さくいん

■あ

アートマン(我)	28, 29
アーレント	164
愛	24, 116
愛敬	114
間柄	135, 159
間柄的存在	132
アイデンティティ	146, 147
iPS細胞	160
愛別離苦	31
アインシュタイン	86
アウグスティヌス	24, 25
アカデメイア	19
アガペー	22, 23
悪人	110
悪人正機	109
アサンガ(無着)	32
葦原中国	103
アダム=スミス	71
アタラクシア	20, 21
アッラー	26
原子(アトム)論	11
アドルノ	88, 164
アパテイア	20
アヒンサー(不殺生)	86
安部磯雄	127
阿弥陀如来(阿弥陀仏)	108
阿弥陀聖	110
阿弥陀仏(阿弥陀如来)	108
新井白石	122
阿羅漢	32
争い	79
アリストテレス	17
アルケー(根源)	10, 11
アレテー(徳)	12, 13
アンガージュマン	80
アンシャン=レジーム(旧体制)	68

■い

安全の欲求	148
安天下の道	116
安藤昌益	120, 121
安楽死	160

ES細胞	160
イエス	22
イエスの刑死	23
「粋」	134
易行	109
育児・介護休業法	152
意志(気概)	15
石田梅岩	120, 121
意志の自律	75
イスラーム	26
伊勢神道	135
一乗思想	106, 107
市聖	110
市場のイドラ	60
一切皆苦	30, 31
一切衆生悉有仏性	33, 106
「一身独立して一国独立す」	124
一般意志	65, 66
イデア	14, 16
イデア界	14
イデアのイデア	14
イデア論	16, 61
遺伝子組み替え	162
イド(エス)	149
伊藤仁斎	116, 117
イニシエーション(通過儀礼)	147
井原西鶴	121
異文化理解	166
インフォームド=コンセント	161

■う

| ヴァスバンドゥ(世親) | 32, 33 |
| ヴァルダマーナ(マハーヴィーラ) | 29 |

ウィトゲンシュタイン…………88，89

『ヴェーダ』…………………………28

ウェーバー………………………151

植木枝盛…………………………129

ヴォルテール……………………68

内村鑑三…………………………126

「宇宙船地球号」…………………159

運命愛……………………………79

■え

『永久平和のために』……………74

永劫回帰…………………………79

「英知人」…………………………146

エイドス（形相）…………………17

『易経』……………………………41

易姓革命…………………………35

エゴ（自我）………………………149

エゴイズム…………………130，131

エス（イド）………………………149

ＳＯＬ（生命の尊厳）……………160

エスノセントリズム（自民族〈自文化〉

中心主義）…………………166，167

『エセー（随想録）』………………100

『エチカ』…………………………144

ＮＧＯ（非政府組織）……………166

ＮＰＯ（非営利組織）……………153

エピクロス………………………20

『エミール』………………………144

エラスムス………………52，53，55

エリクソン…………………146，147

エロース…………………………14

演繹法………………………61，62

縁起の法……………………30，31

■お

王権神授説………………………67

『往生要集』…………………110，144

王道政治…………………………35

王陽明……………………………40

オーウェン………………………83

大塩平八郎………………………115

荻生徂徠……………………116，117

オリエンタリズム………………168

折口信夫…………………………133

恩賜的民権…………………124，125

怨憎会苦…………………………31

恩寵…………………………24，25

厭離穢土……………………108，110

■か

我（アートマン）…………………28，29

カーソン…………………………159

『解体新書』………………………123

外的制裁…………………………70

外発的開化…………………130，131

回復的（恢復的）民権………124，125

快楽計算…………………………70

快楽主義…………………………20

科学革命…………………………58

核家族……………………………150

拡大家族…………………………150

格物致知…………………………41

『学問のすゝめ』…………………178

「隠れて生きよ」……………20，21

「かけがえのない地球」…………158

仮言命法…………………………73

加持祈禱…………………………106

我執………………………………30

家族………………………………76

荷田春満…………………………119

片山潜……………………………127

「語り得ぬものについては

沈黙しなければならない」………88

「花鳥風月」………………………134

葛藤（コンフリクト）……………148

活動〔アーレント〕………………164

下部構造（生産様式）………82，83

鎌倉新仏教………………………113

神…………………………………26

神すなわち自然…………………63

『神の国』…………………………100

神の子……………………27
「神の見えざる手」………71
神は死んだ………………79, 81
賀茂真淵……………118, 119
漢意…………………118, 119
ガリレイ……………………58, 59
カルヴァン…………………53, 54
カルヴィニズム（カルヴァン主義）……55
カルマ（業）………………28
河上肇………………………127
鑑真…………………………105
観想（テオリア）…………18
観想的生活…………………17
観想念仏……………………110
ガンディー…………………86
カント………………………72
惟神の道……………………118
韓非子………………………37
寛容の精神…………………68
官僚制………………………151

■き

気……………………………40
義………………………35, 41
気概（意志）………………15
機械論………………………58
幾何学的精神………………57
擬似イベント………………157
喜捨…………………………26
北村透谷……………………130
帰納法………………60, 63
希望…………………………24
ＱＯＬ（クオリティ＝オブ＝ライフ）…160
旧体制（アンシャン＝レジーム）………68
『旧約聖書』………………100
窮理…………………40, 41, 115
教……………………………108
行……………………………108
『教育勅語（教育に関する勅語）』……129
教会…………………………24

境界人（マージナルマン）…………146
行基…………………………105
『狂気の歴史』……………89
『教行信証』………………178
共産主義社会………………82
矯正（調整）的正義………18
経典…………………………26
共同体主義（コミュニタリアニズム）165
教派神道……………………135
清き明き心（清明心）……102
居敬……………40, 41, 115
キリスト教…………56, 81
『キリスト教綱要』………100
『キリスト者の自由』……100
キルケゴール………………78
禁欲主義……………………20

■く

苦……………………………79
ク＝セ＝ジュ（私は何を知っているか）56
空………………………32, 33
空海……………106, 107, 110
偶像崇拝……………………26
空想的社会主義……………83
空也…………………………110
クオリティ＝オブ＝ライフ（ＱＯＬ）…160
苦行主義……………………28
『愚神礼讃』………………100
苦諦…………………………30
求不得苦……………………31
クルアーン（コーラン）……26, 27
クーン………………………88
君子…………………………34
『君主論』…………………100
君臣の義……………………41

■け

敬……………………………114
経験論………………60, 85
形而上学的段階……………69
経世済民……………116, 117

形相(エイドス)…………………17
契沖……………………………119
ケイパビリティ………………163
啓蒙……………………………125
啓蒙主義………………………69
契約による国家………………67
穢(ケガレ)……………………102
劇場のイドラ…………………60
解脱……………………………28
ケプラー……………………58, 59
兼愛……………………………37
権威主義的パーソナリティ……164, 165
限界状況……………………79, 81
言語ゲーム……………………88
原罪……………………………23, 24
「元始, 女性は実に太陽であった」…154
現象界…………………………14
現象学…………………………89
源信……………………………110
現世利益……………………104, 110
倹約………………………120, 121
権理通義………………………125

■こ

孝………………………………114, 115
業(カルマ)……………………28
公共性(公共的空間)…………164
「工作人」……………………146
孔子……………………………34
公正としての正義……………164
浩然の気………………………35
構造主義………………………169
孝悌………………………34, 37
幸徳秋水…………………126, 127
幸福……………………………17
業報輪廻………………………29
交利……………………………37
合理化………………………148, 149
功利主義……………………70, 71, 85
合理的経済統制………………83

合理論…………………………62
高齢化…………………………152
五蘊盛苦………………………31
ゴータマ=シッダッタ(釈迦)…………30
『コーラン(クルアーン)』…………26
古学……………………………117
古学派…………………………116
古義学…………………………117
コギト=エルゴ=スム(われ思うゆえにわ
れあり)……………………62, 63
五経……………………………41
五行……………………………26
国学………………………117, 118
国際化…………………………166
国粋主義………………………128
「国体」…………………………129
国民道徳…………………128, 129
極楽往生………………………110
国連環境開発会議……………158
国連人間環境会議……………158
心は白紙(タブラ=ラサ)…………61
『古事記』…………………118, 119
『古事記伝』……………………178
五常……………………………41
個人主義〔J.S.ミル〕…………71
個人主義〔夏目漱石〕…………130
個人情報………………………156
個人情報保護法………………156
古神道……………………103, 135
コスモポリテース(世界市民)…………21
国家〔ヘーゲル〕…………76, 77
『国家』…………………………100
国家神道………………………135
克己復礼……………………34, 37
古典力学………………………59
古道……………………………118
『孤独な群衆』…………………178
古文辞学………………………117
コペルニクス………………58, 59

さくいん　229

コミュニケーション的合理性 ………163
コミュニタリアニズム(共同体主義) 165
五倫…………………………………37，41
五倫五常……………………………41
欣求浄土……………………108，110
根源(アルケー)…………………10，11
コント……………………………69
コンフリクト(葛藤)………………148

■さ

サイード……………………………168
西光万吉……………………………155
罪責……………………………………79
最大多数の最大幸福………………70，71
在宅介護……………………………152
最澄………………………………106，107
佐久間象山………………………122，123
坐禅………………………………111，112
サティヤーグラハ(真理把持)………86
裁きの神……………………………22
砂漠型風土…………………………134
サルトル……………………75，78，80
３Ｒ………………………………158
『三経義疏』………………………144
『山家学生式』……………………144
三元徳………………………………24
三権分立…………………………68，69
『三教指帰』………………………144
サン＝シモン………………………83
『三酔人経綸問答』………………178
サンデル……………………………165
産婆術(問答法)……………………13

■し

死……………………………………31，79
時・処・位…………………………114
Ｊ．Ｓ．ミル…………………70，75
ジェームズ………………………84，85
ジェンダー…………………………154
自我(エゴ)…………………………149
四箇格言……………………………112

只管打坐……………………111，113
『詩経』……………………………41
四苦八苦……………………………31
四元徳………………………………15
自己実現…………………………148，149
自己浄化(ブラフマチャリヤー)………86
自己保存……………………………64
自己本位…………………………130，131
四書…………………………………41
辞譲の心……………………………35
四書五経……………………………41
至人(真人)………………………38，39
自然権……………………………64，67
自然主義……………………………131
自然状態……………………………64
『自然真営道』……………………178
自然世………………………………120
自然的(物理的)制裁………………70
自然哲学者…………………………10
自然に帰れ…………………………65
「自然に従って生きよ」……………21
持続可能な開発……………………158
自尊の欲求…………………………148
四諦…………………………………30
四端………………………34，35，37
十戒………………………………22，23
実学………………………………124，125
実証主義……………………………69
実証的段階…………………………69
実世界………………………………130
実践…………………………………117
実践理性…………………72，73，75
『実践理性批判』…………………144
実存主義…………………………78，81
実存的交わり………………………79
実存の三段階………………………78
実存は本質に先立つ………………80
集諦…………………………………30
実用主義……………………………85

質料(ヒュレー)……………………17
史的唯物論(唯物史観)……………82
士道…………………………………116
児童期………………………………149
四徳……………………………35, 37
ジナの教え…………………………29
『死に至る病』……………………144
自然法爾……………………………113
慈悲……………………………32, 33
自文化(自民族)中心主義(エスノセン
トリズム)……………………166, 167
死への存在……………………80, 81
四法印………………………………30
『資本論』…………………………144
島崎藤村……………………………131
市民革命……………………………67
市民社会……………………………76
『市民政府(二)論(統治二論)』………100
自民族(自文化)中心主義(エスノセン
トリズム)……………………166, 167
ジャイナ教…………………………29
釈迦(ゴータマ=シッダッタ)………30
社会学………………………………69
社会契約説…………………………64
『社会契約論』……………………144
社会主義………………82, 126, 127
『社会主義神髄』…………………178
社会進化論…………………………69
折伏…………………………………112
シュヴァイツァー…………………86
自由意志………………………52, 55
羞悪の心……………………………35
『自由からの逃走』…………164, 165
宗教裁判……………………………59
宗教的制裁…………………………70
集合的無意識………………………149
自由思想家…………………………28
柔弱謙下……………………………38
自由至上主義(リバタリアニズム)…165

自由主義〔J.S.ミル〕……………71
自由主義(リベラリズム)…………165
修証一等……………………………111
習性的徳(倫理的徳)…………18, 19
自由と責任…………………………80
十七条憲法…………………………104
自由放任主義………………………71
『自由論』……………………71, 144
儒家…………………………………34
儒学…………………………………117
主客未分……………………………132
主観的確信(思い込み)……………61
朱熹(朱子)…………………………40
朱子(朱熹)…………………………40
朱子学〔中国〕…………………40, 41
朱子学〔日本思想〕…………114, 115
種族のイドラ………………………60
主体的真理…………………………78
出生前診断…………………………162
循環型社会…………………………158
『春秋』……………………………41
純粋経験………………………132, 133
『純粋理性批判』…………………144
巡礼…………………………………26
恕……………………………………34
生……………………………………31
証……………………………………108
昇華…………………………………148
生涯学習……………………………153
松下村塾……………………………122
上下定分の理………………………114
小国寡民……………………………38
上座部仏教(小乗仏教)……………32
少子化………………………………152
尚歯会………………………………123
正直……………………………120, 121
逍遙(ペリパトス)学派……………19
小乗仏教(上座部仏教)………32, 33
上善は水の如し……………………38

さくいん　231

唱題‥‥‥‥‥‥‥‥‥‥112，113
生得観念の否定‥‥‥‥‥‥61
聖徳太子‥‥‥‥‥‥‥‥‥104
浄土信仰‥‥‥‥‥‥‥‥‥108
消費社会‥‥‥‥‥‥‥‥‥151
上部構造‥‥‥‥‥‥‥82，83
正法‥‥‥‥‥‥‥‥‥‥‥108
情報格差(デジタル＝デバイド)‥‥156
『正法眼蔵』‥‥‥‥‥‥‥178
情報公開‥‥‥‥‥‥‥‥‥156
情報公開法‥‥‥‥‥‥‥‥156
情報操作(世論操作)‥‥‥‥156
情報リテラシー‥‥‥‥‥‥156
称名念仏‥‥‥‥‥‥‥‥‥110
常民‥‥‥‥‥‥‥‥‥‥‥133
『書経』‥‥‥‥‥‥‥‥‥‥41
諸行無常‥‥‥‥‥‥‥30，31
職業召命観‥‥‥‥‥‥‥‥54
職業人‥‥‥‥‥‥‥‥‥‥55
贖罪‥‥‥‥‥‥‥‥‥23，24
女子差別撤廃条約‥‥‥‥‥167
諸子百家‥‥‥‥‥‥‥‥‥34
所属と愛情の欲求‥‥‥‥‥148
諸法無我‥‥‥‥‥‥‥30，31
庶民(生産者)‥‥‥‥‥‥‥15
所有権‥‥‥‥‥‥‥‥65，67
自力‥‥‥‥‥‥‥‥112，113
自利行‥‥‥‥‥‥‥‥‥‥32
信‥‥‥‥‥‥‥‥‥‥‥‥41
仁‥‥‥‥‥34，35，37，41，116
人格‥‥‥‥‥‥‥‥‥‥‥74
人格(パーソナリティ)‥‥‥148
心学‥‥‥‥‥‥‥‥‥‥‥120
人格主義‥‥‥‥‥‥‥74，75
人格神‥‥‥‥‥‥‥‥‥‥23
『神学大全』‥‥‥‥‥‥‥100
神学的段階‥‥‥‥‥‥‥‥69
『新機関(ノヴム＝オルガヌム)』‥‥100
信仰‥‥‥‥‥‥‥‥‥22，24

信仰義認説‥‥‥‥‥‥54，55
信仰義認論‥‥‥‥‥‥‥‥24
信仰告白‥‥‥‥‥‥‥‥‥26
真実在‥‥‥‥‥‥‥‥‥‥16
人種差別撤廃条約‥‥‥‥‥167
真人(至人)‥‥‥‥‥‥38，39
身心脱落‥‥‥‥‥‥‥111，113
心即理‥‥‥‥‥‥‥‥40，41
信託‥‥‥‥‥‥‥‥‥‥‥65
神道‥‥‥‥‥‥‥‥‥‥‥135
人道‥‥‥‥‥‥‥‥‥‥‥120
神仏習合‥‥‥‥‥‥‥‥‥107
人文主義(ヒューマニズム)‥‥52
『新約聖書』‥‥‥‥‥‥‥100
親鸞‥‥‥‥‥‥109，110，113
心理的離乳‥‥‥‥‥‥‥‥146
真理把持(サティヤーグラハ)‥‥86
人倫‥‥‥‥‥‥‥‥‥76，77
人倫の三段階‥‥‥‥‥‥‥76
神話‥‥‥‥‥‥‥‥‥‥‥10

■す
垂加神道‥‥‥‥‥‥‥114，135
推譲‥‥‥‥‥‥‥‥120，121
『随想録(エセー)』‥‥‥‥‥100
スーパーエゴ(超自我)‥‥‥149
数理学‥‥‥‥‥‥‥‥‥‥124
杉田玄白‥‥‥‥‥‥‥‥‥123
スコラ哲学‥‥‥‥‥‥‥‥25
ステレオタイプ‥‥‥‥‥‥155
ストア派‥‥‥‥‥‥‥‥‥20
スピノザ‥‥‥‥‥‥‥‥‥63
スペンサー‥‥‥‥‥‥‥‥69

■せ
世阿弥‥‥‥‥‥‥‥‥‥‥134
性悪説‥‥‥‥‥‥‥‥35，37
正義‥‥‥‥‥‥‥‥‥15，18
生産者(庶民)‥‥‥‥‥‥‥15
生産様式(下部構造)‥‥‥‥82
政治的(法律的)制裁‥‥‥‥70

聖書中心主義……………54
聖人……………117
『精神現象学』……………144
性善説……………34
『成長の限界』……………159
性的役割分業……………154
『青鞜』……………154
青年期……………146, 149
青年期の延長……………147
正一反一合……………77
生命工学……………160
清明心(清き明き心)……………102
生命の尊厳(ＳＯＬ)……………160
生命への畏敬……………86
生命倫理(バイオエシックス)………160
生理的欲求……………148
世界－内－存在……………80
世界市民(コスモポリテース)……………21
世界市民主義……………21
世界人権宣言……………167
世界精神(絶対精神)……………76, 77
世間虚仮……………104
世親(ヴァスバンドゥ)……………32, 33
世代間交流……………153
世代間倫理……………158, 159
雪舟……………134
節制……………15
絶対王政……………67
絶対精神(世界精神)……………76, 77
絶対他力……………109, 110
絶望……………78
ゼノン……………20
是非の心……………35
セン……………163
善意志……………73
全国水平社……………155
繊細の精神……………57
専修念仏……………109

全体意志……………66
全体的正義……………18
『選択本願念仏集』……………144
戦闘的ヒューマニズム……………87
善とは何か……………12
善のイデア……………14
『善の研究』……………178
千利休……………134

■そ
臓器移植……………161
臓器移植法……………161
荘子……………38
想世界……………130
創造的知性……………84
曹洞宗……………111
像法……………108
惻隠の心……………35, 37
即身成仏……………106, 107
則天去私……………130
ソクラテス……………12
ソクラテスの刑死……………13
ソシュール……………169
ソフィスト(知者)……………10, 11
尊厳死……………160, 162
『存在と時間』……………144
『存在と無』……………144
孫子……………37
存心持敬……………114, 115
尊皇攘夷……………119, 122

■た
ターミナル＝ケア……………160
体外受精……………162
『大学』……………41
大逆事件……………126
退行……………148
大衆社会……………150
代償(補償)……………148, 149
大正デモクラシー……………128
大乗仏教……………32, 33

さくいん　233

大道廃れて仁義あり……………………39
第二次性徴………………………147
大日如来…………………………106
『第二の性』……………………178
「第二の誕生」…………………146
高く直き心………………………118
高野長英…………………………123
多神教……………………………29
ダス=マン（ひと）……………80
脱構築……………………………89
他人指向型…………………150，151
タブラ=ラサ（心は白紙）………61
魂…………………………………12
魂と肉体…………………………16
魂の三分説………………………15
他力…………………………109，112
他力信仰…………………………110
ダルマ（法）……………………30
タレス……………………………10
たをやめぶり（手弱女振）……118
単子（モナド）…………………63
断食………………………………26
男女雇用機会均等法……………154
男女の平等………………………154
単独者……………………………78
単独世帯…………………………150
『歎異抄』………………………178

■ち
知…………………………………40
智…………………………………35，41
知恵………………………………15
近松門左衛門……………………121
力への意志………………………79
知行合一〔ソクラテス〕………12
知行合一〔王陽明〕……………40
知行合一〔日本思想〕…………115
知者（ソフィスト）……………10，11
知性的徳…………………………18
知足安分…………………………120，121

知的財産権………………………156
地動説………………………58，59
知は力なり………………………60
忠…………………………………34
中庸………………………18，21
『中庸』…………………………41
超越者（包括者）………………79
超自我（スーパーエゴ）………149
超人…………………………79，81
調整（矯正）的正義……………18
長幼の序…………………………41
直接民主制………………………66
直系家族…………………………150
鎮護国家…………………104，105
『沈黙の春』……………………159

■つ
『ツァラトゥストラはこう語った』…144
通過儀礼（イニシエーション）………147
罪（ツミ）…………………102，103
『徒然草』………………………113

■て
定言命法…………………………73
抵抗権………………………65，67
諦念（レジグナチオン）………131
テオリア（観想）………………18
デカルト…………………………62
デジタル=デバイド（情報格差）…156
哲学者（哲人）…………………15
哲学的懐疑論……………………61
哲人（哲学者）…………………15
哲人政治…………………………15
デモクリトス……………………11
デューイ……………………84，85
デリダ………………………89，169
天使………………………………26
天台宗……………………………106
天道………………………………120
天動説……………………………58
伝統的指向型……………………150

「天は人の上に人を造らず」 ……124
天賦人権 ……124
天命……26
『天文対話』……100

■と

ドイツ観念論(理想主義)……77
同一視 ……148
動機主義……75
動機説……73
道教 ……107
道具主義……84, 85
道具的理性……88
「道具的理性」批判 ……88
洞窟のイドラ……60
道元……111, 113
道諦……30
『統治二論(市民政府(二)論)』……100
『道徳および立法の諸原理序説』……144
道徳的制裁……70
道徳法則……73
東洋道徳, 西洋芸術……122, 123
徳(アレテー)……12, 13, 15, 37
特殊(部分)的正義……18
徳治主義……34
徳富蘇峰 ……128
独立自尊……124
『都鄙問答』……178
トマス＝アクィナス ……24, 25
トルストイ……87
奴隷道徳……79

■な

ナーガールジュナ(竜樹)……32, 33
内的制裁……70
内部指向型……150
『内部生命論』……178
中江兆民……124, 127
中江藤樹……114, 117
中村正直 ……125
夏目漱石……130

南無阿弥陀仏 ……109
南無妙法蓮華経 ……112
奈良仏教 ……104
「汝自身を知れ」……13
南伝仏教……33
南都六宗 ……105
南北問題……158, 167

■に

ニーチェ ……78, 79, 131
二元論 ……14
『ニコマコス倫理学』……100
西周 ……125
西田幾多郎 ……132
西村茂樹……125, 128
日蓮 ……112, 113
新渡戸稲造 ……127
二宮尊徳……120
ニヒリズム……79
『日本道徳論』……178
ニュートン……58, 59
『人間悟性(知性)論』……100
人間疎外……82
人間中心主義……52
『人間の学としての倫理学』……178
『人間の尊厳について』……53, 100
「人間は考える葦である」……56
「人間は万物の尺度である」……10
「人間はポリス的動物」……18

■ね・の

涅槃……31
涅槃寂静……30
念仏……108, 112
脳死 ……161
『ノヴム＝オルガヌム(新機関)』……100
ノージック ……165
ノーマライゼーション……152, 153

■は

パース……85
パーソナリティ(人格)……148

ハーバーマス …………………163
バイオエシックス(生命倫理) ………160
ハイデッガー……………………78, 80
配分的正義…………………18, 19
パウロ……………………………24, 25
博愛…………………………………87
パグウォッシュ会議………………86
パスカル……………………………56
八正道………………………30, 31
覇道政治……………………………35
林羅山………………………………114
祓(ハライ)…………………102, 103
パラダイム…………………………88
バラモン教…………………28, 29
汎神論………………………………63
『パンセ(瞑想録)』………………100
パンタ＝レイ(万物は流転する) ………11
『判断力批判』……………………144
反動形成……………………………148
万人司祭主義………………………54
万人直耕……………………120, 121
万人の万人に対する闘争…………64
万能人………………………52, 53
万物斉同……………………………38
万物は数である……………………11
万物は流転する(パンタ＝レイ) ………11
反本地垂迹説………………105, 107

■ひ

ピーターパンシンドローム ………147
ピコ＝デラ＝ミランドラ………52, 53
非攻…………………………………37
非営利組織(ＮＰＯ) ……………153
非政府組織(ＮＧＯ) ……………166
非戦論………………………………127
ピタゴラス…………………………11
ひと(ダス＝マン) ………………80
ヒトゲノム…………………………160
「人の世に熱あれ，人間に光あれ」…155
「人は女に生まれない，女になるのだ」

…………………………………154
ヒトラー……………………………166
非暴力・不服従…………………86, 87
非暴力直接行動……………………87
『百科全書』…………………68, 69
ヒューマニズム(人文主義)…52, 53, 55
ヒューム……………………………61
ヒュレー(質料)……………………17
病……………………………………31
平田篤胤……………………………119
平塚らいてう………………………154
ヒンドゥー教………………………29
『貧乏物語』………………………178

■ふ

ファランジュ………………………83
フィリア(友愛)……………………18
ブーアスティン……………………157
フーリエ……………………………83
フーコー……………………89, 169
『風土』………………………134, 135
夫婦の別……………………………41
フェミニズム………………154, 155
フェビアン社会主義………………83
福音書………………………………25
福沢諭吉……………………………124
福祉国家建設………………………83
不敬事件……………………………126
不耕貪食之徒………………………120
武士道………………………………127
父子の親……………………………41
藤原惺窩……………………………115
武人(防衛者)………………………15
不殺生(アヒンサー)………………86
「２つのＪ」…………………126, 127
復古神道……………………119, 135
フッサール…………………………89
物心二元論…………………62, 63
仏陀…………………………………30
物理的(自然的)制裁………………70

部分(特殊)的正義‥‥‥‥‥‥18
プラグマ‥‥‥‥‥‥‥‥‥85
プラグマティズム‥‥‥57, 84, 85, 144
フラストレーション(欲求不満)‥‥‥148
ブラフマチャリヤー(自己浄化)‥‥‥86
ブラフマン(梵)‥‥‥‥‥‥28, 29
フランクフルト学派‥‥‥‥‥88
『プリンキピア』‥‥‥‥‥‥100
フロイト‥‥‥‥‥‥148, 149
プロタゴラス‥‥‥‥‥‥‥10
フロム‥‥‥‥‥‥‥‥‥164
文化相対主義‥‥‥‥‥‥169
文化摩擦‥‥‥‥‥‥‥166
分度‥‥‥‥‥‥‥120, 121

■へ

兵家‥‥‥‥‥‥‥‥‥37
平民主義‥‥‥‥‥‥‥128
『平民新聞』‥‥‥‥‥‥126
ヘーゲル‥‥‥‥‥‥‥76
ベーコン‥‥‥‥‥‥‥60
ヘラクレイトス‥‥‥‥‥11
ベルクソン‥‥‥‥‥‥146
ベルンシュタイン‥‥‥‥‥83
ベンサム‥‥‥‥‥‥70, 75
弁証法‥‥‥‥‥‥76, 77
弁論術‥‥‥‥‥‥10, 11
『弁道』‥‥‥‥‥‥‥178

■ほ

ホイジンガ‥‥‥‥‥‥146
法(ダルマ)‥‥‥‥‥‥30
防衛機制‥‥‥‥‥‥148
防衛者(武人)‥‥‥‥‥15
報恩感謝の念仏‥‥‥‥109
法家‥‥‥‥‥‥‥‥37
包括者(超越者)‥‥‥‥‥79
法世‥‥‥‥‥‥‥‥120
法治主義‥‥‥‥‥‥‥37
報徳‥‥‥‥‥‥‥‥120
法然‥‥‥‥‥‥‥109, 110

『法の精神』‥‥‥‥‥‥144
『方法序説』‥‥‥‥‥‥100
方法的懐疑‥‥‥‥‥62, 63
朋友の信‥‥‥‥‥‥‥41
法律的(政治的)制裁‥‥‥‥‥70
ボーヴォワール‥‥‥‥‥154
ボーダレス化‥‥‥‥‥166, 167
ボールディング‥‥‥‥‥159
墨子‥‥‥‥‥‥‥‥37
牧場型風土‥‥‥‥‥‥134
法華経‥‥‥‥‥‥112, 113
菩薩‥‥‥‥‥‥‥‥32
補償(代償)‥‥‥‥‥148, 149
ポスト構造主義‥‥‥‥‥169
ホスピス‥‥‥‥‥‥‥161
墨家‥‥‥‥‥‥‥‥37
ホッブズ‥‥‥‥‥‥‥64
ホモ=サピエンス‥‥‥‥‥146
ホモ=ファーベル‥‥‥‥‥146
ホモ=ルーデンス‥‥‥‥146, 147
ボランティア活動‥‥‥‥‥153
ホルクハイマー‥‥‥‥‥88
梵(ブラフマン)‥‥‥‥‥28, 29
梵我一如‥‥‥‥‥‥28, 29
本地垂迹説‥‥‥‥‥‥107
煩悩‥‥‥‥‥‥‥30, 31
凡夫‥‥‥‥‥‥‥‥104
凡夫の自覚‥‥‥‥‥‥105

■ま

マージナルマン(境界人)‥‥‥146
M. L. キング‥‥‥‥‥‥87
前野良沢‥‥‥‥‥‥‥123
マキャヴェリ‥‥‥‥‥‥53
マクルーハン‥‥‥‥‥157
真心‥‥‥‥‥‥‥‥118
誠‥‥‥‥‥‥116, 117, 122
マザー=テレサ‥‥‥‥‥87
ますらをぶり(益荒男振)‥‥‥‥118
マズロー‥‥‥‥‥‥148, 149

マッキンタイア …………………165
末法 ………………………………108
末法思想 …………………………108
祭り ………………………102，103
マハーヴィーラ（ヴァルダマーナ）……29
マルクス ……………………69，82
まれびと …………………………133
曼荼羅 ……………………………110
『万葉考』…………………………178
『万葉集』……………………118，119

■み
ミケランジェロ……………………52
禊（ミソギ）………………102，103
弥陀の本願 ………………………109
『みだれ髪』………………………178
道…………………………34，39
密教 ………………………………107
南方熊楠 …………………………159
三宅雪嶺 …………………………128
「みやび」…………………………134
民芸運動 …………………………133
民主主義……………………………84
『民主主義と教育』………………144
民本主義……………………128，129

■む・め
無意識 ……………………………148
無為自然………………21，38，39
無教会主義 ………………………126
無着（アサンガ）…………………32
無知の知…………………………12，13
無抵抗主義…………………………87
ムハンマド…………………26，27
無明…………………………………30
『瞑想録（パンセ）』………………100
明六社 ……………………………125
滅諦………………………………30
メディア＝リテラシー……………156

■も
モーセの十戒………………………23

孟子…………………………34，37
『孟子』………………………………41
目的の王国…………………74，75
目的論………………………………58
本居宣長……………………118，119
モナド（単子）……………………63
「もののあはれ」…………………118
モラトリアム………………146，147
モラリスト…………………56，57
モラル………………………………56
森有礼………………………………125
森鷗外………………………………131
モンスーン型風土 ………………134
問題解決学習………………………85
モンテーニュ………………………56
モンテスキュー……………………68
問答法（産婆術）…………12，13

■や
ヤーウェ……………………………22
八百万の神…………………102，103
ヤスパース…………………78，79
『野生の思考』……………168，178
柳田国男 …………………………133
柳宗悦 ……………………………133
山鹿素行 …………………………116
山崎闇斎 …………………………114

■ゆ
唯識…………………………32，33
唯物史観（史的唯物論）……………82
唯仏是真……………………………104
友愛（フィリア）…………………18
勇気…………………………………15
「遊戯人」…………………………146
「幽玄」……………………………134
有用なものは真理である…………84
ユダヤ教……………………………22
ユネスコ憲章 ……………………166
ユング………………………………149

■よ

洋学 …………………………………122
陽明学〔中国〕…………………40, 41
陽明学〔日本思想〕…………114, 115
善く生きる………………………………12
欲望………………………………………15
預言者………………………………26, 27
横井小楠…………………………122, 123
与謝野晶子 …………………………131
吉田松陰 ……………………………122
吉田神道 ……………………………135
吉野作造 ……………………………128
欲求不満(フラストレーション) ……148
4つのイドラ …………………………60
予定説……………………………………54
『余は如何にして基督信徒と
なりし乎』…………………………178
黄泉国 …………………………………103
世論操作 ……………………………156

■ら

『礼記』……………………………………41
来世………………………………………26
ライプニッツ…………………………63
ラッセル…………………………………86
ラッセル=アインシュタイン宣言 86, 87
蘭学 ……………………………………123
『蘭学事始』………………………………123

■り

理………………………………………40, 41
リースマン…………………………150, 151
『リヴァイアサン』……………………144
リヴィング=ウィル …………160, 162
理気二元論……………………29, 40, 41
リサイクル ……………………………158
理性…………………10, 11, 15, 16, 25
理性的禁欲主義………………………21
『理性と実存』…………………………144
理想国家…………………………………15
理想主義(ドイツ観念論)……………77

利他行………………………………32, 33
立正安国 ……………………………112
『立正安国論』…………………………178
リップマン ……………………………157
リデュース ……………………………158
リバタリアニズム(自由至上主義) …165
リベラリズム(自由主義) ……………165
竜樹(ナーガールジュナ)………32, 33
リユース ………………………………158
両部神道 ……………………………135
理論理性…………………………72, 75
隣人愛………………………………22, 23
輪廻………………………………………29
リンネ …………………………………146
輪廻転生…………………………………28
倫理的徳(習性的徳)……………18, 19

■る

ルソー〔西洋思想〕……………………65
ルソー〔青年期〕 ……………………146
ルター………………………………54, 55

■れ

礼 …………………34, 35, 37, 39, 41
礼楽刑政 ……………………………116
礼治主義…………………………………35
礼拝………………………………………26
レヴィ=ストロース …………53, 168
レヴィナス………………………………89
レヴィン ………………………………146
レオナルド=ダ=ヴィンチ……………52
レジグナチオン(諦念) ………………131

■ろ

老………………………………………31
老子………………………………………38
労働疎外………………………………82
老老介護………………………………153
ローマクラブ …………………………159
ロールズ…………………………164, 165
六信………………………………………26
ロゴス……………………………10, 11

ロック……………………61，65

ロマン=ロラン …………………87

『論語』………………41，100

『論語古義』…………………178

■わ

和魂洋才 ……………………122

『私の個人主義』………………178

私は何を知っているか（ク=セ=ジュ）…56

渡辺崋山 ……………………123

渡会神道 ……………………135

和辻哲郎……………………132，134

「わび・さび」……………………134

われ思うゆえにわれあり（コギト=エル

ゴ=スム）…………………62，63

ハイスコア！共通テスト攻略　倫理　新装版

2020年 7 月 1 日　初版第 1 刷発行
2021年 7 月10日　新装版第 1 刷発行

著者　　　栂 明宏
発行人　　藤井孝昭
発行　　　Ｚ会
　　　　　〒411-0033 静岡県三島市文教町1-9-11
　　　　　【販売部門：書籍の乱丁・落丁・返品・交換・注文】
　　　　　TEL 055-976-9095
　　　　　【書籍の内容に関するお問い合わせ】
　　　　　https://www.zkai.co.jp/books/contact/
　　　　　【ホームページ】
　　　　　https://www.zkai.co.jp/books/
装丁　　　犬飼奈央
印刷・製本　図書印刷株式会社

© 栂 明宏　2021　★無断で複写・複製することを禁じます
定価はカバーに表示してあります／乱丁・落丁はお取り替えいたします
ISBN978-4-86531-430-4 C7012